왜 신학은 학문이 아닙니까?

왜 신학은 학문이 아닙니까?

초판 1쇄 발행 2025년 8월 5일
2쇄 발행 2025년 8월 7일

지 은 이 ㅣ 장종현
펴 낸 이 ㅣ 백석정신아카데미

펴 낸 곳 ㅣ 기독교연합신문사(도서출판 UCN)
등록번호 ㅣ 제21-347호
등록일자 ㅣ 1992년 6월 28일
주   소 ㅣ 서울시 서초구 남부순환로 2221 5층
전   화 ㅣ (02) 585-2754
팩   스 ㅣ (02) 585-6684
이 메 일 ㅣ ucndesign@naver.com

디자인&인쇄 ㅣ 기독교연합신문사 출판국

ISBN ㅣ 978-89-6006-945-9 93230

왜 신학은
학문이 아닙니까?

장종현 지음

저자 서문

"영생은 곧 유일하신 참 하나님과
그가 보내신 자 예수 그리스도를 아는 것이니이다"
(요한복음 17장 3절)

올해는 한국교회가 선교사님들을 통해 복음을 받고 첫걸음을 내디딘 지 140주년이 되는 뜻깊은 해입니다. 지난 세월 한국교회는 세계 선교 역사상 유례를 찾아보기 어려울 만큼 놀라운 성장과 부흥을 이루었습니다. 일제강점기, 한국전쟁, 산업화와 민주화의 격동을 겪으면서 그동안 한국교회는 나라와 민족을 위해 기도하며 사랑과 희생의 본을 보여주었습니다. 나아가 한국교회는 세계 곳곳에 선교사를 파송하고, 다양한 사회적 섬김과 나눔을 실천하며 기독교 역사에 새로운 이정표를 꾸준히 세웠습니다. 이처럼 한국교회는 하나님의 은혜와 성도들의 헌신으로 놀라운 기적의 역사를 써 내려왔습니다.

서구의 교회에 비해 짧은 역사에도 불구하고 유례없는 성장을 이뤄낸 한국교회지만, 많은 분들이 현재 한국교회는 역사상 가장 심각한 위기에 처했다고 생각하고 있습니다. 교회마다 늘어나는 빈자리, 해마다 줄어드는 교인 수, 최근 몇 년 사이 전국적으로 수천 개의 교회가 문을 닫았다는 통계가 나올 정도로 교세 감소가 가속화되고 있는 현실은 그런 우려를 할 만한 충분한 이유가 됩니다. 하지만 저는 아직도 한국교회는 희망이 있다고 생각합니다. 나라와 민족을 위해 무릎 꿇고 기도하는 영적 지도자들과 교회의 회복을 위해 가슴 치며 울부짖는 성도들이 있기 때문입니다.

사람들은 외형적으로 드러난 문제들에 반응합니다. 교회를 이끌어갈 다음 세대가 없다고 걱정합니다. 교회학교 학생 수가 줄어들거나 유초등부 예배를 운영하는 교회가 사라지고 있는 현실을 근심합니다. 젊은이들이 교회를 떠나는 것은 단순한 숫자의 문제가 아니라 한국교회의 미래와 존립 자체를 위협하는 심각한 상황이 아닐 수 없다고 걱정합니다. 하지만 지금까지 이런 진단이 없어서 교회가 사회적 신뢰를 잃고, 분열하고, 세속화에 빠지고, 영적 침체가 일어난 것은 아닙니다. 언제나 학자들의 명석한 진단이 있었고 무엇이 문제인지도 잘 알고 있었습니다. 그러나 정말 안타까운 것은 진단에 대한 처방이 제대로 이루어지지 않았다는 사실입니다. 많은 학자들이 진단에 대한 해답을 제시했지만 그것은 대부분 교회와 성도들의 숫자를 늘리기 위한 새로운 패러다임과 방법론이었습니다. 방법론은 한순간의 위기를 모면하는 방편은 될 수 있습니다. 하지만 근원적인 문제를 해결하지 못한다면 결국 위기는 얼마 못 되어 다시 찾아오기 마련입니다.

우리는 이제 이런 위기가 왜 반복되는지 근본적인 질문을 던져야 합니다. 저는 영적 생명을 살리는 교육은 오직 하나님의 말씀으로만 가능하다는 믿음으로 학교와 총회를 설립했습니다. 수많은 기독교 대학이 생존을 위해 기독교 정체성을 포기할 때 오히려 하나님이 기뻐하시는 일을 하는 것이 사는 길이라 외쳤습니다. 하나님께서 우리에게 사명을 주신 것은 단지 은혜만 누리기 위함이 아닙니다. 하나님을 위해 고난도 받게 하기 위함입니다. 저는 이 믿음 때문에 세상의 시각으로 보면 망하는 길을 수도 없이 선택했습니다. 결과적으로 하나님의 일이라면 계산하지 않고 순종할 때 초자연적인 은혜가 있었습니다. 대학을 세운 목적도 복음 전도이고 총회를 설립한 목적도 복음 전도인데, 만약 복음 전도하는 목적과 정체성을 포기한다면 존재할 이유가 없습니다. 생존이 목적이 아니라 하나님의 영광이 목적일 때 비로소 모든 것은 제자리를 찾게 됩니다.

저는 한국교회 위기의 근본적인 원인을 목회자를 양성하는 신학교육에서 찾았습니다. 수많은 원인 중에 신학교육의 문제를 먼저 해결해야 다른 문제들도 풀어나갈 수 있기 때문입니다. 과연 우리가 추구하는 신학이 하나님의 영광을 드러내고 있는지 생각해 보아야 합니다. 그리고 신학을 통해 하나님께서 가장 기뻐하시는 영혼 구원의 역사가 일어나는지 살펴보아야 합니다.

학문 중심의 교육은 학문성은 높였을지 모르지만 생명력을 잃는 결과를 낳았습니다. 하나님께서 우리에게 명령하신 가장 중요한 사명인 '생명을 살리는 교육', '생명을 살리는 교회', '생명을 살리는 교리', '교회를 살리는 신학'이라는 복음의 가치를 상실한 것입니다. 그래서 저는 "신학은 학문이 아니라 예수 그리스도의 생명의 복음이다"라고 끊임없이 외쳤습니다. 대학의 설립자이며 총장으로서 "신학은 학문이 아니다"를 외치게 된 것은 하나님께서 주신 믿음과 확신 없이는 불가능한 일입니다. 제가 지금까지 그렇게 외치게 된 것은 하나님께서 기뻐하시는 성경의 권위를 회복하고, 교회에 생명력을 불어넣기 위해 분명히 확립해야 할 것이 예수 그리스도의 십자가 정신이라는 확신 때문입니다.

지난 20년간 쉼 없이 외쳐온 내용을 정리해 몇 년 전 『신학은 학문이 아닙니다』라는 책으로 세상에 내놓았습니다. 책이 출간된 이후, 한국교회와 신학계에서 다양한 반응이 나왔습니다. 어떤 신학자는 저의 주장을 반지성주의로 오해했고, 어떤 분은 신학의 본질을 다시 생각하는 계기가 되었다고 평가했습니다. 시간이 흐르며 점차 그 의미가 널리 이해되고 공감대도 넓혀졌지만, 오늘날 신학교육 현장과 교회는 여전히 사변화와 형식주의에 빠져 있습니다.

신학이 복음의 생명력을 회복하지 못한다면, 한국교회의 위기는 결코 극복될 수 없습니다. 신학자가 먼저 변화되어야 신학교가 변화되고, 신학교가 변해야 목회자가 변화되며, 목회자가 변화되어야 한국교회가 회복됩니다. 그러기 위해 가장 필요한 것은 성경을 하나님의 유일하고 완전한 계시로 믿고 선포하는 것입니다. 그 일을 위해 학문은 성경을 받쳐주는 도구로서의 역할을 감당해야 합니다. 무엇보다 영적 생명을 살리기 위해 목회자는 영적 지도자가 되고, 교회는 예수 생명의 공동체가 되어야 합니다. 이러한 목적을 이루기 위해서는 신학이 학문에 머물러 있어서는 안 됩니다. 성경을 살아있는 말씀, 생명의 복음으로 선포할 수 있도록 우리의 태도와 방식도 바뀌어야 합니다. 내가 가진 지식과 학문, 마지막 자존심까지도 다 내려놓고 하나님의 말씀 앞에 무릎을 꿇어야 합니다. '기도성령운동'이 전국 방방곡곡에서 들불처럼 일어나고, 성도들의 심령에 말씀이 예수 그리스도의 생명으로 역사해야 합니다. 이 모든 일은 성령 하나님께서 인도하실 때만 가능합니다. 그러면 교회는 당연히 사회적 신뢰를 회복하고, 세상의 빛과 소금으로 드러나게 됩니다. 교회는 말씀이 풍성히 넘치는 푸른 초장이 됩니다.

저는 이 책 『왜 신학은 학문이 아닙니까?』를 통해 신학이 학문이 아닌 일곱 가지 이유를 정리하였습니다. 이 일곱 가지 이유는 단순한 논리적 주장이나 이론이 아니라, 무너져가는 교회를 새롭게 세우기 위한 저의 간절한 기도와 고민의 산물입니다. 이 책을 통해 한국교회가 다시 복음의 생명력을 회복하길 기대합니다.

저는 평생 단 한 번도 신학이 학문이라고 생각해 본 적이 없습니다. 이 책을 집필하며 신학이 단순한 학문적 체계, 이론적 논쟁의 대상이 아니라는 것을 더욱 확신하게 되었습니다. 신학의 생명력은 오직 하나님께서 우리에게 주신 말씀에 순종하여 그 말씀을 삶으로 실천하는 데서 비롯됩니다. 신학이 교회를 살리고, 성도를 변화시키며, 사회를 새롭게 하는 힘은 바로 이 생명의 말씀에 대한 실천에 있습니다.

저는 백석학원과 백석총회를 섬기며, 개혁주의생명신학의 정신을 붙들고, 신학이 교회를 살리고 민족을 살리는 진정한 생명의 복음이 되기를 기도해 왔습니다. 신학이 학문이 아님을 선언한 것은 학문으로서의 신학을 부정하거나 불필요하다는 뜻이 아닙니다. 오히려 신학이 참된 신학으로 기능할 때 인간의 한계를 넘어서는 하나님의 계시와 생명, 그리고 실천을 이끌어낼 수 있다는 사실을 강조하는 것입니다. 신학이 학문적 논쟁과 이론의 틀을 넘어, 말씀과 기도, 예배와 실천으로 회복될 때, 비로소 교회는 다시 살아날 수 있습니다.

한국 기독교 선교 140주년을 맞이하는 의미 있는 이때, 이 책의 출판을 통해 제가 바라는 것이 있다면 한국교회에 보여주신 선교사들의 복음의 열정과 성경에 대한 사랑이 회복되는 것입니다. 생명조차 아끼지 않으셨던 우리 믿음의 선배 목사님들의 기도성령운동이 우리 가슴에 다시 불일 듯 일어나는 것입니다. 그래서 신학은 학문이 아니라 예수 그리스도의 생명의 복음이라는 본질을 회복하는 것입니다. 부족하나마 이 책이 한국교회가 다시금 부흥과 개혁의 길로 나아가게 하는 작은 불씨가 되기를 간절히 소망합니다.

2025년 7월 25일

백석대학교 설립자·총장 **장 종 현 목사**

저자 서문	5
프롤로그	15

제I부
신학은 학문이 아닙니다 — 31

1 신학은 원래 학문이 아니었습니다	33
2 학문은 성경을 받쳐주는 도구입니다	47
3 성령의 인도를 받아야 학문도 살아납니다	52

제II부
신학이 학문이 아닌 일곱 가지 이유 — 63

1 성경의 저자는 하나님이십니다	65
2 영이신 하나님은 학문의 대상이 될 수 없습니다	89
3 학문으로는 구원을 받을 수 없습니다	123
4 목회는 기도와 성령의 도우심으로만 가능합니다	161
5 학문으로는 교회를 살릴 수 없습니다	212
6 학문으로는 십자가와 부활의 신앙을 가질 수 없습니다	239
7 학문으로는 하나님의 사랑을 깨닫고 실천할 수 없습니다	272

제III부
성경과 성령의 인도를 받아 영생을 주는 신학　305

1 신학은 성령의 인도하심을 따라
　생명의 복음을 증언하는 것입니다　311
2 신학은 영생을 주시는 하나님을 아는 것입니다　329
3 영적 지도자는 학문과 영성을 겸비해야 합니다　347

제IV부
생명을 살리는 신학교육을 위한 과제와 전망　369

1 성경에 기초한 신학의 지속적 발전: 성경이 답이다!　372
2 교회와 신학의 조화: 예수 생명의 공동체 확립　383
3 교회의 공공성을 회복하기 위한 신학 연구　390

에필로그　397

성구 찾아보기　410

한국교회가 세계에서 유례없는 부흥과 성장을 하다가 정체기를 지나 쇠퇴기에 들어서게 된 가장 큰 이유는 잘못된 신학교육에 있습니다. 제 평생 가슴에 새겨진 한 가지 단어가 있다면 그것은 '복음'입니다. 한국 기독교 선교 140주년을 맞는 시점에 우리가 잊지 말아야 할 것이 있다면 낯선 이 땅에 예수 그리스도의 생명의 복음을 전하기 위해 생명조차 아끼지 않았던 선교사님들의 숭고한 신앙입니다. 선교사님들은 각기 다른 신학적 배경을 지니고 있었음에도 불구하고 선교지였던 한국교회를 위해 하나의 장로교회를 세웠습니다. 장로교만 하더라도 미국 북장로교와 남장로교, 호주장로교, 캐나다장로교의 4개 선교부에서 각기 선교사님들을 파송하였습니다. 선교사님들은 생명을 소유한 복음의 사명자로서 장로교와 감리교가 연합 선교에 힘쓸 정도로 복음 안에서 하나가 되셨습니다. 어떻게 자신들을 파송한 선교부를 설득해서 하나의 장로교회를 세울 수 있었을까 생각해 보면 그것은 복음 때문이었습니다. 그러나 이런 간절한 노력에도 불구하고 한국교회는 1952년 첫 분열을 시작으로 오늘에 이르기까지 수백개의 장로교단으로 분열되었습니다.

이러한 한국교회 분열은 신학교 운영과 깊은 관련이 있습니다. 과연 정통신학을 가르치는 신학교가 어디인지, 신학교를 제대로 운영할 수 있는 사람이 누구인지, 또 신학과 교리의 차이나 거룩을 명분으로 내세워 분열했습니다. 그렇게 생명의 복음이 역사해야 할 자리에 인간의 탐욕이 자리하게 되면서 십자가와 부활의 신앙은 사라졌고, 교회는 분열에 분열을 거듭하며 오늘에 이르렀습니다.

저는 학교를 처음 설립할 때부터 초교파적으로 학생을 모집했습니다. 복음을 전할 사명자들이 생명이 살아있는 신학을 배워 어려운 환경에서도 사역을 잘 감당할 수 있도록 길을 열어주고 싶었습니다. 무릎 꿇고 받은 사명을 감당하기 위해 신학교를 세우고 또 총회를 설립하면서 제가 가진 한 가지 소망은 복음으로 한국교회가 하나 되는 것이었습니다. 제 남은 인생이 앞으로 얼마일지는 모르지만 그것은 지금도 변함없는 제 소망입니다.

저는 한국교회가 복음으로 하나 되기 위해서는 무엇보다 목회자가 자신의 사명과 신분을 회복해야 할 필요가 있음을 깨달았습니다. 신학교육이 목회 중심으로 변화되지 않는다면 생명을 살리는 사역자를 양성하는 것은 불가능합니다. 이는 한 교단만의 문제가 아닙니다. 한국교회 전체 신학교가 목회자들이 학문과 영성을 겸비할 수 있도록 교육 과정을 개정해 신학교육과 경건 훈련에 힘쓰도록 해야 합니다.

목회자는 성도들을 푸른 초장으로 인도해야 할 사명이 있는 사람입니다. 제게는 변함없는 소신이 있습니다. 하나님은 우리의 부족함, 무지함, 연약함, 가난함을 다 아시지만, 그런 우리가 말씀을 붙잡고 기도하면서 하나님의 나라와 뜻을 위해 헌신하면 우리 각자에게 양무리를 맡겨주신다는 소신입니다.

목회자는 영적 지도자입니다. 생명의 복음을 통해 영혼을 살리는 사역을 감당해야 할 부름 받은 사명자입니다. 신학을 공부하는 목적이 신학자가 되기 위한 것이라면 신학은 학문이어야 마땅합니다. 하지만 신학을 공부하는 이유가 목회자가 되기 위한 것이라면 신학은 학문일 수 없습니다. 자신이 목회자로 부름을 받았다는 사실을 기억하고 학문과 영성을 동시에 겸비해야 합니다. 목회자 후보생을 가르치는 신학자가 영성이 없다면 그들에게 배운 학생은 영성 있는 목회자가 될 수 없습니다. 목회자는 무엇보다 성령 충만해야 합니다. 인격과 덕망을 갖추어야 할 뿐 아니라 경건의 훈련에도 당연히 힘쓰는 사람이어야 합니다. 물론 학문도 목회자의 사명을 감당하는 일에 얼마든지 도움이 될 수 있습니다. 성경을 하나님의 유일하고 완전한 계시로 믿고, 말씀을 전할 때마다 하나님의 세미한 음성을 듣기 위해 몸부림치는 사람에게는 학문이 유용한 도구가 될 것입니다. 하지만 학문적인 지식으로만 목회를 한다면 성도들의 지적 욕구는 채워줄지언정 영적 생명과 참된 안식을 줄 수는 없습니다. 영적 생명과 참된 안식을 주는 진정한 신학은 학문이 아니라 예수 그리스도의 생명의 복음이기 때문입니다.

'신학은 학문이 아니다'의 선언 배경

오직 예수 그리스도의 생명의 복음만이 교회를 살리고 세상을 변화시킬 수 있다는 믿음으로 설립된 백석학원(백석대학교, 백석문화대학교, 백석예술대학교, 백석신학원)은 1976년 대한복음신학교로 시작하였습니다. 무릎 꿇고 받은 사명을 이루기 위해 학교를 설립하였지만, 고통과 어려움은 끊이지 않았습니다. 18년의 무인가 신학교 시절은 개인적으로나 학교 운영 면에서 수많은 연단과 훈련의 시간이었습니다. 하지만 십자가와 부활의 신앙으로 오직 하나님만 바라보고 달려오다 보니 하나님께서는 백석학원을 초자연적으로 축복하셔서 오늘에 이르게 하셨습니다. 저는 이 모든 것이 하나님의 은혜라고 고백합니다. 하나님의 일이라면 절대로 계산하지 않겠다는 저의 겨자씨 같은 믿음을 귀하게 여기신 하나님의 은혜와 축복이라고 확신합니다.

1994년 대학 인가를 받은 이후 우리 백석학원은 기독교 대학이라는 목표 아래 괄목할 만한 성장을 이루었습니다. 신학교에서 시작하여 종합대학으로 성장하기까지 기독교 신앙에 바탕을 둔 설립 이념을 정립하고 발전시키기 위해 오랜 시간 노력해 왔습니다. 그러나 한국교회가 분열하고 세속화되는 모습을 보게 되면서 무엇이 잘못된 것인지에 대한 고뇌가 생겨났고, 그 고민은 점점 더 깊어졌습니다. 제가 대학을 세운 이유는 수많은 대학에 또 하나의 대학을 더하는 것이 아니었습니다. 그것은 영적 생명을 살리는 교육을 통해 하나님이 함께, 너와 내가 함께, 이웃과 함께하는 예수 생명의 공동체를 설립하겠다는 신념입니다. 그 신념으로 인해 시간이 흘러갈수록 마음의 부담이 커진 것도 사실입니다. 도대체 어디서부터 잘못된 것인지 하나님께 기도하고 묵상하면서 답을 찾고 구하던 중에 하나님은 저에게 귀한 깨달음을 주셨습니다.

2003년 10월 25일 한국복음주의신학회 국제학술대회 폐회 예배 설교에서 부족한 사람이 "신학은 학문이 아니다!"라고 외친 것은 하나님의 뜻이었다고 생각합니다. 제가 그렇게 외친 것은 백석대학교가 교육부 인가를 받은 대학으로 급성장하는 가운데 그 이전과 비교해 무언가 잘못되었다는 생각이 들었기 때문입니다. 1980년부터 목회학 석사과정이 교육부 정식 인가를 받아 운영되면서 학문적인 수월성을 추구하다 보니 신학생들의 학적인 수준이 높아진 것은 사실입니다. 하지만 한국교회 전체를 생각해 보면 이전 신학교 졸업생들에 비해 복음에 대한 열정이 식어 버렸다는 생각이 들었습니다.

그것은 우리 학교도 마찬가지였습니다. 좋은 학교를 세우기 위해서는 훌륭한 석학들을 모셔야 한다는 단순한 결정이 영적 생명력을 약화시켰던 것입니다. 신학대학원 과정을 교육하기 위해서는 학문과 영성을 모두 겸비한 신학자를 모셨어야 했는데, 학위를 취득하기 위해 미국과 유럽에서 학문에만 몰두했던 신학자들을 모신 것이 가장 큰 문제였습니다. 저는 그 점을 뒤늦게 깨달았습니다.

세계적으로 뛰어난 석학들에게 학문 중심의 교육을 받은 신학자들은 성경을 읽고 기도하는 일보다 자기 분야의 독창적인 논문으로 학문성을 인정받고 싶어 했습니다. 신학교 강의실에서 수업 전에 이루어지던 찬송 소리와 통성기도 소리는 점차 들을 수 없게 되었고 언제부터인가 성경 중심의 교육을 벗어나 자신들이 배운 학문을 그대로 전수하는 모습을 보게 되었습니다. 십자가와 부활의 복음 대신 학문 중심의 강의를 들으면서 신학생들의 지식수준은 높아졌습니다. 하지만 교회를 섬기는 사역자로서의 영적인 훈련을 제대로 받을 수 없게 되었습니다.

그래서 저는 한국교회의 문제는 목회자의 문제요, 목회자의 문제는 신학자의 문제이며, 신학자의 문제는 저와 같은 신학교 운영자의 문제라고 통감하며 고백하게 되었습니다. 저는 신학교 운영자부터 영성을 회복하지 못하면 한국교회 회복은 불가능하다고 생각했습니다. 그래서 저는 '신학은 학문이 아니다'라는 강력한 외침을 신학자들을 향해 선포하게 된 것입니다.

'신학은 학문이 아니다'에 대한 오해

'신학은 학문이 아니다'라고 하니까 이런저런 반응이 들려왔습니다. 신학이 학문이 아니면 도대체 신학자가 서야 할 자리는 어디이며, 과연 신학은 무엇을 해야 하는 건지 묻는 분도 있었습니다. 일부에서는 신학이 단순히 학문만은 아니라는 말에는 동의하지만, 신학의 학문성을 부인하는 것은 잘못된 발상이라고 말하기도 하였습니다. 참으로 안타까운 것은 제가 신학의 학문성을 부정하려고 이 말을 한 것이 아닌데, 사람들은 그 점을 전혀 인식하지 못한 채 오해한다는 것입니다. 학문의 전당이라 일컬어지는 대학의 설립자인 제가 어떻게 학문성을 무시하겠습니까? 저는 지금까지 우수한 학자들을 우리 대학 교수로 모셔 왔습니다. 학문이 왜 중요하지 않겠습니까? 다만 신학을 가르치는 교수는 학문성도 중요하지만, 그에 못지않게 경건과 영성, 성령의 인도를 받는 거룩한 삶의 소유자여야 한다고 생각합니다.

저는 신학이 학문인지 아닌지를 논의하려고 이 주장을 한 것이 아닙니다. 신학도 학문입니다. 성경을 연구하고 가르치고 배워야 합니다. 성경의 배경과 역사와 문화도 알아야 하고 성경의 언어도 알아야 합니다. 하지만 신학은 근본적으로 성경을 유일하고 완전한 하나님의 계시로, 영원한 진리의 말씀으로 믿는 믿음이 수반된 상태에서 학문적으로 연구되어야 합니다. 그러므로 신학은 근본적으로 학문이 아니라 하나님의 말씀에 대한 신앙입니다. 신학은 그 자체가 목적이 아니라 하나님의 말씀을 믿고, 믿게 하고, 진리 안에 하나 되어, 영생 가운데 참 자유를 누리기 위한 것입니다.

잠언 1장 7절은 "여호와를 경외하는 것이 지식의 근본"이라고 말씀합니다. 신학을 통해 얻을 수 있는 모든 지식의 기초는 근본적으로 학문을 연구하는 데 있지 않고 여호와를 경외하는 데 있습니다. 성경을 하나님의 완전한 계시로, 진리의 말씀으로 믿는 믿음이 없다면 신학은 아무것도 아닙니다. 머리로 아는 것과 마음으로 믿는 것은 전혀 다릅니다. 믿음이 없이 학문을 연구하는 사람은 하나님에 대해 말할 수는 있지만, 하나님을 만날 수는 없습니다. 그래서 신학은 근본적으로 학문이 아니고, 학문일 수도 없습니다.

　신학은 성경이 진리와 구원의 길이라는 믿음을 받쳐주는 도구여야 합니다. 저는 참된 신학은 반드시 성경에 기초해야 하며, 성경의 권위를 인정하지 않는 신학은 절대로 구원을 줄 수 없다는 것을 말하고 싶었습니다. 그런데 많은 신학자는 이런 기본적인 내용조차 들으려 하지 않았습니다. 신학은 학문이 아니라는 표현만 보고 반지성주의라고 비판했습니다. 저는 이러한 반응에 전혀 흔들리지 않았습니다. 오히려 더욱 열심히 외쳐야 한다는 의지가 생겼습니다. 이러한 학자들의 잘못된 생각을 깨지 못하면 성경의 권위를 회복할 수 없다고 느꼈기 때문입니다.

　저는 학교를 설립할 때부터 "영적 생명을 살리는 교육은 오직 하나님의 말씀으로만 가능하다"는 신념을 한순간도 잊은 적이 없습니다. 그것이 학교를 설립하게 하신 하나님의 명령이요 사명이라고 느꼈기 때문입니다. 성경을 벗어나 사변화(思辨化)된 신학이 한국교회의 영적 생명력을 약화시키는 것을 보면서 신학은 학문이 아니라는 확신은 도리어 커져만 갔습니다. 시간이 흘러 이제는 신학이 학문이 아니라는 저의 외침에 동의하는 사람들이 점점 더 많아졌고, 용기 있는 외침이라는 격려 또한 적지 않게 되었습니다.

'개혁주의생명신학'과 '개혁주의생명신학 7대 실천운동'

2003년 '신학은 학문이 아니다'라고 외친 이후에 2010년 백석 전진대회에서 『개혁주의생명신학 선언문』을 공포함으로써 개혁주의생명신학은 백석학원과 백석총회의 신학적 정체성으로 받아들여지게 되었습니다. 종교개혁 500주년을 맞이하는 2017년 9월 14일에는 백석총회에서 『개혁주의생명신학 선언문』을 개정하여 교회선언으로 채택함으로써 개혁주의생명신학이 백석총회와 백석학원의 신학적 근간이며 정체성이라는 점을 명실공히 확인하였습니다.

저는 개혁주의신학보다 더 좋은 신학은 없다고 생각합니다. 16세기 종교개혁자들이 강조한 다섯 가지 핵심적인 신앙 원리인 '5대 솔라'는 우리가 믿고 지켜야 할 영속적인 원리입니다. 하지만 그 원리는 구호로 그쳤을 뿐, 제대로 실천되지 못해서 교회가 생명력을 잃어버렸습니다. 개혁주의신학의 '5대 솔라'를 실천하기 위해서는 반드시 예수 그리스도가 내 안에, 내가 예수 그리스도 안에 거하는 삶을 살아야 합니다. 예수 그리스도의 생명을 소유한 사람이 되어야 합니다. 저는 그런 삶을 살기 위한 구체적인 방법으로 '개혁주의생명신학 7대 실천운동'을 제시하게 되었습니다.

개혁주의생명신학은 개혁주의신학에 생명력을 불어넣기 위

한 실천 운동입니다. 개혁주의신학과 다른 신학이 아닙니다. 개혁주의생명신학도 실천이 없는 신학이라면 아무 소용 없습니다. 개혁주의생명신학은 교회를 살리는 신학으로서 예수 생명의 마중물이 되어야 합니다. 예수 그리스도의 생명이 풍성히 역사하는 교회를 세우고, 예수 생명의 공동체로서 세상의 빛과 소금의 역할을 감당케 해야 합니다.

역사도 중요하고 전통도 참으로 중요합니다. 하지만 역사와 전통만 자랑하다 보면 복음의 생명력을 상실하고 맙니다. 마중물이 아니라 고인물이 되고 맙니다. 생명은 항상 역동적으로 흘러넘쳐야 합니다. 우리 안에 예수 생명이 풍성해야 합니다. 우리의 자랑은 오직 주님의 십자가 밖에 없습니다. 우리의 신앙과 삶의 유일한 기준은 오직 성경입니다. 언제나 성경으로 돌아가야 합니다. 성경이 우리 인생의 모든 문제의 해답입니다.

'신학은 학문이 아니다'라고 선언한 지 벌써 20년이 지났습니다. 이 선언을 근간으로 하여 태동한 개혁주의생명신학이 많은 사람의 공감을 얻고 있습니다. 개혁주의생명신학을 신학적 정체성으로 삼은 백석총회는 어느덧 일만 교회를 넘어섰습니다. 모두가 백석총회를 주목하는 상황에 이르게 된 것입니다.

하지만 안타깝게도 한국교회는 제가 "신학은 학문이 아니다"

라고 처음 선언하였을 때보다 더 많은 어려움에 직면하고 있습니다. 교회가 더 이상 성장하지 못하고 정체되어있다는 인식은 이미 오래전부터 있어 왔습니다. 다음 세대인 주일학교가 사라지고 있는 현실은 더욱 심각하기만 합니다. 어느 것 하나 미래를 긍정적으로 보며 소망을 품을 수 있는 상황이 아닙니다. 이러한 시대에 우리가 해야 할 일이 무엇이겠습니까? 예수 그리스도의 생명의 복음으로 돌아가는 일입니다. 이 모든 문제는 교회가 복음의 본질을 잃어버린 데서 비롯되었기 때문입니다.

제가 학교를 설립한 지 49년이 되었습니다만, 참으로 안타까운 것은 사명자들이 점점 줄어들고 있다는 것입니다. 학교 설립 초기에는 나라가 가난하여 먹을 것이 없고 공부할 수 있는 여건도 지금처럼 좋지 않았습니다. 그럼에도 불구하고 우리 신앙의 선배들은 금식하고 기도하면서 오직 성경 한 권을 부여잡고 신학을 했고, 목회를 했습니다. 산골짝마다 기도의 소리가 끊이지 않았습니다. 사명을 감당하기 위해 몸부림치면서 오직 하나님의 나라에 뜻을 두고 헌신했습니다. 하나님이 부르신 소명과 사명을 감당하겠다는 일념 하나로 모든 것을 포기하고 주를 따랐습니다. 그런데 이제는 생활이 안정되고 경제적으로 풍요해지면서 사명자를 찾아보기가 어려워졌습니다. 목회를 단순히 직업으로 생각하고, 먹고 살기 위한 전문가가 되기 위해서 신학을 공부하는 사람들이 많아졌습니다. 그러다 보니 머리로 지식을 이용하여 설교는 할 줄 알지만, 예수 그리스도를 닮은 진정한 목회자를 찾아보기가 어려워졌습니다. 외치는 자는 많은데 점점 생명수가 말라가고 있는 것입니다.

소명(召命, calling)이 무엇입니까? 사명(使命, mission)이 무엇입니까? 소명은 '부르심'입니다. 사명은 부르심에 따라 '맡겨진 임무'라고 할 수 있습니다. 사명은 진실한 것입니다. 왜 그렇습니까? 하나님께서 우리를 택하셔서 주의 종으로 불러주셨기 때문입니다. 물론 목사로서의 소명만 사명은 아닙니다. 모두에게 각자의 소명이 있고, 인생에서 이루어야 할 사명이 있습니다. 그런 점에서 그리스도인들에게 주어지는 모든 직업은 소명이라고 할 수 있습니다. 이 가운데서도 우리는 주의 종으로서 특별한 소명의식을 가져야 합니다. 하나님의 부르심에 응답해서 모든 것을 버리고 주를 따르는 자의 사명은 진실하기 때문입니다.

"내가 달려갈 길과 주 예수께 받은 사명 곧 하나님의 은혜의 복음을 증언하는 일을 마치려 함에는 나의 생명조차 조금도 귀한 것으로 여기지 아니하노라"(행 20:24)

우리에게는 마땅히 달려갈 길과 주 예수께 받은 사명이 있습니다. 그러므로 우리는 각자 자신이 맡은 자리에서 사역을 감당할 때 하나님이 부르신 그 목적을 절대 잊어서는 안 됩니다. 우리에게 사명을 주신 이유가 무엇입니까? 하나님의 은혜의 복음을 증언하는 일을 감당하기 위한 것입니다. 사도 바울은 그 은혜의 복음을 증언하기 위해 자신의 생명조차 조금도 귀한 것으로 여기지 않았습니다. 사명은 목숨보다 중요합니다. 주님 다시 오실 때까지 우리는 은혜의 복음을 증언하여 모든 민족을 제자로 삼아 모든 것을 가르쳐 지키게 해야 합니다. 그 일을 위해 무엇보다 세상 끝날까지 우리와 항상 함께하시겠다는 주님의 말씀을 믿어야 할 것입니다(마 28:19-20).

우리의 신앙 선배들은 '신학'이라는 용어의 사용을 주저했습니다. 그 점은 우리가 깊이 생각해 볼 문제입니다. 2세기 중엽이 지나면서 기독교의 가르침을 학문화하려는 시도가 있었습니다. 그 결과로 교회가 위기에 직면하기도 했습니다. 당시 초대교회 교부들은 학문적 활동과 이교도적 도전에 맞서 성경을 근거로 철저히 반박했습니다. 교부들이 그렇게 한 것은 경건과 가르침을 학문화하게 되면 복음의 선한 능력이 사라질 것이 너무나 자명했기 때문입니다. '하나님을 아는 지식'은 하나님에 대한 정보를 아는 것뿐만 아니라 하나님을 사랑하고 경외하는 경건을 포함하는 것이라고 성경은 말합니다. 그래서 초대교회 교부들은 성경의 진리를 신학이라 부르기를 꺼렸던 것입니다. 동방교회에서는 300년, 서방교회에서는 700년이 지나서야 기독교의 진리를 신학이라는 말로 표현하기 시작했습니다. 특별히 우리와 관련이 깊은 라틴 문화권에서는 12세기까지 '신학'이라는 용어를 교회의 용어로 활용하지 않으려고 했던 점을 기억해야 합니다.

저는 '신학은 학문이 아니다'라는 저의 주장이 신학적·역사적으로 문제가 있다면 언제든 적절한 성경적 근거를 통해 이야기해달라고 학자들에게 말하곤 합니다. 신학이 "하나님께서 말씀하신다"는 계시 중심의 신학이 아니라 "하나님에 대해서 말한다"는 인간적인 사변에 머물고 있지는 않은지 염려가 됩니다. 동방교부들과 서방교부들, 종교개혁자들이 신학이라는 용어를 대신해 "비밀한 지식"(고전 2:7), "바른 말씀들의 형태"(딤후 1:13), "경건에 이르는 진리의 지식"(딛 1:1), "교리"(딛 1:9) 등의 용어를 사용하였습니다. 이 모든 성경 용어는 순종하는 삶을 강조하는 표현들입니다. 저의 그런 기대가 열매 맺으려면 아직 시간이 걸리겠지만 하나님께서 제게 주신 확신은 분명합니다. 이에 신학이 학문일 수 없는 이유를 일곱 가지로 분명하게 제시하고자 합니다. 그 이유를 설명하기에 앞서 신학이 학문화된 과정에 대하여 간략히 다루어보도록 하겠습니다.

제1부

신학은 학문이 아닙니다

1

신학은 원래 학문이 아니었습니다

지금 우리가 신학을 학문으로 이해하게 된 것은 신학이라는 용어가 형성되는 과정에서 생긴 일입니다. '신학'은 헬라어로 '테올로기아'(θεολογία)입니다. 테올로기아는 '하나님'이라는 의미의 '테오스'(θεός)와 '말'이란 의미의 '로고스'(λόγος)가 합성하여 만들어진 용어입니다.

플라톤이 말하는 신학

역사적으로 테올로기아라는 말을 처음 사용한 사람은 고대 그리스 철학자 플라톤(Plato, BC 428?-348?)입니다. 소크라테스(Socrates, BC 470-399)의 제자이자 아리스토텔레스의 스승이었던 플라톤은 아리스토텔레스와 함께 서양 학문의 역사에 지대한 영향력을 끼친 그리스의 철학자이자 사상가입니다. 서양 최초의 고등교육기관이자 현대적인 교육기관의 원형이기도 한 '아카데미아'를 세운 교육자이기도 합니다.

그런데 플라톤이 말한 테올로기아는 '창조주 하나님을 아는 지식'이 아니라 '신화'를 가리키는 말이었습니다. 플라톤은 '테올로기아'라는 용어를 '신화' 즉 '신들에 관한 이야기'라는 의미로 『국가』 2권에서 딱 한 번 사용했습니다. 이때가 주전 380년 경입니다. 그러므로 '신학'이라는 말은 예수님이 이 땅에 오시기 전에 예수 그리스도와는 전혀 상관없이 이교도들에 의해 만들어진 용어입니다. 플라톤이 말한 '신학'은 그리스에 존재했던 수많은 신들에 관한 이야기인 '신화'를 의미합니다. 신학은 제우스와 헤르메스, 아르테미스를 비롯한 많은 이방 신에 관한 연구를 가리키는 말이었습니다.

당시 그리스 아테네에는 수많은 신전이 있었습니다. 그리스 신화에 등장하는 신들의 신전입니다. 우리로 말하면 마을마다 신을 모시는 성황당과 같은 곳입니다. 엄격하게 보면, 신화는 세상이 어떻게 돌아가는지에 대해 설명하려고 지어낸 이야기입니다. 사람들이 궁금해하는 세상 돌아가는 사정을 설명하기 위해 가상의 신들을 만들어낸 것입니다. 이 신들은 인간이 만들어낸 신이지 실제로 존재하는 신은 아닙니다. 가상의 존재일 뿐입니다. 족보와 위계질서를 만들어 신들이 실제로 존재하는 것처럼 했을지라도 '신화'는 허구에 불과합니다. 이처럼 당시의 신학은 신화에 불과할 뿐 진리나 지식을 추구하는 것이 아니었기 때문에 플라톤은 신학이 학문에 미치지 못하는 열등한 것이라고 말했습니다.

아리스토텔레스가 말하는 신학

'신화'를 가리키던 '신학'을 '학문'과 '지식'을 의미하는 용어로 새롭게 사용한 사람이 나타났습니다. 그가 바로 플라톤의 제자였던 아리스토텔레스(Aristotle, BC 384-322)입니다. 아리스토텔레스는 고대 그리스의 철학자로서 알렉산더 대왕의 스승이기도 합니다. 그는 인간의 사고 규칙인 논리학을 집대성하여 현대에 이르기까지 모든 학문적 논의를 위한 기초를 마련했습니다. 형이상학과 수학, 자연학과 같은 이론적 학문과 윤리학이나 정치학과 같은 실천적 학문, 그리고 수사학과 시학과 같은 생산적 학문에 이르기까지 거의 모든 학문 분야에 걸쳐 뛰어난 업적과 저작을 남겼습니다. 그는 서구의 학문 역사에 막대한 영향을 미친 인물입니다. 또한 그는 이성을 중시했지만, 그에 못지않게 경험도 중요하게 여김으로써 철학과 인문학의 발전뿐 아니라 자연과학의 발전에도 커다란 영향을 미친 인물이기도 합니다.

아리스토텔레스는 『형이상학』 6권과 11권에서 학문을 여러 가지로 구별하면서, 이 가운데 불변하는(unmovable) 신적인 것을 다루는 학문을 신학(theology, θεολογική) 또는 제일 철학이라고 했습니다. 이때부터 신학이라는 용어가 학문을 지칭하는 데 사용되기 시작했습니다.

아리스토텔레스가 말하는 신학에서 '신'은 우리가 생각하는 인격적 신이 아니라 우주의 근본 원리입니다. 따라서 그의 신학은 '신에 관한 연구'가 아니라 '우주의 근본 원리에 관한 탐구'였습니다. 당시 모든 학문은 '지혜를 사랑함'을 뜻하는 철학이었습니다. 그는 '학문'을 이 세상에 존재하는 것들의 '원리와 원인을 탐구하는 것'이라고 말하면서 학문을 그 목적에 따라 이론학, 실천학, 제작학으로 나누었습니다. 진리(眞)를 다루는 이론학, 선(善)을 다루는 실천학, 미(美)를 다루는 제작학으로 나눈 것입니다. 그리고 진리를 다루는 이론학 가운데 최고의 자리에 신학을 놓았습니다. 하지만 아리스토텔레스가 말하는 신학은 세상을 만드신 창조주 하나님을 아는 지식이 아니라, 세상의 원리와 원인을 아는 지식인 학문 가운데 가장 으뜸인 '제일 철학'일 뿐입니다. 이렇게 신학은 철학의 밑으로 들어가 학문의 일부가 되었습니다.

그렇다면 '제일 철학'이라고 하면 될 것을 왜 굳이 '신학'이라고 불렀는지 의문이 들 것입니다. 당시 사람들은 죽을 수밖에 없는 인간과는 달리 죽지 않는 영원한 존재들, 불변하는 것들을 모두 '신적인 것'(the divine)이라고 불렀습니다. 그래서 보이는 세상의 배후에는 영원하고 변하지 않는 것들이 있다고 생각하고, 그것을 탐구하는 것을 '신학'이라고 불렀습니다. 그러므로 이 신학에서 말하는 신은 성경이 계시하는 창조주 하나님이 아닙니다. 아리스토텔레스가 말하는 신학은 인간의 이성에 기초한 학문으로서의 철학입니다.

그래서 초대교회 교부들도 신학이란 말을 거의 사용하지 않았습니다. 신학이란 용어를 의도적으로 사용하지 않은 것입니다. 당시 사회에서 사용되던 '신학'은 플라톤처럼 신화를 의미하거나 아리스토텔레스처럼 학문(철학)을 의미하는 것이었는데, 성경의 하나님은 신화나 학문이 다루는 신과는 아무 관계가 없었기 때문입니다.

중세 스콜라철학에서의 신학

창조주 하나님을 아는 지식으로서의 신학이 본격적으로 학문화된 것은 12세기 중세 서구의 대학들이 설립되기 시작하면서입니다. 우리는 학문을 연구하고 가르치는 곳이라는 뜻에서 대학을 '학문의 전당'이라 부릅니다. 당시 아리스토텔레스의 철학이 대학에 들어오면서 학문적으로 큰 인기를 얻게 되었고, 다른 분야처럼 신학에도 아리스토텔레스의 학문이 큰 영향을 미치게 되었는데, 여기서 문제가 발생합니다. 아리스토텔레스의 학문 방법은 논리적 추론과 증명을 통해 체계화하고, 경험적 검증을 통해 확인시키는 것입니다. 이러한 방법은 전적으로 인간의 이성과 경험을 통해서 이루어지는 것으로 세상에 대한 지식을 얻기에 적절한 방법입니다. 자신의 이성과 경험을 최대한 사용하여 구분하고 추론하며 논증함으로써 우리가 사는 세상을 적절하게 이해하려는 학문적이며 합리적인 방법입니다.

문제는 세상을 연구하는 데 적합한 학문 방법을 창조주 하나님을 아는 지식인 신학에 그대로 적용한 데 있습니다. 하나님은 이러한 이성적 방법으로 우리가 알 수 있는 분이 절대 아닙니다. 피조물인 인간이 어떻게 창조주 하나님께 대하여 "하나님은 이런 분이다"라고 정의할 수 있습니까? 영이신 하나님을 어떻게 학문의 영역 안에 가둘 수 있겠습니까? 학문은 하나님께서 창조하신 이 세상과 피조물 곧 나타난 현상에 관해 연구하는 것이므로 창조주이신 하나님께 적용해서는 안 되는 것입니다. 그런데도 14세기 이후 중세 대학에서는 학문적 방법을 사용하여 신학을 체계화시키는 움직임이 크게 유행하였고, 결국 신학은 성경을 떠나 사변화(思辨化)되었고 복음은 변질되었습니다.

물론 중세의 신학자들 가운데도 신학에서 철학적이고 학문적인 방법을 사용하는 것을 반대한 사람들이 있었습니다. 12세기 시토회의 수도사였던 버나드(Bernard of Clairvaux, 1090-1153)는

"우리는 철학을 가르치는 방식이 아니라, 성령께서 우리를 가르치는 방식대로 가르친다"라고 하면서 학문적 방법을 신학에 사용하는 것에 이의를 제기했습니다. 중세 스콜라신학의 전성기인 13세기에 토마스 아퀴나스(Thomas Aquinas, 1225-1274)와 쌍벽을 이루었던 보나벤투라(Bonaventura, 1221-1274)는 기독교 신앙과 아리스토텔레스 철학은 양립할 수 없으며, 신학자들이 아리스토텔레스의 이성적이고 합리적인 학문 방법을 맹목적으로 수용해서는 안 된다라고 경고하기도 했습니다. 하지만 한번 시작된 사변화의 흐름은 중세 후기와 르네상스 시기를 거치면서 점차 가속화되었습니다.

이러한 신학의 사변화를 반대하고 성경으로 돌아가야 한다고 외친 것이 바로 16세기 '종교개혁'입니다.

종교개혁자들의 '오직 성경'

초대교회의 대표적인 신학자 어거스틴(Augustine, 354-430)은 자신의 저서인 『독백』(Soliloquia)에서 "내가 알기를 원하는 것은 오직 하나님과 나의 영혼뿐이며 그 외의 다른 것은 전혀 알고 싶지 않다"라고 고백했습니다. 종교개혁자 존 칼빈(John Calvin, 1509-1564)도 『기독교강요』에서 우리가 가져야 할 참된 지혜는 하나님을 아는 지식과 우리 자신을 아는 지식의 두 부분으로 이루어진다라고 말했습니다(1권 1장 1절). 이처럼 서구 신학의 중심

주제는 처음부터 '하나님을 아는 지식'에 있었습니다. 중세 신학자들과 종교개혁자들은 이 점에서는 같았습니다. 그런데 중세 신학자들은 성경에 근거한다고 하면서도 결국 이성적이고 철학적 추론에 더 의존하여 하나님에 대해 말했습니다. 성경보다 학문을, 하나님의 계시보다 자신의 이성을 더 의지한 것입니다.

종교개혁자들은 모두 중세 신학자들의 이런 태도를 비판하고 '오직 성경'을 부르짖으면서 성경이 가르치는 '하나님을 아는 지식'을 추구했습니다. 독일의 종교개혁자 마르틴 루터(Martin Luther, 1483-1546)는 성경 해석에서 교황의 권위가 결정적이어야 한다는 당시 가톨릭교회 신학자들의 주장을 비판하면서 "성경 해석을 위해서는 오직 성경을 의지해야 한다"고 반박했습니다. 그리고 "우리가 성경의 교사들이라는 칭호로 불리므로 … 우리는 그 이름대로 성경만을 가르치고 그 외에 우리들이 다른 것은 가르치지 않도록 강요받아야만 한다. … 예술, 의학, 법학 및 명제집의 박사는 교황, 황제 또는 대학이 수여하지만, 하늘에서 오신 성령 외에는 아무도 여러분들을 성경 박사로 만들지 못하리라는 것은 분명하다"라고 말했습니다. 성경을 가르치는 일은 다른 학문을 가르치는 것과 달리 세상의 방식으로 할 수 있는 것이 아니라 오직 성령의 역사하심을 힘입어서만 할 수 있는 하늘의 사역이므로 결코 소홀히 하면 안 된다고 분명히 말한 것입니다.

스위스의 종교개혁자 울리히 츠빙글리(Ulrich Zwingli, 1484-1531)도 하나님을 경배하는 신앙인은 경건의 근거를 인간의 지식에 두지 않고 오직 하나님의 말씀에 둔다고 말했습니다. 그는 딱정벌레가 인간을 아는 것보다 훨씬 어려운 일이 바로 유한한 인간이 영원하신 하나님을 아는 일이라고 말하면서, 인간의 능력으로는 하나님을 아는 지식에 이를 수 없으며, 하나님을 알려면 하나님으로부터 배워야 한다고 분명하게 선언했습니다.

존 칼빈은 『기독교강요』 1권 6장 1절에서 인간이 하나님을 제대로 알 수 있도록 하나님께서 인간에게 주신 안경 같은 것이 바로 성경이라고 말했습니다. 영적인 눈이 죄 때문에 어두워진 인간은 오직 성경을 통해서만 하나님을 알 수 있으며, 그것도 성령의 내적 조명이 있어야 성경을 통해 하나님을 알 수 있다고 주장했습니다. 중세교회의 교리가 실생활에 적용될수록 교회가 부흥되기보다 오히려 부패하게 된 것은 그것이 성경에 근거하지 않고 공의회의 결정에 따라 제정되었기 때문이라고 분석했습니다. 그래서 그는 '오직 성경'의 원리에 따르는 성경적 가르침과 경건을 제시하여 가톨릭 신학의 문제를 극복하려 했습니다.

한국 신학교육의 역사

성경에는 '신학'이라는 말이 없습니다. 그래서 초대교회 교부들과 종교개혁자들 모두 '신학'이라는 말 대신 '경건'과 '거룩한 가르침'이라는 말을 사용했습니다. 칼빈도 참된 신학을 '구원 교리와 경건에 대한 가르침'으로 표현했습니다. 초대교회부터 종교개혁에 이르기까지 교회 역사를 보면 참된 신학은 항상 하나님을 향한 경건이었습니다. 하나님을 알고 사랑하여 즐거워하는 것, 하나님을 경외하고 순종하며 섬기는 것, 그것이 신학입니다.

그런데 현재 우리나라의 신학교육은 종교개혁자들의 신학을 계승한다고 하면서도 성경보다 인간의 학문을 더 중요시하고 있습니다. '오직 성경'이라고 말은 하면서도 성경에 대한 학자들의 연구와 이론을 성경 자체보다 더 중요하게 생각합니다. 많은 신학자가 해외 유명 신학자들의 학문을 전수하는 것을 자신의 사명이라고 착각하고 있습니다. 더 심각한 것은 그것이 생명력을 상실했음을 깨닫지 못하기에 현실에서 우리 신학생들의 영혼은 점점 메말라가고 있습니다.

처음부터 우리나라 신학교 커리큘럼이 지금처럼 학문 중심으로 이루어졌던 것은 아닙니다. 한국에 신학교가 처음 설립되었던 1901년부터 1960년에 이르기까지 구약 개론과 신약 개론, 신도게요, 예배 모범과 같은 필수 기초과목을 제외하고는 성경을 본문에 따라 직접 공부하도록 가르치는 것이 교육과정의 주된 내용이었습니다. 그래서 평양신학교가 설립된 후 한국교회는 학문 위주의 교육보다 성경에 기초한 교육을 통해 목회자를 배출할 수 있었습니다.

1903년 이후 평양신학교 커리큘럼은 매주 성경을 전체적으로 공부하고 읽도록 구성되었습니다. 1916년 교과과정에서 4학년 2학기를 보면, 신약과 구약은 10시간, 성경 통독은 3시간이 배정되었음을 알 수 있습니다. 이렇게 학기마다 다른 과목에 비해 성경 과목이 월등히 많았다는 것을 알 수 있습니다.

해방 후 평양신학교의 정신을 이어받아 1948년에 신학교를 재건하고, 1951년 대구신학교로 갔다가 1953년 서울 남산의 총회신학교로 돌아올 때까지 모든 신학교육의 중심에는 성경이 있었습니다. 1952년에 설립된 총회신학교 교육과정에서 성경 과목은 50.9%로 과반을 차지하였고, 이러한 경향은 1960년대까지 지속되었습니다.

이렇게 성경 중심의 신학교육이 이루어질 수 있었던 데는 영적 지도자로서 받아야 할 목회자 교육이 학문보다는 성경을 중심으로, 또한 거룩한 삶과 경건에 강조점을 두며 이루어져야 한다는 선교사님들의 강한 의지가 있었기 때문입니다. 선교사님들은 목사가 될 사람은 소명감이 투철하고 희생적이며 진실한 사람이어야 한다고 생각했습니다. 학문적으로 교육을 잘 받은 사람보다는 성령 충만하고, 하나님의 말씀과 기독교 진리에 근거한 믿음이 있어야 하며, 예수 그리스도를 위하여 어떤 고난도 이

겨낼 수 있도록 복음으로 변화된 사람이 목회자 후보가 되어야 한다고 믿었습니다. 선교사님들은 일찍부터 성경공부반을 만들어 성경 교육에 힘쓰셨습니다. 성경공부반은 주로 바쁜 농사가 끝나는 시기인 농한기에 성도들을 말씀으로 가르치도록 운영했습니다. 또한 특별 공부반을 따로 두어 교회에서 칭찬받고 인격이 훌륭한 사람들을 선별해 목회자 훈련을 받도록 하였습니다.

이처럼 성경 중심의 교육을 받은 목회자들은 오직 성경 한 권만을 부여잡고 뜨겁게 기도하며 목회했습니다. 그런 목회자들은 또한 하나님의 세미한 음성을 들으며 헌신적으로 목회했습니다. 그 덕에 한국 기독교가 오늘날 이렇게 성장하여 우뚝 설 수 있었던 것입니다.

그러다가 1980년이 되어서 신학대학원 목회학 석사 과정(M.Div.)이 교육부의 인가를 받았습니다. 신학대학원도 교육부의 지침에 따라 학교를 운영해야 했고, 이에 따라 목사들도 정식으로 학위를 받게 되었습니다. 대학원이 인가를 받은 후에는 교수 요건이 강화됨에 따라 해외에서 박사학위를 받은 분들이 신학교 강단을 차지하게 되었습니다. 교육부 인가를 받기 이전에는 교회에서 목회하는 목사님들이 신학교에서 가르치며 성경 중심, 현장 중심의 교육을 하였습니다. 하지만 해외에서 학위를 받은 신학자들이 서구에서 배운 신학을 전수하는 것을 사명으로 알고 가르치기 시작하면서 우리나라에서도 신학이 학문화의 길로 급속히 빠지게 되었습니다.

우리가 신학을 공부하던 때만 해도 '바울신학'이나 '요한문헌', '공동서신의 신학'과 같은 말은 사용하지 않았습니다. 변변한 주석 한 권 제대로 없었습니다. 그렇지만 신학생들은 모두 신학을 학문이 아니라 복음으로 받았고, 성경을 생명의 말씀으로 믿었습니다. 하나님을 향한 신앙의 간절함과 성경을 중심으로 하는 신학을 배우고자 하는 깊은 갈망이 있었기 때문이었습니다. 그분들은 자신의 부족함을 극복하기 위해 더욱 말씀과 기도에 열심을 내었습니다. 목회에서도 영적으로 큰 부흥을 이루었습니다. 지금의 교육 환경이나 목회 여건과 비교한다면 여러 가지 부족함이 많았을지 모르지만, 성경을 배우려는 의욕과 주께 받은 사명을 감당해야 한다는 의지는 남달랐습니다.

제가 학문 자체를 부정하려는 것은 아닙니다. 왜 학문이 중요하지 않겠습니까? 배움이 왜 중요하지 않겠습니까? 전문화된 방식에 따라 체계적으로 신학을 배우는 것도 유익합니다. 신학을 학문적으로 접근하는 것도 일정 부분 필요합니다. 성경을 이해하기 위해서는 성경의 배경, 역사, 문화, 당시 상황에 관한 기초 지식이 필요합니다. 교리가 형성되는 과정을 다루는 교리사와 2천 년 교회의 역사도 배워야 하고, 성경에 근거한 교리를 주제별로 다루는 조직신학도 배워야 합니다.

　우리 주변에는 수많은 이단이 성도들을 미혹하고 있습니다. 이런 이단들에 미혹되지 않기 위해서는 신학이 필요합니다. 목회자가 교양도 풍부하고 문학적인 소양도 갖추면 좋습니다. 인문학도 알아야 합니다. 목사들도 열심히 공부하고 많이 알아야 합니다. 교인들의 지적 수준은 높아지는데, 목사가 그렇지 못하면 능력 있는 지도자가 될 수 없습니다.

　그러나 분명히 알아야 할 것은 학문적인 노력 자체가 구원을 주지는 않는다는 사실입니다. 학문적 노력만으로는 성경을 하나님의 계시의 말씀으로 올바로 이해할 수 없습니다. 역사를 안다고 해서, 지식이 있다고 해서, 문학적이라고 해서 말씀에 순종할 수 있는 것이 아닙니다. 오직 성령께서 우리의 선생이 되어주실 때에만 성경을 하나님의 말씀으로 올바로 아는 것이 가능합니다. 예수님께서 베드로에게 "바요나 시몬아 네가 복이 있도다 이를 네게 알게 한 이는 혈육이 아니요 하늘에 계신 내 아버지시니라"(마 16:17)고 말씀하신 것처럼 하나님께서 사람을 깨우쳐 주실 때에만 우리는 성경을 올바로 이해할 수 있습니다. 성령께서 우리의 눈을 열어주실 때만 성경을 하나님의 진리의 말씀으로 받을 수 있는 것입니다.

2

학문은 성경을 받쳐주는 도구입니다

제가 신학교 설립자로서 수십 년간 눈여겨 보다가 알게 된 것이 있습니다. 공부를 많이 해서 세계적으로 유명한 신학자들일수록 하나님보다 신학자를 더욱 의지한다는 점입니다. 하지만 타락한 교회를 올바른 자리로 되돌려놓은 루터와 츠빙글리, 칼빈 같은 16세기의 종교개혁자들은 그렇지 않았습니다. 그들은 우선적으로 영성을 갖춘 분들이시면서 동시에 학문성도 겸비한 분들이셨습니다. 존 웨슬리(John Wesley, 1703-1791)와 조나단 에드워즈(Jonathan Edwards, 1703-1758), 아브라함 카이퍼(Abraham Kuyper, 1837-1920), 헤르만 바빙크(Herman Bavinck, 1854-1921)와 같은 분들도 깊은 영성을 겸비했기에 교회를 살리는 신학을 할 수 있었습니다. 먼저 영성을 갖춘 신학자가 그 영성 위에서 학문을 할 때 올바른 신학이 가능합니다. 위에 열거한 소중한 신학자들은 성도들과 교회를 위해 하나님 말씀을 선포하고 예수 그리스도의 생명의 복음을 전하기 위해 끊임없이 기도했던 기도의 용사들이었습니다.

종교개혁자 칼빈의 대표작인 『기독교강요』는 온건한 복음적 신앙을 잘 제시하고 있는 책입니다. 우리 장로교 신학의 기반이 되었을 뿐 아니라 당시부터 오늘에 이르기까지 개혁주의신학이 세계화되는 데 지대한 공헌을 했습니다. 하지만 칼빈은 신학자이기 이전에 제네바 교회의 목회자였습니다. 『기독교강요』는 신앙의 정수를 담고 있으며, 교회를 바르게 세우기 위해 혼신을 기울인 매우 영적이고 경건한 저술입니다. 1536년의 초판 이후에 1559년에 최종판인 5판으로 완결되기까지 『기독교강요』에는 제네바의 목회 현장에서 성령의 도우심을 간구하면서 무릎 꿇고 교회와 성도를 위해 기도한 흔적이 고스란히 담겨 있습니다. 그가 기도를 얼마나 많이 강조했는지는 『기독교강요』에서 매우 많은 분량을 기도에 할애하여 강조하고 있다는 점을 보아도 알 수 있습니다. 총 6장으로 이루어진 『기독교강요』 초판에서 칼빈은 제3장에서 기도를 다루고 있으며, 최종판에서는 예정론보다 많은 분량을 기도에 할애하고 있습니다.

이처럼 깊은 기도의 영성이 있었기에 종교개혁자들은 성경의 원리를 따라 교회를 개혁할 수 있었습니다. 그들은 무엇보다 영성을 먼저 추구하면서 학문성을 겸비하였습니다. 위대한 신학자들은 모두 기도하면서 하나님의 세미한 음성을 듣기 위해 몸부림치던 사람들이었습니다. 그러므로 그들의 신학을 제대로 이해하기 위해서는 그들의 신학을 가능하게 했던 영성을 본받아야 합니다. 그런데 오늘날 신학은 그분들의 경건, 거룩한 삶, 영성은 제쳐두고, 신학과 학문적 이론만을 배우고 가르치고 있습니다. 그것이 바로 오늘날 신학의 문제입니다.

학문은 성경을 받쳐주는 도구가 되어야 합니다. 학문의 역할은 성경이 영적 생명을 살리는 하나님의 말씀으로 역사할 수 있도록 돕는 것입니다. 예수 그리스도의 인격과 삶을 본받은 신학자들이 하나님의 말씀을 성령의 능력으로 가르치기 위한 도구로서의 학문이 필요한 것입니다. 신학을 메마른 이성의 학문으로만 가르치면, 지성은 빛나겠지만 예수 그리스도의 놀라운 생명을 전할 수는 없습니다. 성경보다 신학을 우위에 두거나 저명한 신학자들의 학문만을 앞세운다면 성령의 역사는 일어날 수 없습니다. 학문은 성경이 영적 생명을 살리는 말씀으로 역사할 수 있도록 돕는 수단일 뿐입니다. 신학은 생명을 살리는 복음의 도구가 되어야 합니다.

요한복음 6장 63절은 "살리는 것은 영이니 육은 무익하니라 내가 너희에게 이른 말은 영이요 생명이라"고 말씀합니다. 영은 성경과 성령이고 육은 학문이라고 할 수 있습니다. 육은 살리는 것이 아니기 때문에 스스로 살 수 없고, 오직 살리는 영에 의해서만 살아있을 수 있는 것처럼, 학문도 성경과 성령의 역사하심에 의해 비로소 살아있는 지식일 수 있습니다. 야고보서 2장 26절은 "영혼 없는 몸이 죽은 것 같이 행함이 없는 믿음은 죽은 것이니라"고 말씀하고 있습니다. 성경에서 떠난 신학, 성령의 역사가 일어나지 않는 신학은 죽은 것에 불과합니다. 신학이 성령의 인도하심을 떠나 인간의 학문적 전통과 지식의 추구에 매이게 된다면, 그런 신학은 하나님을 말할 수 있을지는 모르지만 오히려 하나님의 영광을 가리는 무익하고 교만한 신학이 될 뿐입니다. 육체가 영혼의 활동을 위한 도구로서의 역할을 하지 않으면 시체가 되는 것처럼, 신학도 성경을 깨닫고 말씀의 능력이 나타나도록 받쳐주는 도구가 되지 않으면 아무 유익 없는 죽은 신학이 되는 것입니다. 그래서 신학자들은 성경 말씀을 학문적으로 받쳐주기 위해 연구해야 합니다. 성경을 통해 말씀하시는 성령의 역사를 드러내고 설명함으로써 하나님의 말씀을 더 잘 이해할 수 있는 도구가 될 수 있도록 학문을 해야 합니다.

만일 신학이 성령의 지배를 받지 않는다면, 만일 신학이 자신의 학문적인 성과를 내세우고 자랑하는 것으로 끝난다면 성령의 역사는 결코 일어날 수 없습니다. 만일 신학이 성경을 사람이 기록한 책으로 연구하고 만다면, 실제 그 신학은 그리스도와 아무런 상관이 없는 죽은 신학에 불과합니다.

신학은 학문이 아니라 예수 그리스도의 생명의 복음입니다. 학문은 오로지 하나님의 말씀을 받쳐주는 도구와 수단이 되어야 합니다. 예수 그리스도의 생명의 복음을 받쳐주는 도구의 역할을 하지 못하는 학문은 아무것도 아니라는 것을 명심해야 합니다.

목회자와 신학자, 신학도는 물론이고 성도에게도 자신의 지식과 학문이 헛된 자랑을 위한 도구가 되어서는 안 됩니다. "지식은 교만하게 하며 사랑은 덕을 세우나니"라는 고린도전서 8장 1절의 말씀을 명심해야 합니다. 성경에 대한 지식이 많다고 생각하는 자는 스스로 교만해지지 않도록 삼가야 합니다. 모든 신학 교육은 복음을 깨닫고 증언하며 생명을 살리는 도구가 되어야 합니다. 신학의 모든 과정은 성경이 제시하는 하나님과 하나님의 뜻을 분명히 깨달아 알고 그 뜻에 순종하는 삶을 살도록 하는 것이어야 합니다.

3

성령의 인도를 받아야 학문도 살아납니다

대학의 등장과 신학의 학문화

신학이 학문으로 확립되기 시작한 것은 중세 대학의 설립과 밀접한 관련이 있습니다. 대학이 설립되기 이전에 중세의 교육은 성당부속학교(church school)와 수도원학교(monastery school)를 중심으로 이루어졌습니다. 대부분의 평민은 물론 일부 왕족이나 귀족도 글을 읽고 쓸 줄 모를 만큼 문맹률이 높던 중세 사회에서 이들 학교는 교육뿐 아니라 지식의 보존과 전수의 중심지로서 중요한 역할을 했습니다.

수도원학교와 성당부속학교는 기본적으로 성직자와 수도사를 양성하기 위한 목적이 있었기에 교회의 필요에 따라 교회의 관리하에 교육이 이루어졌습니다. 신앙심을 기르고, 성경의 가르침과 교회의 교리를 익히고 실천하며, 불신자들과 이방인들에게도 복음을 전파하여 가르쳐 지키게 하는 것이 교육의 중심 목표였습니다.

하지만 11~12세기에 신학부, 법학부, 의학부 등 여러 학문 분야가 모인 대학이 설립되면서 교육의 구심점에 변화가 생기기 시작했습니다. 성당부속학교나 수도원학교가 '신앙의 요람'이었다면, 대학은 '학문의 전당'이 되었습니다. 신앙이 아니라 학문이 대학의 구심점이 된 것입니다. 대학의 신학부는 여전히 성직자와 교회 지도자 양성을 중요한 목표로 했지만, 대학 사회의 이러한 분위기를 피하지는 못했습니다.

중세 대학의 학생들은 교양학부에서 문법과 수사학, 논리학, 대수학, 기하학, 천문학, 음악이라는 총 일곱 가지의 자유교양(liberal arts)을 배운 후에야 신학과 법학, 의학을 가르치는 상급학부에 진학할 수 있었습니다.

당시 대학의 교양학부에 큰 영향을 준 것이 바로 아리스토텔레스의 철학이었습니다. 대학의 모든 구성원은 자연스럽게 아리스토텔레스의 학문 방법을 접하게 되었습니다. 이성과 합리성뿐 아니라 감각과 경험 모두를 중요시하는 그의 학문 방법은 대학에서 널리 사용되었고, 서구의 학문 발전에 크게 이바지하게 되었습니다.

이러한 흐름 속에서 대학의 상급 학부 가운데 하나이던 신학도 아리스토텔레스의 학문 방법을 사용하게 되었습니다. 경험과 이성에 기초한 아리스토텔레스의 학문 방법은 피조 세계인 이 세상의 질서를 탐구하기에 적합한 학문 방법인데, 이것이 창조주이자 영이신 하나님을 탐구하는 방법으로 사용된 것입니다.

중세 대학의 신학부 교수였던 신학자들은 기도와 말씀 가운데 하나님의 음성을 구하며 경건에 힘쓰기보다 학문 방법에 따라 논쟁하고 토론하는 일에 몰두했습니다. 지혜와 지식을 구한다고 하면서도 성경이 그것의 근본이라고 가르치는 '여호와 경외하기'(잠 1:7; 9:10)를 소홀히 하였습니다. 말씀의 능력보다 학문을 더 의지하게 된 것입니다. 참된 신학은 하나님을 향한 경건이어야 하는데, 신학이 학문화되어 살아계신 하나님을 인간의 학문에 가두는 일이 발생한 것입니다.

중세의 신학은 이러한 학문 방법을 통해 거대한 지식체계를 이루었습니다. 그러나 그것은 호세아 4장 6절에서 말하는 '하나님을 아는 지식'이나 빌립보서 3장 8절에서 말하는 '그리스도를 아는 지식'이 아닙니다. 하나님에 관한 인간의 생각, 성경에 관한 인간의 해석을 모아 놓은 학문적 지식에 불과합니다.

"헛되고 헛되며 헛되고 헛되니 모든 것이 헛되도다"(전 1:2)라는 전도서의 말씀처럼 이러한 학문적 성과들은 하나님의 진리 앞에서 아무것도 아닐 뿐이라는 것을 잘 보여주는 사례가 있습니다. 바로 토마스 아퀴나스의 영적 체험입니다.

토마스 아퀴나스가 보여주는 '지푸라기 신학'

토마스 아퀴나스는 종교개혁자 루터와 츠빙글리보다 약 250년 전에 태어났고, 칼빈보다는 280년 전에 태어난 중세의 수도사이자 신학자입니다. 중세 신학이 절정에 달했던 13세기에 파리대학과 쾰른 대학 신학부 교수를 역임하면서 신학교육 발전에 크게 기여한 중세 시대의 대표적인 신학자입니다. 그의 저서『신학대전』(神學大全, *Summa Theologica*, 1265-1273)은 가톨릭교회가 종교개혁에 대응하기 위해 소집했던 트리엔트 공의회(1545-1563) 기간 내내 성경과 함께 제단 위에 놓아두었을 정도로 그 권위를 인정받았습니다.

아퀴나스는 성경이 가장 중요하고 최우선적인 권위라고 인정했지만, 성경이 유일한 권위라고는 하지 않았습니다. 그는 신앙이 이성보다, 따라서 신앙의 진리가 이성의 진리보다 우선한다고 주장하면서 신앙의 빛 아래서 아리스토텔레스로 대표되는 이성적 방법을 통해 신앙과 이성의 조화를 이루기 위해 학문을 연구했던 사람입니다. 당시 파리대학에는 아리스토텔레스를 신봉

하며 신앙보다 이성과 학문성을 앞세운 합리주의 성향의 학자들과 이들을 반대하면서 이성을 배척하고 신앙과 경건을 강조한 신앙주의 성향의 학자들이 있었는데, 토마스 아퀴나스는 신앙과 이성이 모두 하나님의 창조 질서 안에 있는 것이므로 서로 배타적이 아니라 조화를 이루어야 한다고 주장했습니다.

그는 49세에 세상을 떠났지만 48세가 되었을 때, 이미 80권 이상의 크고 작은 저서를 낼 만큼 뛰어난 신학자였습니다. 그랬던 아퀴나스가 파리대학교 교수 시절부터 15년 이상 매일 해오던 저술 활동을 갑자기 멈추는 일이 발생했습니다. 그 일은 그의 생애 마지막 해인 1273년 49세 때 일어났습니다. 12월 6일 수요일, 아침 예배를 드리다가 그는 예배당에서 성령의 임재를 체험했습니다. 그 체험을 통해 그는 자신이 평생을 바쳐 학문을 하며 추구하던 진리가 학문이 아닌 오직 성령으로만 얻을 수 있다는 것을 깨달았습니다.

그는 위대한 신학자임에 틀림이 없습니다. 또한 진실된 믿음의 사람으로 살기 위해 헌신한 수도사였습니다. 하지만 성경은 이성과 학문이 아니라 오직 성령의 조명을 통해서만 바르게 알 수 있다는 사실을 그가 죽던 해에 이르러서야 깨닫게 된 것입니다. 아무리 정교한 논리와 추론도 말씀을 깨닫게 하시는 성령의 도우심을 대신할 수는 없다는 것을 알게 된 것입니다.

살아계신 하나님의 영이 본인의 삶에 임재한 후, 그의 삶은 완전히 바뀌었습니다. 늘 학문에 집착하던 모습은 사라져 버렸습니다. 『신학대전』 제3권 '속죄'에 관한 글을 쓰다가 성령의 임재를 체험한 뒤, 그는 절필하고 말았습니다. 제자들을 비롯한 여러 사람이 계속해서 글쓰기를 요청했지만, "나는 더 이상 글을 쓸 수가 없어, 왜냐고? 그것은 이제껏 내가 쓴 모든 것들이 한낱 지푸라기만도 못하게 여겨지기 때문이야!"라고 말했습니다.

지푸라기는 생명이 없는 상태를 의미합니다. 가을 들판에 알곡을 털고 쌓아둔 볏짚 같은 생명이 없는 상태입니다. 신학은 하나님의 계시에 대한 성찰에 기초한 학문적 연구라고 외쳤던 신학자도 성령을 체험하고 나니까 삶의 모든 것이 바뀌었습니다. 일생을 바쳐 노력해 온 연구와 저작들이지만 하나님의 음성을 듣고 성령의 도우심 가운데 말씀을 묵상하고 기도하는 것에 비교하니 너무나 하찮고 보잘것없다는 것을 깨닫게 된 것입니다.

토마스 아퀴나스는 뛰어난 학문성으로 신앙의 진리를 추구했던 위대한 신학자였고, 2천 년 교회 역사 가운데 신학의 학문화 과정에 지대한 영향을 준 인물이었습니다. 하지만 토마스 아퀴나스를 변화시킨 것은 위대한 신학이 아니라 성령의 능력이었습니다. 학문도 성령의 지배를 받을 때 능력이 나타나는 것입니다. 그에게 일어난 성령의 역사는 사람을 변화시키는 것은 학문이 아니라 성경을 통해 말씀하시는 성령이라는 사실을 확인시켜 줍니다.

그가 성령의 역사하심 앞에 학문은 잠잠할 수밖에 없다는 것을 깨달은 후 저술 활동을 중단한 것은 매우 상징적인 사건입니다. 만약 이렇게 위대한 신학자가 '신학은 학문이 아니다'라고 외쳤다면, 신학이 지금처럼 사변화되지는 않았을 것입니다. 이런 생각이 들 때마다 가슴이 아픕니다. 혼자만의 깨달음이 아니라 모든 학자 앞에서 힘차게 "신학은 학문이 아니다. 성령의 인도를 받는 참된 신학을 해야 한다"라고 소리 높여 외쳤다면 세계 교회의 지형은 크게 달라졌을 것입니다.

계몽주의 시대 신학의 학문화

중세 대학에서 학문화된 신학은 그 이후 줄곧 대학의 전문적인 학문 가운데 하나로 자리 잡았습니다. 그런데 '개인주의의 등장'과 '이성의 시대', '과학적 발견의 시대'등으로 특징지어지는 근대 사회가 본격적으로 시작되면서 신학의 위상은 흔들리기 시작했습니다. 자연과학이 발달함에 따라 성경이 진리라는 믿음을 전제로 하는 신학을 학문에서 제외하려는 움직임이 일어났습니다. 인간의 이성과 합리성, 자유와 평등을 외치며 모든 권위를 반대하는 계몽주의가 등장하여 종교는 미신적이고 억압적이므로 종교적 권위로부터 학문을 해방시켜야 한다고 주장했습니다.

근대 사회의 이런 흐름은 '학문의 전당'인 대학에서 학문이 아닌 신학을 배제해야 한다는 주장으로 이어졌습니다.

근대 사회의 대학은 진리 탐구와 학문 연구의 중심지로 자리매김했습니다. 그러므로 대학에서 신학이 배제된다는 것은 곧 신학이 진리와는 상관이 없다는 것을 의미하는 것이 됩니다. 이에 '신학'이 대학에서 퇴출될 것을 우려했던 신학자들은 신학이 학문임을 강조해야 했습니다. 그래서 신학을 좀 더 전문적이고 세분화하여 연구하기 시작했고, 이런 흐름은 19세기에 이르러 점차 가속화되었습니다. 오늘날 일반적으로 받아들이는 신학의 네 분과인 성경신학, 역사신학, 조직신학, 실천신학은 이러한 배경에서 형성되었습니다. 이렇게 신학의 전문화와 세분화가 일어나면서 신학교육 방법과 교육과정도 더불어 변화하게 되었습니다.

신학의 전공별 세분화는 긍정적인 측면도 있습니다. 각 분야를 전문성 있게 연구함으로써 성경을 올바르고 깊게 이해할 수 있기 때문입니다. 이런 면에서는 신학의 발전이라고 할 수도 있을 것입니다.

하지만 더 큰 문제가 생겼습니다. 신학이 학문으로 발전하면서, 신학자들의 이론과 견해가 성경보다 더욱 권위를 갖게 된 것입니다. 신학자들은 자신의 학문적 업적을 위해 남들과는 다른 이론이나 성경 해석을 내세우기 시작했습니다. 자신의 학문적 기준을 따라 성경을 나누고 분석하는 것이 옳은 신학이라고 가르침으로써 '성경만이 우리의 신앙과 삶의 유일한 표준이다'라는 핵심 가치를 스스로 배반하기도 했습니다. 학문적으로 독창성을 인정받으며 믿지 않는 사람들까지도 이해시키겠다고 노력하게 되면서 정작 지켜야 할 가장 중요한 본질을 잃어버린 것입니다.

성경의 권위를 상실하고 학문성을 인정받는다면 그것은 쭉정이에 불과합니다. 살리는 영의 지배를 받지 않고 죽이는 육의 지배를 받는 것과 마찬가지입니다. 그런데도 신학자들이 학자로서의 권위를 지키기 위해 학문적인 성과에 집착한 결과, 목회자들은 성령의 조명에 따라 성경을 깊이 묵상하고 연구하기보다 신학자들의 말을 더 의지하게 되었습니다. 하나님의 세미한 음성보다 사람의 말이나 주장을 더 신뢰하게 된 것입니다. 참으로 안타까운 일이 아닐 수 없습니다.

신학의 학문화 과정을 깊이 들여다보면 신학은 처음부터 인간의 이성과 논리, 세상의 학문적 체계로만 접근할 수 있는 분야가 아니었다는 것입니다. 신학은 하나님의 말씀을 배우고, 그분의 뜻에 순종하며, 성령의 인도하심을 따라 살아가기 위한 삶의 태도이자 실천이었습니다. 그런데 어느 순간부터 우리는 신학을 세상의 학문과 동일 선상에 놓거나, 때로는 학문적 방법론과 이론에 더 큰 가치를 두기 시작했습니다. 학문은 성경을 더 깊이 이해하고 해석하기 위해 필요한 도구일 뿐임에도 불구하고, 점차 신학이 학문에 종속되고, 인간의 지식과 논리에 의존하는 현상이 나타난 것입니다.

이러한 변화는 신학이 본래의 생명력을 잃고 교회, 목회 현장, 성도의 실제 삶과 점점 멀어지게 되는 원인이 되었습니다. 신학이 학문이라는 틀에 갇히면서, 성령의 역사와 하나님의 말씀에 대한 절대적 신뢰는 점차 약화되었습니다. 또한 신학은 교회를 살리는 힘조차 잃어버린 결과를 초래했습니다. 저는 이 문제를 매우 심각하게 받아들이고 있습니다. 그런 의미에서 개혁주의생명신학 7대 실천운동 가운데 두 번째 운동인 신학회복운동이 우리에게 필요한 것입니다.

제II부

신학이 학문이 아닌
일곱 가지 이유

1

성경의 저자는 하나님이십니다

신학이 학문이 아닌 첫 번째 이유는 성경의 저자가 하나님이시기 때문입니다. 현대신학의 가장 큰 문제는 성경을 하나님의 말씀으로 보지 않고 사람의 책으로 본다는 데 있습니다. 성경의 권위가 회복되지 않으면 교회는 생명력을 잃을 수밖에 없습니다. 성경을 대신할 수 있는 것은 세상에 아무것도 없습니다. 교회의 부흥은 언제나 말씀의 부흥이었습니다. 부흥이 성령의 역사라면, 성경을 통해 말씀하시는 성령의 능력으로 부흥하게 된 것입니다. 성령께서 복음 선포자의 입술에 말씀을 넣어주실 때 교회의 영적 회복이 일어납니다. 교회에 영적 침체가 일어날 때마다 성령께서는 하나님의 사람을 세워 말씀으로 회복시켜 주셨습니다. 참된 교회와 바른 신학은 언제나 성경을 하나님의 말씀과 성령의 감동으로 기록된 특별 계시로 믿고 선포했다는 사실입니다.

성경은 사람이 쓴 책이 아닙니다. 성경은 성령의 감동으로 기록한 책으로 하나님의 유일하고 완전한 계시이며, 우리 신앙과 삶의 유일한 표준입니다. 성경은 하나님의 사람들이 온전하게 되는 길과 영적 생명을 살리는 교육이 오직 하나님의 말씀으로 가능하다고 말하고 있습니다.

디모데후서 3장 16-17절은 "모든 성경은 하나님의 감동으로 된 것으로 교훈과 책망과 바르게 함과 의로 교육하기에 유익하니 이는 하나님의 사람으로 온전하게 하며 모든 선한 일을 행할 능력을 갖추게 하려 함이라"고 말씀하셨습니다.

성경이 하나님의 감동으로 기록되었다는 사실은 하나님께서 저자이심을 증명하는 것입니다. 교훈과 책망과 바르게 함과 의로 교육하기에 유익하다는 것은 오직 성경만이 우리 신앙과 삶의 유일한 표준임을 보여주는 부분입니다. 성경은 우리를 하나님의 온전한 사람으로 만들며, 하나님께서 가르치시는 모든 선한 일을 행할 수 있는 능력을 갖출 수 있도록 우리를 인도합니다. 그래서 성경은 하나님의 유일하고 완전한 계시인 것입니다.

성경이 하나님의 감동으로 기록되었다는 것에서 출발한 것이

'성령의 영감'이란 표현입니다. 계시를 기록하는 일이 이루어지게 하시는 성령의 구체적인 활동을 가리켜 일반적으로 영감(靈感: inspiration)이라 부릅니다. 영감은 하나님께서 당신의 마음과 생각을 불어넣으셨다는 개념에 근거한 것입니다. 영감 교리는 16세기 종교개혁 이전에는 존재하지 않았습니다. 초대교회부터 종교개혁이 일어났던 16세기까지는 성경이 무오(無誤)한 하나님의 말씀이라는 확신에 굳게 서 있었습니다. 중세교회가 성경보다 전통의 권위를 앞세운 것이 문제가 되었지만, 성경이 하나님의 완전한 계시라는 것은 인정하였습니다.

성경의 영감에 대한 교리적인 논쟁이 시작된 것은 계몽주의가 시작되면서 인간의 이성이 강조된 것과 관련이 있습니다. 과학과 합리주의의 발달로 인해 사람들은 자신이 이해할 수 있는 것만 믿으려고 했습니다. 따라서 성경의 내용 가운데 초자연적인 것, 기적과 표적 부분들은 사실이 아니라고 생각했습니다. 그러면서 점차 성경이 믿을 수 있는 부분과 이해를 돕기 위해 지어낸 이야기가 섞여 있다고 생각하는 사람들이 생겨났습니다.

성경의 영감을 이해할 때 성격과 범위를 구별할 필요가 있다는 논쟁이 시작되었습니다. 영감의 성격과 범위를 완전히 별개의 것으로 생각하는 것도 문제이지만, 이것을 혼동해서 사용하는 것도 위험한 일입니다.

영감의 성격은 성령께서 인간 기록자를 어떤 방식으로 사용하셨는지에 따라서 크게 세 가지로 나누어 설명합니다. 첫째는 '기계적 영감'이라고 말하는데, 이것은 "하나님이 불러주신 대로 기계적으로 받아쓴 것"이라는 주장입니다. 그런데 영감이라는 말이 하나님께서 사람에게 당신의 마음과 생각을 불어넣으셨다는 의미이기 때문에 '기계적 영감설'은 원천적으로 잘못된 주장입니다. 둘째는 '동력적 영감'인데, 이것은 자유주의 신학자인 슐라이어마허에 의해 주장된 것으로 "영감은 인간의 합리적인 또는 영적인 의식을 비추는 하나님 은혜의 작용"이라고 설명합니다. 이런 설명은 자신이 이해한 기독교적 감정을 인간적인 입장에서 기술한 것이기에 성령의 영감과 직접 연결하기는 무리한 부분이 있습니다. 셋째는 '유기적 영감'인데, 하나님께서 성경의 저술 과정에서 인간 기록자들을 사용하실 때 그들의 성격과 기질, 은사와 재능, 그들의 교육과 문화, 문체, 어휘, 스타일과 함께 사용하셨다는 것입니다. 성령께서 인간 기록자들의 마음을 조명하시고, 격려하여 기록하게 하셨고 그들이 글을 쓸 때 그들을 인도하셔서 죄의 영향을 억누르시고, 그들의 언어를 선택하고 생각을 표현하는 일을 보호하시고, 감독하셨다는 것입니다. 지금까지 개혁주의신학은 영감의 방식과 관련하여 '유기적 영감'의 입장을 표명하고 있으며, 하나님께서 성경을 완전 영감하신 것으로 믿고 있습니다.

완전 영감이라는 말이 나왔기 때문에 영감의 범위에 대해서도 설명할 필요가 있습니다. 영감의 범위에 대해서는 세 가지 주장이 있습니다. 첫째, '부분(部分) 영감'입니다. 18세기 합리주의 영향을 받은 사람들이 주장한 것으로 성경의 일부만이 영감되었다는 주장입니다. 결국 이 주장은 성경을 인간의 책으로 주장하는 근거가 되었습니다. 둘째, '사상(思想) 영감'입니다. 이 사람들은 사상은 분명히 영감 되었으나 언어는 인간 저자가 하나님의 인도 없이 자유롭게 선택한 것이라고 주장함으로써 성령의 역할이 아닌 인간의 역할을 더 강조합니다. 셋째, '축자(逐字) 영감'은 성경의 모든 부분이 영감 되었다는 주장입니다. 문제는 '축자 영감'을 '기계적 영감'과 동일하게 생각하는 사람들이 많다는 것입니다. '축자 영감'은 하나님께서 사람에게 감동을 주어서 성령의 인도하심 아래 자신의 기질대로 기록한 것이며 말씀 자체는 성령의 완전한 영감으로 기록되었다는 의미입니다.

개혁주의신학은 '유기적 영감'과 완전 영감인 '축자 영감'을 신학적 입장으로 견지해 왔습니다. 하지만 저는 성경적인 뒷받침이 명확하게 드러나지 않은 신학적 입장, 특히 성령의 사역과 관련된 부분에 대해서는 성경 말씀 자체를 신뢰하는 것이 가장 올바른 것이라고 생각합니다. 하나님께서 다양한 방법을 통해서 성경을 기록하게 하셨고, 그 과정이 하나님의 뜻을 전달하기에 부족함이 없도록 성령께서 주도하셨다는 믿음이 바로 그것입니다

다. 저자이신 하나님께서 저자의 목적과 의도대로 성경을 기록하셔서 우리에게 허락하신 것이라고 믿기 때문입니다.

종교개혁자 존 칼빈도 『기독교강요』에서 사도들이 예수 그리스도의 지도를 받았는데, 그리스도의 영이 선도자가 되어 "그들이 할 말을 어느 정도 불러 주셨으며"(4권 8장 8절), "사도들은 성령의 말씀을 틀림없이 받아썼고 따라서 그들의 글은 하나님의 말씀으로 인정해야 한다"(4권 8장 9절)라고 주장하였습니다.

개혁주의신학자인 루이스 벌코프(Louis Berkhof, 1873-1957)도 『조직신학』에서 성령께서 인간 저자들의 특징과 기질, 은사와 재능, 그리고 그들이 받고 누린 교육과 문화, 어휘와 스타일 등 모든 요소를 사용하셨다고 말합니다. 동시에 그들의 생각이 표현되는 방법과 사용하는 어휘에 이르기까지 세심하게 감독하셨다고 하였습니다. 인간 저자들의 생각과 경험, 표현 방식들은 모두 성경에 반영되었지만 성령께서는 그 결과물인 성경에 오류가 없도록 보호하셨다는 뜻입니다.

성경을 기준으로 신학을 하는 모든 개혁주의신학자들은 성경의 완전한 영감과 권위에 대해 확실한 믿음을 가지고 있으며, 그 믿음 위에 자신들의 신학을 발전시켜 왔습니다. 성경의 권위를 부정하고 인간의 이성을 바탕에 둔 계몽주의 사상과 자유주의 신학에 대해 항변하기 위해 만들어진 '영감론'도 인간이 모두 이해하기에는 한계를 가지고 있다고 말하는 것이 솔직한 답변일 것입니다.

기계적 영감이나 동력적 영감과 대비되는 유기적 영감설은 성령의 감독과 보호, 그리고 조명에 의해 이루어진 완전한 영감을 강조하기 적합한 방식으로 보일 수 있습니다. 그래서 대부분의 학자들은 자신이 완전한 영감을 믿기 때문에 인간 기록자를 저자로 부르는 것이 전혀 문제가 없다고 말합니다.

하지만 우리가 강단에서 말씀을 선포할 때는 "하나님께서 당신의 뜻을 무오하게 기록해 주신 말씀을 선포한다"는 믿음과 확신이 필요합니다. 하나님의 계시의 말씀인 성경을 모세의 말, 다윗의 말, 바울의 말로 선포할 때, 과연 유기적 영감설에 따라 인간 저자를 가리킬 뿐 실제로 하나님의 완전한 계시를 받고 있다고 믿을 수 있는 성도들이 얼마나 있을까요? 성경에는 기계적 영감이나 동력적 영감, 유기적 영감이라는 표현이 없습니다. 또한 부분 영감이나 사상 영감, 축자 영감이라는 말도 없습니다. 사람들이 하나님의 말씀을 인간 저자들의 방식으로 이해하고 설명하기 위해서 만들어낸 교리에 불과합니다. 인간의 언어로 하나님의 영감을 제대로 설명하는 것 자체가 어려운 일입니다.

인간의 마음과 생각이 아니라 성령께서 인간에게 불어넣으신 하나님의 마음과 생각을 기록한 것이 어떻게 인간 저자의 것이 될 수 있습니까? 하나님께서 보호하시고 감독하시며 조명하셔서 자신의 뜻이 전달되는 일에 오류가 없도록 하셨다면 그것이 과연 인간의 글이겠습니까? 그래서 기독교 초기에는 모두 인간들을 '저자'가 아닌 '기록자'로 불렀던 것입니다.

기록자를 저자라 부르면서 성도들은 성경을 단지 인간의 책으로 이해하기도 하고, 하나님의 말씀이 부분적으로 포함된 책으로 보기도 합니다. 이 모든 문제의 근원은 함부로 인간 저자를 강조한 목회자와 신학자에게 있습니다.

제가 강조하는 것은 기계적 영감이나 유기적 영감 가운데 '어떤 것이 바른 것이냐?'하는 교리적 차원을 넘어 하나님의 말씀을 완전한 성령의 영감으로 기록된 계시로 믿고 있는가에 관한 것입니다. 성도들에게 성경을 살아있는 하나님의 말씀으로 선포하고 있는지 확인하자는 것입니다.

우리는 성경이 하나님의 유일하고 완전한 계시이며, 우리 신앙과 삶의 유일한 표준이라고 믿습니다. 이렇게 믿고 고백할 수 있는 이유는, 성경은 사람이 쓴 책이 아니라 성령의 감동으로 기록된 책이기 때문입니다. 물론 성경 66권마다 그 말씀을 기록한 분들이 있어, 이들을 인간 저자 또는 기록자라고 부르기도 합니다. 하지만 이들은 하나님께 받아 기록한 기록자요 전달자이지 진정한 저자는 아닙니다. 우리가 생각하는 어떤 기준으로 보아도 성경의 저자는 하나님입니다.

성경이 인간의 학문으로 취급될 수 없는 이유를 성경 자체의 증거와 그 속에 담긴 신학적 의미를 통해 자세히 설명해 드리겠습니다. 이것이 전통적인 개혁주의신학의 입장이면서 성경적인 입장이라는 점을 주목해 주시기 바랍니다.

성경의 권위와 영감: 하나님으로부터 온 말씀

성경의 권위는 성경이 하나님의 말씀으로서 하나님의 권위에 따라 모든 신앙과 행위의 최종적 기준이 된다는 데 있습니다. 성경은 하나님이 직접 영감을 주신 말씀으로 교리와 생활에서 최고의 권위를 가집니다. 성경은 다른 어떤 인간의 전통이나 교회 규범보다 우선하며, 모든 교리적 판단과 도덕적 판단의 기준이 됩니다.

성경의 저자가 하나님이심을 가장 직접적으로 증거하는 개념은 '영감'입니다. '영감'이란 하나님께서 성령을 통해 사람들에게 말씀하셔서, 그들이 하나님의 뜻을 기록하도록 하셨다는 뜻입니다. 디모데후서 3장 16절은 "모든 성경은 하나님의 감동으로 된 것으로 교훈과 책망과 바르게 함과 의로 교육하기에 유익하니" 라고 말씀하고 있습니다. 여기서 '감동'이라는 단어는 헬라어로 '데오프뉴스토스'(θεόπνευστος)로 문자 그대로 '하나님의 숨결'을 의미합니다. 이 구절은 성경이 단순히 인간의 지혜나 지식이 아닌, 하나님의 영에 의해 감동된 기록임을 명확히 하고 있습니다.

아모스 3장 7-8절은 "주 여호와께서는 자기의 비밀을 그 종 선지자들에게 보이지 아니하시고는 결코 행하심이 없으시리라 사자가 부르짖은즉 누가 두려워하지 아니하겠느냐 주 여호와께서 말씀하신즉 누가 예언하지 아니하겠느냐"라고 말씀하셨습니다. 하나님께서는 자신의 비밀을 그 종인 선지자들에게 보이신 후에 행하십니다. 그러므로 선지자들이 전한 메시지는 여호와의 말씀입니다. 선지자들이 선포할 때 이스라엘 백성들은 여호와께서 말씀하시는 것으로 들었습니다. 그들은 하나님의 도구로서 말씀을 선포한 것입니다. 에스겔 3장 27절은 "그러나 내가 너와 말할 때에 네 입을 열리니 너는 그들에게 이르기를 주 여호와의 말씀이 이러하시다 하라"고 말씀하셨습니다. 하나님께서는 에스겔 선지자가 말을 못 하게 하신 후에 하나님께서 자신의 말씀을 전할 때에만 입을 열어 말씀을 선포하게 하셨습니다. 그리고 "주 여호와의 말씀이 이러하시다"라고 선언하도록 지시하셨습니다. 에스겔이 전한 메시지는 하나님께서 그의 입을 열어 넣어주신 하나님의 말씀이었습니다. 하나님께서는 선지자를 통제하시어 자신의 말씀만을 전하도록 하셨습니다. 성경도 하나님께서 기록하도록 그들을 통제하시고 감독하신 온전한 하나님의 말씀입니다.

이 사실에 대하여 베드로후서 1장 20-21절은 "먼저 알 것은 성경의 모든 예언은 사사로이 풀 것이 아니니 예언은 언제든지 사람의 뜻으로 낸 것이 아니요 오직 성령의 감동하심을 받은 사람들이 하나님께 받아 말한 것임이라"고 말씀하십니다. "모든 예언은 사사로이 풀 것이 아니니"라는 말씀은 성경을 해석할 때 사사로이 개인적인 의견을 따라 해석하지 말라는 의미로 오해하기 쉽습니다. 그러나 이 구절은 성경해석의 문제가 아니라 예언이 나오는 근원이 어디인지를 말씀하는 것입니다. 어떤 사람이 기록했다고 해서 그 사람 자신의 생각과 이해를 담은 것이 아니라는 뜻입니다. 이 구절은 성경의 예언이 인간의 의지나 생각에서 나온 것이 아니라, 성령에 의해 이끌림을 받은 자들이 하나님께 받은 말씀을 기록한 것임을 강조합니다. 따라서 성경은 인간의 학문적 산물이 아니라, 하나님의 주권적인 계시를 기록한 것입니다.

하나님의 말씀을 전할 신학자와 목회자가 하나님의 말씀을 대할 때 모세, 다윗, 예레미야, 마태, 마가, 요한, 바울의 말로 이해하고 설교한다면 성경의 예언을 사사로이 풀고 있는 것입니다. 하나님의 말씀으로 받지 않고, 기록한 사람들의 이해 정도로 성경을 취급한다면 성령의 역사는 일어나지 않습니다. 성령의 감동으로 기록한 성경이기에 성령께서 은혜로 깨닫도록 가르쳐 주실 때 비로소 '말씀의 생명화'가 일어나는 것입니다. 지금도 성경을 통해 말씀하시는 성령의 음성을 들을 때 성경의 권위는 회복될 수 있습니다.

성경의 통일성과 일관성

성경은 약 1600년에 걸쳐 40여 명의 사람들에 의해 기록되었음에도, 그 내용은 놀라운 통일성과 일관성을 보여줍니다. 이러한 통일성은 성경의 궁극적인 저자가 한 분, 즉 하나님이심을 잘 보여줍니다. 여러 세대에 걸쳐 다양한 배경과 직업을 가진 사람들이 성경을 기록했지만, 성경 전체는 한 가지 중심 주제, 곧 하나님의 구속 계획과 그리스도의 구속 사역을 일관되게 전하고 있습니다.

예를 들어, 창세기의 창조 이야기에서 시작된 하나님의 구속 계획은 요한계시록에서 완성됩니다. 창세기 3장 15절에서 여자의 후손이 뱀의 머리를 상하게 할 것이라는 첫 번째 메시아적 예언은 신약에서 예수 그리스도를 통해 성취됩니다. 이처럼 성경의 시작과 끝, 그리고 중간의 모든 부분이 긴밀하게 연결되었다는 것은 오랜 세월에 걸쳐 각자 기록한 인간의 능력으로는 불가능한 일입니다. 이러한 통일성과 일관성은 성경이 인간의 기록이 아니라 하나님의 초자연적인 계시임을 증명합니다.

성경의 필요성

성경의 필요성은 인간이 구원을 얻기 위해, 그리고 하나님의 뜻을 알기 위해 성경이 필수적이라는 것을 뜻합니다. 인간은 죄로 인해 하나님과의 관계가 단절되었으며, 그 관계를 회복하고 영생을 얻기 위해서는 하나님의 계시가 필요합니다. 성경은 하나님의 구원 계획과 예수 그리스도를 통한 구원의 길을 명확히 제시하는 유일한 책입니다. 또한 성경은 신앙생활과 도덕적 삶에 필요한 모든 지침을 제공합니다.

우리에게는 하나님의 말씀이 필요합니다. 마태복음 4장 4절은 "예수께서 대답하여 이르시되 기록되었으되 사람이 떡으로만 살 것이 아니요 하나님의 입으로부터 나오는 모든 말씀으로 살 것이라 하였느니라 하시니"라고 말씀하고 있습니다. 돌로 떡을 만들라고 하는 마귀의 시험을 받으시던 주님께서 신명기 8장 3절의 말씀을 인용하심으로 시험을 물리치고 있습니다. 세상을 살아가려면 필요한 것이 많이 있지만, 사람이 살아가는 것은 하나님의 말씀으로 사는 것입니다. 로마서 10장 17절도 "믿음은 들음에서 나며 들음은 그리스도의 말씀으로 말미암았느니라"고 말씀의 필요성을 강조합니다.

성경의 완전성

성경의 완전성은 성경이 그 자체로 완전하며, 추가적인 계시나 교리가 필요 없다는 의미입니다. 구약과 신약을 포함한 성경은 하나님께서 인류에게 주신 최종적이고 완전한 계시입니다. 이 완전성은 성경이 하나님의 구속 역사와 관련있는 모든 필요하고 중요한 진리를 포함하고 있다는 것을 말합니다. 요한계시록 22장 18-19절은 "내가 이 두루마리의 예언의 말씀을 듣는 모든 사람에게 증언하노니 만일 누구든지 이것들 외에 더하면 하나님이 이 두루마리에 기록된 재앙들을 그에게 더하실 것이요 만일 누구든지 이 두루마리의 예언의 말씀에서 제하여 버리면 하나님이 이 두루마리에 기록된 생명나무와 및 거룩한 성에 참여함을 제하여 버리시리라"고 말씀하십니다. 성경에 더하거나 빼지 말라는 경고를 통해 성경이 더할 것도 뺄 것도 없는 완전한 하나님의 말씀임을 알려주는 것입니다.

성경은 그 자체로 절대적인 권위를 가지고 있으며, 오류나 결함이 없는 하나님의 완전한 계시의 말씀입니다. 이는 성경이 하나님의 말씀이라는 사실을 뒷받침합니다. 시편 19편 7-8절은 "여호와의 율법은 완전하여 영혼을 소성시키며 여호와의 증거는 확실하여 우둔한 자를 지혜롭게 하며 여호와의 교훈은 정직하여 마음을 기쁘게 하고 여호와의 계명은 순결하여 눈을 밝게 하시도다"라고 말씀하고 있습니다. 이 구절은 성경의 완전성과 그로 인해 얻는 영적 유익을 강조하며, 성경이 인간의 불완전한 지혜나 지식으로부터 나온 것이 아님을 나타냅니다.

성경은 또한 스스로의 권위를 증거합니다. 이것을 '성경의 자증(自證)'이라고 합니다. 마태복음 24장 35절에서 예수님은 "천지는 없어질지언정 내 말은 없어지지 아니하리라"고 말씀하셨습니다. 이는 성경의 말씀, 곧 하나님의 말씀은 영원히 변하지 않으며, 그 권위가 영원히 지속됨을 의미합니다. 인간의 학문이나 철학은 시간이 지남에 따라 변화하고 수정되지만, 성경은 변함없는 진리로서 영원히 지속됩니다. 이 점에서 성경은 인간의 다른 책과는 본질적으로 다릅니다.

성경의 충족성

성경의 충족성은 신앙과 삶의 모든 문제에 대해 성경이 충분한 지침을 제공한다는 것을 의미합니다. 성경은 구원과 신앙생활에 필요한 모든 것을 포함하고 있어, 다른 어떤 추가적인 계시나 가르침이 필요하지 않습니다. 성경이 제공하는 가르침은 신앙, 도덕, 영적 성장에 필요한 모든 것을 충분히 설명하며, 신앙생활에 필요한 모든 답을 찾을 수 있습니다. 디모데후서 3장 17절은 "이는 하나님의 사람으로 온전하게 하며 모든 선한 일을 행할 능력을 갖추게 하려 함이라"는 말씀을 통해 성경이 성도들의 모든 선한 일을 위한 충분한 지침을 제공한다는 점을 강조합니다.

성경은 하나님의 완전하고 권위 있는 계시로 인간의 구원과 신앙생활에 필요한 모든 것을 담고 있습니다. 성경의 영감, 필요성, 완전성, 충족성은 성경이 하나님의 말씀으로서 어떤 다른 것도 필요 없이 그 자체로 충분하다는 것을 의미합니다. 이는 성경이 기독교 신앙과 삶의 모든 면에서 궁극적인 기준이 된다는 것입니다.

성경의 초자연적인 능력

성경은 그 자체로 초자연적인 능력을 가지고 있으며, 인간의 영혼을 변화시키는 힘을 가지고 있습니다. 히브리서 4장 12절은 "하나님의 말씀은 살아 있고 활력이 있어 좌우에 날선 어떤 검보다도 예리하여 혼과 영과 및 관절과 골수를 찔러 쪼개기까지 하며 또 마음의 생각과 뜻을 판단하나니"라고 말씀합니다. 이 구절은 하나님의 말씀이 단순한 인간의 지혜나 논리가 아닌, 영적이고 초자연적인 힘을 가지고 있음을 나타냅니다. 이사야 55장 11절은 "내 입에서 나가는 말도 이와 같이 헛되이 내게로 되돌아오지 아니하고 나의 기뻐하는 뜻을 이루며 내가 보낸 일에 형통함이니라"고 말씀합니다. 하나님의 입에서 나가는 말씀은 하나님이 기뻐하시는 뜻을 이루며, 하나님이 보낸 일에 형통하는 역사를 일으킵니다. 하나님의 말씀은 살아서 성취하는 능력이 있기 때문입니다.

성경은 사람의 마음을 변화시키고, 죄를 깨닫게 하며, 영혼을 구원하는 능력이 있습니다. 이는 단순한 인간의 학문이나 철학이 결코 할 수 없는 일입니다. 성경은 그 자체로 살아 있는 하나님의 말씀이며, 그 말씀을 통해 하나님께서 직접 역사하십니다. 이처럼 성경의 초자연적인 능력은 성경의 저자가 인간이 아니라 하나님이심을 증명하는 강력한 증거입니다.

성경의 예언과 성취

성경에는 수많은 예언이 기록되어 있으며 이 예언들은 실제로 성취되었습니다. 이러한 예언의 성취는 성경이 단순히 인간의 생각을 기록한 것이 아니라 하나님의 말씀임을 증명하는 또 다른 증거입니다. 이사야서 53장에는 메시아에 대한 예언이 매우 상세하게 기록되어 있으며, 이는 신약에서 예수 그리스도의 삶과 죽음을 통해 정확히 성취되었습니다.

또한 구약에 예언된 이스라엘의 멸망과 회복, 그리고 예루살렘의 파괴와 같은 사건들도 역사적으로 모두 성취되었습니다. 이러한 예언의 성취는 인간의 능력으로는 예측할 수 없는 일들이며, 이는 성경이 초자연적인 하나님의 계시임을 증명하는 것입니다. 인간의 학문은 미래를 예측할 수 없으며, 예언을 통해 그 신빙성을 입증할 수 없습니다. 그러나 성경은 하나님께서 시간과 역사를 주관하신다는 사실을 증명하며, 예언의 성취를 통해 성경이 하나님의 말씀임을 스스로 입증합니다.

성경은 인간의 학문이나 철학을 담고 있는 책이 아니라 하나님께서 직접 주신 말씀입니다. 성경의 영감, 통일성, 권위, 초자연적인 능력, 그리고 예언의 성취는 모두 성경이 하나님의 말씀이라는 사실을 증명합니다. 인간의 학문은 변화하고 불완전하지만, 성경은 영원히 변하지 않는 진리로서 우리에게 하나님의 뜻을 가르치고, 우리의 삶을 인도합니다. 따라서 우리는 성경을 단순한 인간의 지식으로 여기지 말고, 하나님의 말씀으로서 경외하며, 그 말씀을 따라 살아가야 할 것입니다. 성경은 우리에게 하나님의 마음과 뜻을 드러내어 하나님과의 깊은 교제를 가능하게 하는 유일한 길이 됩니다.

성경과 신학의 관계

성경과 신학은 서로 분리될 수 없는 관계에 있습니다. 성경은 신학의 기초이며, 신학은 성경의 진리를 해석하고 이해하는 도구로서 작용합니다. 성경을 떠나서는 신학적 이해가 불가능하며, 신학은 성경의 가르침에 뿌리를 두고 성장하게 됩니다. 다음의 세 가지를 통해 성경과 신학의 관계를 설명할 수 있습니다.

하나. 성경은 신학의 원천

성경은 하나님의 특별 계시를 담고 있으며, 신학은 이 성경에서 출발하여 나름의 이론화를 통해 체계적으로 정리합니다. 성경은 신학적 사고의 출발점이며, 그 안에서 하나님은 자신을 인간에게 계시하셨습니다. 이 계시가 없다면 인간은 하나님에 대한 지식을 얻을 수 없을 것입니다. 따라서 신학은 성경을 기초로 하여 발전하고 성장할 수 있습니다. 성경은 신학적 진리의 규범으로 작용합니다.

둘. 성경의 규범적 역할

신학이 성립하기 위해 성경은 필수적입니다. 신학은 성경의 가르침을 바탕으로 교리와 신앙의 체계를 세우고 이를 해석합니다. 성경이 없으면 신학은 공허한 사변에 지나지 않게 되며, 성경은 신학이 올바르게 발전하도록 안내하는 기준이 됩니다.

셋. 성경과 신학의 상호작용

신학은 성경을 연구하며 그 안에 담긴 하나님의 진리를 해석합니다. 이 과정에서 신학은 성경의 권위를 인정하고, 성경이 제시하는 계시와 교훈을 신앙의 중심으로 삼습니다. 이는 예수 그리스도 안에서 나타난 하나님의 구속 사역에 대한 지식을 바탕으로 신학적 이해를 발전시키는 중요한 역할을 합니다.

갈라디아서 1장 11-12절은 "형제들아 내가 너희에게 알게 하노니 내가 전한 복음은 사람의 뜻을 따라 된 것이 아니니라 이는 내가 사람에게서 받은 것도 아니요 배운 것도 아니요 오직 예수 그리스도의 계시로 말미암은 것이라"고 말씀합니다. 성경은 오직 그리스도의 말씀을 담은 복음이며, 완전한 계시입니다. 그래서 신학은 학문이 아니라 예수 그리스도의 생명의 복음입니다. 사람에게서 난 것은 학문이지만, 예수 그리스도로부터 받은 계시는 복음이요 생명이기 때문입니다.

사도행전 4장 25절은 "또 주의 종 우리 조상 다윗의 입을 통하여 성령으로 말씀하시기를 어찌하여 열방이 분노하며 족속들이 허사를 경영하였는고"라고 말씀합니다. 이 말씀은 시편 2편 1절의 "어찌하여 이방 나라들이 분노하며 민족들이 헛된 일을 꾸미는가"라는 말씀을 인용한 것입니다. 하나님께서 다윗의 입을 통하여 성령으로 말씀하셨다는 뜻입니다.

성경은 성령의 감동하심을 받은 사람들이 하나님께 받아 기록한 것이기에 성령께서 풀어주셔야 합니다(벧후 1:20-21). 그런데 사람들은 성경이 마치 모세나 다윗, 사도 바울이 쓴 책이라고 착각합니다. 그래서 성경을 학문적으로 연구하면서 바울의 사상을 말하고, 요한의 신학이 무엇인지를 따지게 되는 것입니다.

성경을 인간이 쓴 책이라고 생각하며 연구한다면 그 안에 생명도 없고, 구원도 없고, 하나님의 능력이 나올 수 없습니다. 분명한 것은 성경의 저자는 하나님이라는 사실입니다. 이것을 믿어야 말씀의 능력이 나타나고, 그런 확신으로 말씀이 전해지고 선포될 때 생명의 역사가 일어납니다. 성경을 사람이 쓴 책으로 읽고 해석하는 것처럼 심각한 문제는 없습니다. 성경 말씀은 하나님의 감동으로 된 것이므로 우리는 성경을 하나님의 음성이 직접 들리는 것처럼 듣고 읽어야만 합니다.

우리가 신학은 학문이 아니라 예수 그리스도 생명의 복음이라고 외치는 이유는, 신학의 출발점이 하나님의 계시인 성경에 있기 때문입니다. 학문은 사물의 본질을 찾고 현상의 원인과 결과를 규명하는 지식의 체계입니다. 학자들은 자신이 연구하고자 하는 대상을 파악하기 위해 관찰하고 분석해야 합니다. 곤충학자는 곤충을 해부하고, 천문학자는 별을 관측합니다. 심리학자는 사람들의 심리와 행동을 관찰합니다. 이렇게 조사하고 분석하는 중심에 인간의 이성이 있습니다. 그러나 무한하신 하나님의 마음을 담은 성경은 우리 손으로 다 잡을 수 없고, 우리의 이성으로 다 파악할 수 없습니다. 그래서 성경은 우리 이성을 넘어 성령의 도우심을 받아야 이해할 수 있습니다. 하나님이 쓰신 책이기에 하나님께서 해석해 주셔야 한다는 말입니다.

지금도 신학자와 목회자들은 성경을 하나님의 말씀이라고 믿는다고 말하면서도 설교할 때 "모세가 말했다", "다윗이 말했다", "바울이 말했다"라고 표현합니다. 성도들이 유기적인 영감을 이해하고 있는 것도 아닌데 강단에서 이렇게 말씀을 선포하기 때문에 성도들이 성경을 하나님의 말씀으로 믿지 않게 되는 것입니다. 이런 태도가 변화되지 않는다면 성경의 권위가 회복될 수 없고, 성도들의 영혼도 살아날 수 없습니다. 성경을 인간 저자들이 쓴 책이라고 생각하고 연구하며 설교하기 때문에 생명도 없고, 구원도 없고, 하나님의 능력이 나올 수 없습니다. 분명한 것은 성경의 저자는 하나님입니다. 이것을 믿어야 말씀의 능력이 나타나고, 바로 그 말씀이 전해질 때 생명의 역사가 일어납니다.

칼빈은 『기독교 강요』에서 "성경을 하늘로부터 온 것으로 여길 때에야―마치 하나님의 살아 있는 말씀이 직접 들리는 것처럼 여길 때에야―비로소 신자들이 성경의 완전한 권위를 인정하게 될 것입니다"(1권 7장 5절)라고 말하고 있습니다.

성경은 "하나님의 말씀은 살아 있고 활력이 있어"(히 4:12)라고 말씀합니다. 이는 성경이 단순한 인간의 지적 산물과는 전혀 다른 차원의 능력을 가지고 있음을 보여줍니다. 우리가 성경을 살아 있는 하나님의 말씀으로 믿을 때, 그 말씀이 우리에게 영적 생명을 주고 구원의 능력을 주는 것입니다. 성경은 사람의 마음을 변화시키고, 죄를 깨닫게 하며, 영혼을 구원하는 능력을 가지고 있습니다. 이러한 초자연적 능력은 인간의 어떤 학문이나 철학도 결코 가질 수 없는 것입니다.

신학이 인간의 학문이 될 수 없는 이유는 명확합니다. 신학의 출발점이자 유일한 토대인 성경의 저자가 하나님이시기 때문입니다. 신학은 인간의 이성과 분석을 통해 진리를 찾아가는 학문이 아니라, 하나님께서 직접 계시하신 말씀에 대한 믿음과 순종, 그리고 성령의 도우심 안에서 그 진리를 받아들이고 살아내는 신앙의 체계입니다. 신학은 성경을 하나님의 유일하고 완전한 계시로 믿고 받아들일 때에만 참된 의미를 가질 수 있습니다. 그래야 비로소 예수 그리스도의 생명의 복음으로서 그 본질도 드러내게 됩니다.

첫 번째 결론

성경의 저자가 하나님이시기 때문에 신학은 인간의 학문이 될 수 없습니다. 성경은 성령의 감동으로 기록된 하나님의 완전한 계시이며, 인간의 지적 산물과는 전혀 다른 차원의 초자연적 능력을 가지고 있습니다.

신학은 성경을 살아있는 하나님의 말씀으로 경외하고 그 권위를 인정할 때, 그 속에서 사람들에게 영적 생명과 구원의 능력을 전달하게 됩니다. 따라서 신학은 학문이 아니라 성경의 저자이신 하나님의 권위를 인정하고, 성경을 통해 말씀하시는 성령의 음성을 듣는 것이라야 합니다.

2

영이신 하나님은
학문의 대상이 될 수 없습니다

　신학이 학문이 될 수 없는 두 번째 이유는 신학의 대상인 하나님이 영이시기 때문입니다. 영이신 하나님은 인간이 연구할 대상이 아니라 예배할 대상입니다. 영이신 하나님은 인간의 이성으로 알 수가 없습니다. 영이신 하나님이 어떻게 인간 이성의 분석과 평가의 대상이 될 수 있겠습니까? 영이신 하나님은 학문에 갇힐 수도 없고, 학문의 대상이 될 수도 없습니다.

　영이신 하나님은 무한하신 분으로서 유한한 존재인 인간이 다 파악할 수 없는 초월자이십니다. 하나님은 또한 있게도 하고 없게도 하는 전능하신 창조주이십니다. 그러므로 피조물인 인간이 영이신 하나님을 연구 대상으로 삼아 판단할 수는 없습니다.

웨스트민스터 소요리문답 4번은 "하나님은 영이신데 그의 존재하심과 지혜와 권능과 거룩하심과 공의와 인자하심과 진실하심이 무한하시며 무궁하시며 불변하시다"라고 고백합니다. 하나님이 어떤 분이신지에 대해 잘 설명해 주는 교리입니다. 이런 영이신 하나님은 학문에 갇힐 수도 없고 학문의 대상이 될 수도 없습니다.

한국교회는 신학의 정체성에 대한 심각한 혼란을 겪고 있습니다. 신학이 마치 다른 일반 학문들과 동일한 방법론으로 접근할 수 있는 연구 분야인 것처럼 인식되면서, 하나님을 연구의 대상으로 전락시키는 위험한 길을 걷고 있습니다. '하나님은 학문의 대상이 아니라 무릎 꿇고 경배하며 사랑해야 할 존재'임을 우리는 다시 깨달아야 합니다.

아무리 뛰어난 신학자도 자신의 힘으로는 하나님을 알 수 없습니다. 하나님께서 우리에게 나타나 자신을 보여주시지 않으면 우리는 누구도 스스로 하나님을 알 수가 없습니다.

로마서 8장 9절은 "만일 너희 속에 하나님의 영이 거하시면 너희가 육신에 있지 아니하고 영에 있나니 누구든지 그리스도의 영이 없으면 그리스도의 사람이 아니라"고 말씀합니다. 하나님의 영이 우리 안에 거하면 우리는 육신에 거하지 아니하고 영에 거합니다. 우리는 하나님의 형상으로 지음 받았습니다. 하나님의 형상인 우리는 하나님의 영이 우리 안에 있을 때 비로소 하나님을 알 수 있고 영적 생명을 누릴 수 있습니다.

요한복음 17장 3절은 "영생은 곧 유일하신 참 하나님과 그가 보내신 자 예수 그리스도를 아는 것이니이다"라고 말씀합니다. 여기서 '안다'라는 말은 인간적인 지식으로 아는 것을 의미하지 않습니다. 성경이 말하는 하나님에 대한 지식은 이성적 활동을 넘어 인격적 활동 전체를 가리킵니다. 즉 예수 그리스도를 안다는 것은 그를 만나고 체험하고 교제하며 인격적으로 깊이 아는 참된 사귐을 의미합니다. 예수 그리스도를 아는 것은 성령 안에서 하나님과 인격적으로 교제함으로 그분의 사랑을 체험하는 것입니다. 하나님과 예수 그리스도를 인격적으로 체험하고 사랑의 교제를 나눌 때 하나님과 우리 사이에 참된 사귐이 있게 됩니다. 영이신 하나님과 참된 교제를 할 수 있는 길은 오직 그분의 말씀인 성경과 기도를 통해서입니다.

예수님은 열두 제자를 세우신 후 제자들과 교제하셨습니다. 마가복음 3장 13-15절은 다음과 같이 말씀합니다.

"또 산에 오르사 자기가 원하는 자들을 부르시니 나아온지라 이에 열둘을 세우셨으니 이는 자기와 함께 있게 하시고 또 보내사 전도도 하며 귀신을 내쫓는 권능도 가지게 하려 하심이러라"

주님의 사역자가 되는 과정에서 우리에게 가장 먼저 필요한 것은 주님과 함께 교제하는 것입니다. 주님과의 교제 속에 그분을 인격적으로 알고, 그분이 주시는 생명을 누리는 것이 먼저 이루어져야 참된 사역자가 될 수 있습니다. 그래야 그 사랑의 연합을 통해 그분이 맡기는 사역을 능력 있게 감당할 수 있게 됩니다. 주님은 먼저 사귐을 가진 후에 열두 제자를 보내어 전도도 하며 귀신을 내쫓는 권능도 행사하게 하였습니다.

신학은 우선 주님과 함께 있으면서 그분을 알아가는 것입니다. 주님과 만나 교제하여 영생의 복을 누리는 자가 전도도 하고 귀신을 내쫓는 권능도 행하게 됩니다.

신학이 알아야 하는 성경의 하나님은 인격적인 하나님이십니다. 하나님은 단순히 객관적 지식의 대상이 아닙니다. 하나님은 살아계신 분입니다. 우리를 사랑하시며 교훈과 책망과 바르게 함과 징계로 우리를 인도하시는 분입니다. 하나님은 우리에게 말씀하시고 우리와 동행하시며, 인격적으로 교제하시는 분입니다. 이러한 하나님은 성경 말씀 가운데 만나지 않는다면 알 수 없는 분입니다. 그분의 말씀이 우리 마음 가운데 역사하지 않으면 하나님을 알 수 없습니다. 살아계신 하나님이 우리 안에 계시면서 생명의 역사를 계속 일으켜야 우리가 하나님을 안다고 말할 수 있습니다. 그러므로 참된 신학은 하나님의 말씀을 통해 영생을 얻고, 그 영원한 생명의 복음을 전하는 신학이어야 합니다.

에베소서 1장 17절은 "우리 주 예수 그리스도의 하나님, 영광의 아버지께서 지혜와 계시의 영을 너희에게 주사 하나님을 알게 하시고"라고 말씀합니다. 인간의 연구로는 하나님을 절대로 알 수 없습니다. 그분의 말씀인 성경을 통해서만 하나님을 알 수 있습니다. 성령께서 우리에게 찾아오셔서 그 말씀을 풀어주실 때 우리는 하나님을 알 수 있고 그 말씀에 순종할 수 있습니다.

욥기 36장 26절은 "하나님은 높으시니 우리가 그를 알 수 없고 그의 햇수를 헤아릴 수 없느니라"고 말씀합니다. 하나님은 우리의 이성보다 높아 우리의 학문으로는 다 알 수 없습니다.

이사야 55장 8-9절은 "이는 내 생각이 너희의 생각과 다르며 내 길은 너희의 길과 다름이니라 여호와의 말씀이니라 이는 하늘이 땅보다 높음 같이 내 길은 너희의 길보다 높으며 내 생각은 너희의 생각보다 높음이니라"고 말씀합니다. 하나님의 생각과 길은 인간의 그것과 다를 뿐만 아니라 하늘이 땅보다 높은 것 같이 높아 인간의 이성으로는 도무지 이해할 수 없습니다.

가이사랴 빌립보에서 예수님은 제자들에게 "사람들이 인자(人子)를 누구라 하느냐"라고 물으셨습니다. 제자들이 "더러는 세례 요한, 더러는 엘리야, 어떤 이는 예레미야나 선지자 중의 하나라 하나이다"라고 대답하였습니다. 주님은 이러한 대답에 만족하지 않으시고, "너희는 나를 누구라 하느냐"라고 재차 물으셨습니다. 그때 시몬 베드로가 "주는 그리스도시요 살아계신 하나님의 아들이시니이다"라고 대답하였습니다. 예수님은 이 대답을 듣고 너무나 기뻐하시면서 "바요나 시몬아 네가 복이 있도다 이를 네게 알게 한 이는 혈육이 아니요 하늘에 계신 내 아버지시니라"(마 16:17)고 말씀하셨습니다. 베드로가 예수님을 그리스도시요 살아계신 하나님의 아들이라고 고백하게 된 것은 인간의 지식이나 이성이 아니라 하늘에 계신 아버지라고 주님은 분명하게 말씀하셨습니다.

고린도전서 2장 13절은 "우리가 이것을 말하거니와 사람의 지혜가 가르친 말로 아니하고 오직 성령께서 가르치신 것으로 하니 영적인 일은 영적인 것으로 분별하느니라"고 말씀합니다.

하나님을 알고 예수 그리스도를 알기 위해서는 반드시 성령의 조명하심을 통한 깨달음이 있어야 합니다. 사람의 지혜가 가르친 말은 학문입니다. 학문으로는 영적인 것을 분별할 수 없으며, 영적인 것은 오직 성령이 분별할 수 있습니다. 따라서 성령의 인도를 받지 않는 학문으로는 영적인 일을 할 수 없습니다.

우리는 사변화된 신학을 반성하고 참된 회개를 통해 신학의 본래 목적인 '하나님을 아는 지식'으로 돌아가야 합니다. 머리의 신학이 가슴으로 내려와 무릎의 신학이 될 수 있도록 하나님의 세미한 음성을 들어야 합니다.

하나님의 본질과 속성: 영이신 하나님

개혁주의신학에서 하나님의 본질(essence)과 속성(attributes)은 하나님의 존재에 대한 성경적 계시를 체계화한 핵심 교리 가운데 하나입니다. 개혁주의신학은 하나님 인식의 출발점을 하나님의 자기 계시에 둡니다. 인간의 이성은 하나님의 존재를 어렴풋이 알 수는 있으나, 그 본질과 성품, 뜻을 바르게 이해하고 구원에 이르는 지식에 도달하려면 계시 없이는 불가능합니다. 성경의 저자가 하나님이시며, 성경만이 우리 신앙과 삶의 유일한 표준이라고 강조하는 점도 결국 우리가 하나님을 아는 방법은 오직 하나님께서 자기를 계시하실 때뿐이기 때문입니다.

하나. 하나님의 자기 계시

사도행전 17장에는 아덴에서 전도하는 바울의 모습이 나와 있습니다. 바울은 아레오바고 광장에서 성령의 감동하심으로 이렇게 말하고 있습니다.

"내가 두루 다니며 너희가 위하는 것들을 보다가 알지 못하는 신에게라고 새긴 단도 보았으니 그런즉 너희가 알지 못하고 위하는 그것을 내가 너희에게 알게 하리라"(행 17:23)

하나님께서 자신을 우리에게 알려주시지 않았다면 우리는 그야말로 '알지 못하는 신'을 섬길 수밖에 없었을 것입니다. 그러나 하나님은 자신을 감추고 숨어계시는 분이 아니라 부지런히 우리에게 자신을 알려주는 분입니다. '계시'는 숨겨져 있는 것을 드러내 보여줌을 의미합니다. 근본적으로 우리는 하나님을 알 수 없는 존재지만, 미물에 불과한 우리가 하나님을 알 수 있는 것은 하나님 쪽에서 자신을 알려주셨기 때문입니다. '하나님은 거기 계시며 말씀하시는 하나님'이십니다.

히브리서 1장 1-2절은 "옛적에 선지자들을 통하여 여러 부분과 여러 모양으로 우리 조상들에게 말씀하신 하나님이 이 모든 날 마지막에는 아들을 통하여 우리에게 말씀하셨으니 이 아들을 만유의 상속자로 세우시고 또 그로 말미암아 모든 세계를 지으셨느니라"고 말씀하고 있습니다. 하나님은 여러 부분과 모양으로 부지런히 자신을 계시하셨습니다. 그 계시의 정점에 하나님의 말씀이신 예수 그리스도가 계십니다.

요한복음 1장 1-3절은 "태초에 말씀이 계시니라 이 말씀이 하나님과 함께 계셨으니 이 말씀은 곧 하나님이시니라 그가 태초에 하나님과 함께 계셨고 만물이 그로 말미암아 지은 바 되었으니 지은 것이 하나도 그가 없이는 된 것이 없느니라"고 말씀하고 있습니다. 태초부터 하나님과 함께 계셨던 예수님을 말씀으로 표현한 것은 하나님께서 단지 사건이나 자연현상을 통해서 자신을 알리실 뿐만 아니라 언어적 형태로 우리에게 자신을 알려주시는 분이심을 말씀하고 있습니다.

둘. 하나님의 속성

성경은 하나님의 본질에 대해 명확히 선언합니다.

"하나님은 영이시니 예배하는 자가 영과 진리로 예배할지니라"(요 4:24)

이 구절은 하나님의 존재가 물질이나 시간, 공간의 제약을 받지 않는 비물질적이고 초월적인 영(프뉴마, $\pi\nu\varepsilon\hat{u}\mu\alpha$)이심을 명확히 가르치고 있습니다. 하나님은 인간의 감각, 곧 육안이나 손길, 기계적 장치로 관찰할 수 있는 대상이 아니라는 것을 분명히 보여줍니다. 이 말씀은 하나님의 본질적 특성이 영적 존재이심을 보여주며, 동시에 하나님께 대한 인간의 올바른 접근 방식을 제시하고 있습니다. 그분은 '예배'의 대상이지, '연구'의 대상이 아닙니다. 하나님과의 관계는 과학 실험처럼 외적 탐구로 이루어지지 않으며, '영과 진리'안에서의 응답을 통해서만 가능합니다.

하나님께서는 사도 바울이 이렇게 고백하도록 하셨습니다.

"영원하신 왕 곧 썩지 아니하고 보이지 아니하고 홀로 하나이신 하나님께 존귀와 영광이 영원무궁하도록 있을지어다"(딤전 1:17)

"오직 그에게만 죽지 아니함이 있고 가까이 가지 못할 빛에 거하시고 어떤 사람도 보지 못하였고 또 볼 수 없는 이시니 그에게 존귀와 영원한 권능을 돌릴지어다 아멘"(딤전 6:16)

하나님은 '보이지 않는 존재'일 뿐만 아니라 가까이 접근할 수 없는 거룩한 영광 가운데 계신 분입니다. 이는 하나님의 본질이 인간의 인식 범위를 완전히 초월하고 있음을 보여줍니다. 하나님은 절대적으로 거룩하시며, 영이신 하나님은 물질적 세계의 법칙과 제약에 구속받지 않는 초월적 존재입니다. 이러한 하나님의 초월성은 인간의 이성적 탐구로는 도달할 수 없는 영역에 속합니다. 하나님은 분석하고 해부할 수 있는 연구 대상이 아니라, 오직 자기 계시를 통해서만 알려지시는 분입니다.

① 하나님의 자존성

영이신 하나님의 하나님 되심을 가장 잘 드러내는 속성은 하나님의 자존성입니다. 하나님은 "나는 스스로 있는 자이니라 또 이르시되 너는 이스라엘 자손에게 이같이 이르기를 스스로 있는 자가 나를 너희에게 보내셨다 하라"(출 3:14)고 말씀하셨습니다. 조직신학에서 말하는 '하나님의 자존성'의 근거는 "나는 스스로 있는 자"라는 말씀에 있습니다. 즉, 하나님은 그 자체로 존재하시는 분임을 의미합니다.

400년 동안 애굽에서 종살이하던 이스라엘 백성을 구원하시기 위해 하나님은 모세를 준비시켰습니다. 40년간 미디안에서 망명 생활을 하던 모세는 모든 소망을 잃었을지도 모릅니다. 그러나 하나님께서는 떨기나무 불꽃 가운데 나타나셔서 모세에게 이스라엘 백성을 출애굽 시키라는 사명을 주십니다. 이때 모세가 "내가 이스라엘 자손에게 가서 이르기를 너희 조상의 하나님이 나를 너희에게 보내셨다 하면 그들이 내게 묻기를 그의 이름이 무엇이냐 하리니 내가 무엇이라고 그들에게 말하리이까"(출 3:13)라고 묻자, 하나님께서는 '나는 스스로 있는 자'라고 응답하셨습니다. 이것이 바로 하나님의 자존성에 대한 계시입니다.

하나님은 스스로 존재하시는 분이십니다. 하나님의 자존성은 모든 신학의 출발점이자 종결점이 되어야 합니다. 그러나 인간은 이 자존하시는 하나님을 인간의 학문으로 다루려 하며, 피조물의 사고방식으로 창조주를 해석하려고 합니다. 이것이야말로 신학이 타락한 모습입니다.

세상의 학문은 대상을 분석하고 체계화하며 논리적 틀에 넣으려 합니다. 그러나 자존하시는 하나님은 결코 그런 틀에 갇힐 수 없는 분입니다. 하나님은 인간의 연구나 정의가 필요한 분이 아니며, 스스로 충만하신 분입니다. 인간의 인식은 하나님의 존재에 아무런 영향을 미치지 못합니다. 하나님은 인간의 관심 여부와 상관없이 그 자체로 영원히 하나님이십니다.

자존하시는 하나님을 바로 아는 데 필요한 것은 이론이 아니라 계시입니다. 인간은 하나님을 설명하려 하기 전에 먼저 그분의 거룩 앞에 엎드려야 합니다. 신학은 인간이 만들어내는 것이 아니라, 하나님이 열어주시는 진리를 듣고 믿는 것입니다. 진정한 신학은 항상 하나님 중심이며, 하나님이 말씀하신 것을 듣는 것입니다.

오늘날 한국교회는 다시 자존하시는 하나님 앞에 서야 합니다. 하나님의 계시 앞에 절대적으로 엎드리는 신학이 회복되어야 합니다. 신학은 학문이 아닙니다. 신학은 자존하시는 하나님께 부르심 받은 자들의 영적 반응이자, 살아 있는 말씀에 대한 순종입니다. 그러므로 우리는 더 이상 신학을 인간의 언어로 정리하려 하지 말고, 말씀 앞에 무릎 꿇고, 성령의 인도하심에 온전히 순복해야 합니다. 이것이 바로 신학이 다시 살아나는 길이며, 자존하시는 하나님을 영화롭게 하는 길입니다.

② 하나님의 불변성

'하나님은 변하지 않으신다'는 진리 앞에 신학이 학문이 될 수 없다는 것은 자명합니다. 인간의 학문은 진리가 아니기에 시대에 따라 변하고, 어떤 때는 폐기되기도 합니다. 하지만 하나님은 "어제나 오늘이나 영원토록 동일"(히 13:8)하신 분이십니다. 다음 말씀들은 하나님이 변하시지 않는 분임을 드러내고 있습니다.

"온갖 좋은 은사와 온전한 선물이 다 위로부터 빛들의 아버지께로부터 내려오나니 그는 변함도 없으시고 회전하는 그림자도 없으시니라"(약 1:17)

"천지는 없어지려니와 주는 영존하시겠고 그것들은 다 옷 같이 낡으리니 의복 같이 바꾸시면 바뀌려니와 주는 한결같으시고 주의 연대는 무궁하리이다"(시 102:26-27)

하나님의 존재, 성품, 뜻과 약속은 영원히 확고하며 흔들림이 없습니다. 그러나 인간의 사고는 끊임없이 변화합니다. 시대가 흐름에 따라 사고방식도 변하고, 가치는 상대화됩니다. 하나님의 진리는 시대를 초월하며 문화나 철학에 따라 조정되지 않습니다. 그러므로 신학이 시대를 따라 세상의 흐름에 적응하려는 순간 더 이상 하나님 중심이 아니라 인간 중심으로 기울어질 수밖에 없습니다.

신학은 인간이 연구하고 정리하는 것이 아니라 하나님이 드러내시고 부르시는 자리에서 응답하는 것입니다. 시대가 바뀌어도, 문화가 변해도, 철학이 달라져도, 하나님은 동일하시고, 그분의 말씀은 여전히 살아 있고 능력이 있습니다. 그러므로 신학은 시대의 변화에 흔들리거나 휩쓸려서는 안되며, 오히려 변함없는 하나님의 말씀 위에 굳건히 서야 합니다. 변하지 않으시는 하나님의 말씀에 절대적으로 순종하며, 시대를 초월한 복음을 붙드는 신학, 이런 신학은 절대로 학문이 아닙니다.

③ 하나님의 무한성

신학이 하나님을 인간의 지식과 학문이라는 틀 속에 가두는 순간, 그것은 더 이상 참된 신학이 될 수 없습니다. 왜냐하면 하나님은 무한하신 분이시기 때문입니다. 하나님은 공간에 제한되지 않으시고, 시간에 구속받지 않으시며, 인간의 이성이나 언어와 개념 안에 가둘 수 없는 초월적 존재이십니다. 인간은 유한하고 피조된 존재이며, 모든 학문적 시도는 유한한 관찰과 분석의 틀 안에서 움직입니다. 하지만 무한하신 하나님은 그 어떤 인간의 지적인 틀로도 규정할 수 없는 분입니다. 사람들은 하나님을 분석하고 설명하려 하지만, 무한하신 하나님은 분석이나 설명의 대상이 아니라 예배의 대상이요, 인격적 만남의 대상이십니다. 신학은 하나님을 설명하려는 시도가 아니라, 하나님을 경외하며 살아가는 존재의 고백이 되어야 합니다.

"네가 하나님의 오묘함을 어찌 능히 측량하며 전능자를 어찌 능히 완전히 알겠느냐 … 그의 크심은 땅보다 길고 바다보다 넓으니라"(욥 11:7, 9)

"우리 주는 위대하시며 능력이 많으시며 그의 지혜가 무궁하시도다"(시 147:5)

무한하신 하나님을 바르게 아는 자는 결코 자신이 그분을 다 안다고 말하지 않습니다. 오히려 날마다 그 깊이를 더 깨닫고, 더 엎드리게 되며, 더 겸손하게 하나님을 찾게 됩니다. 이것이 바로 진정한 신학의 자리이며, 인간의 지식을 넘어 하나님의 무한하심에 참여하려는 믿음을 가진 사람의 바른 태도입니다. 신학이 다시 살아나기 위해서는 이 무한하신 하나님 앞에서의 올바른 회복이 필요합니다.

④ 하나님의 영원성

하나님은 영원하신 분이십니다. 시편 90편 2-4절은 "산이 생기기 전, 땅과 세계도 주께서 조성하시기 전 곧 영원부터 영원까지 주는 하나님이시니이다 주께서 사람을 티끌로 돌아가게 하시고 말씀하시기를 너희 인생들은 돌아가라 하셨사오니 주의 목전에는 천 년이 지나간 어제 같으며 밤의 한 순간 같을 뿐임이니이다"라고 말씀하셨습니다. 하나님께는 천 년이 하루 같고 한순간에 불과합니다. 하나님은 시작도 없고 끝도 없으며, 시간의 제약을 받지 않으십니다. 인간은 시간 안에서 태어나고, 성장하며, 죽음을 맞습니다. 인간의 모든 학문도 시간 안에서 발전하고 수정되고 변화합니다. 그러나 하나님은 시간의 바깥에 계신 분, 곧 영원하신 분이십니다.

영원하신 하나님 앞에서 인간의 지식은 언제나 유한하고 불완전합니다. 인간은 과거를 회상하고, 현재를 살아가며, 미래를 예측할 뿐입니다. 그러나 하나님은 모든 시간을 동시에 보시며, 영원 속에서 모든 역사를 주관하십니다. 이런 하나님을 어떻게 시간에 묶인 인간의 이론으로 규정할 수 있겠습니까? 하나님의 영원성은 신학이 결코 학문이 될 수 없는 결정적인 이유 중 하나입니다.

오늘날 많은 신학이 시대와 문화에 민감하게 반응하려 하며, 변화하는 흐름에 맞춰 자신을 조정합니다. 그러나 그것은 하나님 중심의 신학이 아니라, 인간 중심의 이론에 불과합니다.

요한계시록 1장 8절은 "주 하나님이 이르시되 나는 알파와 오메가라 이제도 있고 전에도 있었고 장차 올 자요 전능한 자라 하시더라"고 말씀하셨습니다. 모든 시작과 끝은 하나님의 손에 달려 있습니다. 전능하신 하나님께서 영원 속에서 우리를 간섭하시고 섭리하시는 것입니다. 신학은 학문의 도구로서 성경을 받쳐주고, 복음을 선명하게 드러내는 역할을 충실히 해야 합니다. 신학은 모든 시대를 뛰어넘어 존재하시는 하나님의 진리를 담아내는 거룩한 도구여야 합니다. 그러므로 신학은 학문이 아닙니다. 신학은 영원하신 하나님 앞에서 우리가 어떤 존재로 살아가야 하는지에 대한 존재적 응답이며, 말씀에 대한 순종의 삶입니다.

하나님의 영원성은 신학자의 태도를 결정짓습니다. 그것은 교만한 해석이 아니라, 겸손한 경청으로 이끌며, 하나님을 분석하는 것이 아니라, 하나님 앞에 엎드려 무릎 꿇는 자리로 이끕니다. 영원하신 하나님은 순간적 이론이나 시대적 사조로 다룰 수 없는 분이기에 영원하신 하나님 앞에서 신학자는 겸손히 하나님의 뜻을 따라 순종해야 합니다. 언제나 하나님의 말씀 앞에서 두려움과 떨림을 가지고 순례자로 살아가야 합니다. 신학이 다시 살아나려면 영원하신 하나님 앞에서 스스로 낮추고 진리 앞에 무릎 꿇는 회복이 필요합니다. 그래서 참된 신학은 무릎에서 시작되어야 하고, 신학자는 생명의 복음을 소유한 자로서 겸손한 태도로 말씀을 받들어야 합니다.

⑤ 하나님의 편재성

'신학은 학문이 아니다'라는 선언은 어디에나 계신 하나님 앞에서 인간의 학문과 지식이 얼마나 제한적인지를 인식한 데서 비롯된 철저한 회개와 각성을 촉구하는 거룩한 외침입니다. 하나님은 창조주로서 하늘과 땅과 모든 만물을 초월하시고, 동시에 그 안에 충만히 계시는 분입니다.

예레미야 23장 24절은 "여호와의 말씀이니라 사람이 내게 보이지 아니하려고 누가 자신을 은밀한 곳에 숨길 수 있겠느냐 여호와가 말하노라 나는 천지에 충만하지 아니하냐"라고 말씀하고 있습니다. 열왕기상 8장 27절은 "하나님이 참으로 땅에 거하시리이까 하늘과 하늘들의 하늘이라도 주를 용납하지 못하겠거든 하물며 내가 건축한 이 성전이오리이까"라고 말씀하고 있습니다.

인간의 학문은 언제나 특정한 관점과 제한된 공간 속에서 이뤄집니다. 인간은 관찰 가능한 것, 측정 가능한 것, 분석 가능한 것을 중심으로 체계를 세웁니다. 그러나 어디에나 계시고 아니계신 곳이 없으신 하나님은 그 어떤 시공간의 제한도 받지 않으시며, 인간의 논리나 범주 안에 갇히시는 분이 아닙니다. 그분은 우주보다 크시며, 모든 창조 세계를 초월하십니다. 동시에 그분은 가장 작은 피조물 안에도 임재하시는 분이십니다. 이런 하나님을 인간의 지적인 방법으로 규정하려는 시도는 얼마나 어리석은 것입니까?

저는 신학이 점점 학문화되는 모습을 보며 깊은 우려를 느낍니다. 논문을 쓰고, 이론을 정립하고, 체계를 구축하면 그것이 곧 바른 신학인 양 착각하게 되는 현실이 걱정스럽습니다. 그러나 하나님의 광대무변하심을 아는 자는 그분이 교과서나 강의 노트에 가둘 수 없는 분이심을 인정하게 됩니다. 진정한 신학은 그 무한하신 임재 앞에 엎드려 그 분의 말씀을 듣고, 순종하며, 경외하는 신앙의 고백입니다. 신학은 하나님을 학문의 대상으로 삼아 연구하는 것이 아니라, 하나님의 임재를 경험하고 그분의 말씀 앞에서 어떻게 살아가야 하는지를 깨달아 아는 체험적 지식입니다.

그래서 신학자들은 성경을 통해 말씀하시는 광대무변하신 하나님의 임재를 감지할 줄 아는 영적 민감성과 분별력을 회복해야 합니다. 신학은 초월하신 하나님과 인격적으로 만나는 현장, 그 임재 앞에 무릎 꿇는 예배의 자리, 충만하신 영광에 응답하는 기도의 골방이 될 때 비로소 생명의 복음이 될 수 있습니다.

⑥ 하나님의 전능성

전능하신 하나님에 대한 고백은 삶의 문제를 극복하는 힘이 됩니다. 우리는 우리의 능력이 아니라 하나님의 능력으로 모든 고난을 극복할 수 있습니다. 하나님의 전능성은 모든 존재의 한계를 뛰어넘는 능력입니다.

그분은 말씀으로 천지를 창조하셨고, 죽은 자를 살리며, 없는 것을 있게 하시는 분이십니다. 로마서 4장 17절은 아브라함이 믿었던 하나님이 "죽은 자를 살리시며 없는 것을 있는 것으로 부르시는 이"라고 말씀하고 있습니다. 이러한 하나님을 인간의 언어로, 인간의 사유로, 인간의 학문 체계로 온전히 설명할 수 있다는 생각 자체가 오만이며 학문을 우상화하는 것입니다.

하나님은 전능하시기 때문에 스스로를 감추실 수도 있고, 우리에게 자기를 계시하실 수도 있습니다. 진정한 신학은 이 계시에 대한 겸손한 응답입니다. 그것은 논리적 체계 이전에 삶을 통한 순종이며, 영적 실재에 대한 체험입니다. 학문은 인간의 관찰과 논리를 통해 진리를 축적하지만, 하나님에 대한 지식은 전능자의 자비 가운데 은혜로 주어지는 것입니다. 그러므로 신학은 세상 학문과 같을 수 없습니다.

우리는 먼저 오늘날의 신학이 하나님을 연구의 대상으로 전락시킨 무지에 대하여 회개해야 합니다. 하나님의 완전하신 계시보다 우리의 학문을 앞세웠던 교만을 회개해야 합니다. 전능하신 하나님은 인간의 분석으로 제한되지 않으며, 그분은 언제나 우리를 초월하십니다. 그러므로 우리는 학자의 자세가 아니라, 순교자의 자세로 말씀 앞에 서야 합니다. 신학은 전능하신 하나님을 만난 사람의 신실한 신앙고백이어야 하며, 그분의 부르심에 대한 거룩한 응답이 되어야 합니다. 그러므로 신학은 절대 학문일 수 없습니다.

⑦ 하나님의 전지성

신학이 학문이 아닌 이유는 명확합니다. 하나님은 전지(全知)하신 분이시기 때문입니다. 하나님은 스스로 존재하시며, 모든 지식의 근원이 되십니다. 그런 분을 인간의 학문이라는 도구로 파악하겠다는 시도 자체가 교만이며, 신앙의 본질을 왜곡하는 일입니다.

하나님은 우리 마음의 모든 생각을 아십니다. 시편 139편 1-4절은 "여호와여 주께서 나를 살펴 보셨으므로 나를 아시나이다 주께서 내가 앉고 일어섬을 아시고 멀리서도 나의 생각을 밝히 아시오며 나의 모든 길과 내가 눕는 것을 살펴 보셨으므로 나의 모든 행위를 익히 아시오니 여호와여 내 혀의 말을 알지 못하시는 것이 하나도 없으시니이다"라고 말씀하셨습니다. 이처럼 전지하신 하나님은 우리 마음의 깊은 생각, 숨은 의도까지도 다 아십니다. 그런데 그 하나님을 인간의 논리적 틀 속에 가두려 한다면, 그것은 더 이상 신학이 아닙니다. 진정한 신학은 인간이 하나님의 전지하심 앞에 엎드려 우리의 무지를 고백하는 자리에서 시작됩니다.

세상의 학문은 인간의 지식으로 축적되고 발전되지만, 신학은 하나님의 계시 없이는 단 한 줄도 쓸 수 없습니다. 전지하신 하나님은 자기를 선택적으로 드러내시며 그 계시는 언제나 말씀과 성령을 통해 주어집니다. 그러므로 신학은 인간이 쌓아가는 것이 아니라 하나님이 열어주시는 것입니다. 학문처럼 분석하고 분류하며 정리하는 작업이 일부 유익할 수 있지만, 그것이 신학의 본질이 될 수는 없습니다. 신학은 언제나 전지하신 하나님 앞에 선 피조물의 고백이어야 하며, 인간 이성의 한계를 아는 겸손함에서 시작되어야 합니다. 신학은 살아계신 하나님 앞에서 모든 것을 아시는 주님께 배우는 '거룩한 두려움의 자리'가 될 때 비로소 생명의 복음일 수 있습니다.

⑧ 하나님의 불가해성

신학이 학문이 될 수 없는 가장 본질적인 이유는 하나님께서 우리의 생각으로 다 이해할 수 없는 불가해한(incomprehensible)

분이시기 때문입니다. 하나님은 영이시며, 스스로 존재하시는 창조주로서, 그 존재와 사역, 뜻과 섭리는 인간의 이성으로 다 파악할 수 없는 분이십니다. 인간은 유한하고 제한된 존재이며, 모든 지식은 시간과 공간 안에서 조건적으로 이루어지지만, 하나님은 무한하시고 영원하시며, 그분의 지혜는 너무나 깊어서 우리가 차마 다 이해할 수 없습니다. 성경은 분명히 말씀합니다.

"깊도다 하나님의 지혜와 지식의 풍성함이여, 그의 판단은 헤아리지 못할 것이며 그의 길은 찾지 못할 것이로다 누가 주의 마음을 알았느냐 누가 그의 모사가 되었느냐 누가 주께 먼저 드려서 갚으심을 받겠느냐 이는 만물이 주에게서 나오고 주로 말미암고 주에게로 돌아감이라 그에게 영광이 세세에 있을지어다 아멘"(롬 11:33-36)

하나님은 측량할 수 없는 깊이를 가지신 분이시며, 그분을 완전히 이해하고 설명하는 것은 피조물에게 주어진 영역이 아닙니다.

"감추어진 일은 우리 하나님 여호와께 속하였거니와 나타난 일은 영원히 우리와 우리 자손에게 속하였나니 이는 우리에게 이 율법의 모든 말씀을 행하게 하심이니라"(신 29:29)

신학은 결코 인간의 주도 아래에 놓일 수 없습니다. 학문은 인간이 중심이 되어 주제를 설정하고, 자료를 수집하고, 분석과 종합을 통해 체계를 만들어갑니다. 그러나 불가해한 하나님은 그러한 인간의 연구 방법에 따라 규명될 수 있는 대상이 아닙니다. 하나님은 인간이 연구의 대상으로 삼을 수 있는 존재가 아니라, 하나님께서 스스로를 계시하실 때만 알 수 있는 분입니다. 곧 신학은 인간의 사유나 관찰의 결과가 아니라, 하나님의 자기 계시에 대한 겸손한 응답이어야 합니다.

불가해한 하나님을 향한 우리의 바른 태도는 더 많이 안다고 주장하는 교만이 아니라 더 깊이 모른다고 고백하는 겸손이 되어야 합니다. 전통적인 신학자들도 이 점을 강조해 왔습니다. 어거스틴은 우리가 "하나님을 이해했다고 생각하는 그 순간, 그것은 더 이상 하나님이 아니다"라고 말했습니다.

신학은 불가해한 하나님의 무한한 지혜 앞에 경외함으로 엎드리는 자리여야 합니다. 인간은 하나님을 다 알 수 없기에 그분을 경배하며, 그분의 말씀과 성령의 인도하심 속에서 겸손히 듣고 따를 수밖에 없습니다.

신학은 학문이 아닙니다. 다시 말해, 하나님은 인간이 연구하는 '학문적 대상'이 아닙니다. 신학은 살아계신 하나님과의 인격적인 만남이며, 그분의 말씀을 따라 사는 영적 실천의 길을 가는 것입니다. 불가해한 하나님을 만난 자는 이론을 주장하기보다 먼저 침묵하게 되며, 체계를 세우기보다 먼저 무릎을 꿇게 됩니다. 신학은 학문이 아니라 불가해한 하나님 앞에 선 피조물의 예배요, 순종이요, 삶의 고백입니다. 그러므로 신학이 살아 있으려면 언제나 그 본질로 돌아가야 합니다. 계시 앞에서의 겸손한 태도, 성령의 인도하심에 민감한 순종, 그리고 무엇보다 불가해한 하나님을 경외함으로 믿는 것이 신학이어야 합니다. 하나님은 결코 인간의 학문적 틀 안에 갇히실 수 없는 분이십니다. 그분은 모든 존재 위에 계시며, 모든 지식과 이론을 초월하시는 하나님이십니다.

셋. 공유적 속성

하나님의 형상으로 지음을 받은 사람에게는 하나님께 속하지만 제한적으로 반영할 수 있는 속성이 있습니다. 그것을 하나님의 '공유적 속성'이라고 합니다. 하나님의 완전한 판단과 목적을 수행할 수 있는 능력인 '지혜'(롬 16:27, 시 104:24), 도덕적으로 완전하며 죄가 없으신 '거룩하심'(사 6:3, 벧전 1:15-16), 무조건적이고 자기 희생적인 '사랑'(요일 4:8, 요 3:16), 죄인에게 은혜를 베푸시는 마음인 '긍휼'(시 103:8, 엡 2:4), 받을 자격 없는 자에게 주시는 호의인 '은혜'(엡 2:8-9), 항상 참되시고 거짓이 없으신

'진리'(요 14:6, 민 23:19), 정의로우시며 공평하게 심판하시는 '공의'(시 89:14, 롬 2:6)와 같은 것들은 극히 부분적이기는 하지만 사람에게도 반영될 수 있는 속성입니다.

웨스트민스터 소요리문답 4번이 말하고 있는 하나님의 "존재하심과 지혜와 권능과 거룩하심과 공의와 인자하심과 진실하심"은 우리 인간도 어느 정도 공유할 수 있는 하나님의 속성들이라고 할 수 있습니다. 하지만 무한과 무궁 그리고 불변은 우리가 감히 공유할 수 없는 하나님만의 속성이라고 할 수 있습니다. 물론 하나님의 속성 가운데 우리 인간이 공유할 수 있는 속성들도 그 면면을 살펴보면 그 내용에 있어서는 커다란 차이가 있음을 쉽게 확인할 수 있습니다. 가령 하나님이 존재하신다고 하는 것과 우리 인간이 존재한다는 것은 전적으로 다른 것입니다. 하나님의 존재는 필연적이고 불변적인데 비해 우리 인간을 비롯한 피조물의 존재는 우연적이고 가변적인 존재에 불과합니다. 하나님은 영원하신 하나님이시지만 우리는 오늘 있다가 내일 없을 수 있는 존재들입니다.

요나 4장 1-2절에 보면 "요나가 매우 싫어하고 성내며 여호와께 기도하여 이르되 여호와여 내가 고국에 있을 때에 이러하겠다고 말씀하지 아니하였나이까 그러므로 내가 빨리 다시스로 도망하였사오니 주께서는 은혜로우시며 자비로우시며 노하기를 더디하시며 인애가 크시사 뜻을 돌이켜 재앙을 내리지 아니하시는 하나님이신 줄을 내가 알았음이니이다"라고 말씀하고 있습니다. 선지자였던 요나는 하나님의 속성에 대해 너무나 잘 알고 있었습니다. 요즘으로 말하면 신학적 지식이 뛰어난 것입니다. 이미 머리에 하나님에 대한 지식이 가득 차 있었던 것입니다. 그러나 요나는 하나님의 뜻에 순종하기보다 자기가 가진 하나님에 대한 지식으로 하나님을 향하여 따지고 있습니다. 순종하기 위한 도구가 아니라 하나님을 향해 반항하기 위한 도구로 지식이 사용된 것입니다.

멸망할 줄 알았던 니느웨 성이 하나님의 심판의 메시지를 듣고 높고 낮은 자를 막론하고 왕으로부터 대신들과 일반 백성들 그리고 심지어 집에서 기르던 가축들까지 굵은 베옷을 입고 회개하였을 때 하나님께서는 뜻을 돌이키사 니느웨를 향하여 내리기로 작정하셨던 재앙을 내리지 않으셨습니다. 요나를 통하여 놀라운 부흥의 역사가 일어난 것입니다. 그런데 이에 대해 요나는 싫어합니다. 니느웨 사람들은 멸망 받아 마땅하다고 생각했는데 하나님께서 은혜를 베푸시니 견딜 수 없는 분노를 발하고 있습니다. 요나가 하나님을 향하여 불만을 품은 이유는 자신의 생각에 사로잡혀 하나님의 뜻보다 자기의 판단이 옳다고 착각했기 때문입니다. 이는 심히 교만한 태도입니다. 하나님을 아는 지식이 풍부한 사람은 하나님께 온전히 순종할 수 있습니다. 그러나 하나님을 안다고 하면서 하나님보다 자기 기준이 앞서는 사람은 하나님을 온전히 안다고 할 수 없습니다. 결국 하나님의 뜻을 거역하는 결과를 낳게 됩니다. 이것이 학문적으로 신학을 많이 한 사람들이 빠질 수 있는 함정입니다. 하나님을 믿는다고 하면서도 실제로는 자신의 생각에 갇혀 있는 것입니다. 여전히 세속적인 틀을 벗어나지 못하는 것입니다.

하나님을 아는 지식 vs. 하나님에 대해 아는 지식

'하나님에 대해 아는 것'과 '하나님을 아는 것'은 다릅니다. 학문을 통해 하나님이 어떤 분이신지를 배워서 아는 것은 하나님에 대해 아는 것입니다. 이 앎은 하나님을 인격적으로 아는 것은 아닙니다. 하나님을 아는 것은 단순한 지식이 아니라 인격적인 만남과 교제를 의미합니다. 마치 누군가를 진정으로 알기 위해서는 그와 직접 만나고 대화하며 시간을 보내야 하듯, 하나님도 말씀과 기도를 통해 인격적으로 만나야 알 수 있습니다. 단순히 정보를 수집한다고 해서 인격적인 관계가 형성되지 않는 것처럼 신학도 하나님의 말씀 안에서 인격적 사귐과 교제가 있어야 합니다. 하나님에 대해 아는 것으로 끝나서는 안됩니다.

현대 교육 제도에서의 학문은 실험과 이론, 검증이라는 과정을 거칩니다. 그러나 신학은 그러한 절차를 따를 수 없습니다. 하나님과의 관계는 실험으로 증명될 수 없으며 오직 신앙과 순종의 삶을 통해 증거될 뿐입니다. 따라서 신학은 과학적 방법론으로 이해할 수는 없는 영역입니다. 이는 신학이 반지성적이라는 뜻이 아닙니다. 오히려 진정한 지성은 하나님 앞에 겸손히 무릎 꿇는 데서 출발합니다. 성경적 지혜는 지식의 축적이 아니라 하나님을 경외하는 데서 비롯되기 때문입니다.

학문의 목적은 지식의 축적과 활용을 통한 인간 삶의 개선에 있습니다. 그러나 신학의 목적은 하나님을 알고 경배하며 영광을 돌리는 것입니다.

"그런즉 너희가 먹든지 마시든지 무엇을 하든지 다 하나님의 영광을 위하여 하라"(고전 10:31)

현대의 신학은 학문적 방법론을 무비판적으로 도입하면서 심각한 세속화 과정을 겪고 있습니다. 이는 하나님을 연구 대상으로 격하시키고, 신학을 하나의 종교학적 탐구 영역으로 전락시키는 결과를 낳았습니다.

예레미야 2장 13절은 "내 백성이 두 가지 악을 행하였나니 곧 그들이 생수의 근원되는 나를 버린 것과 스스로 웅덩이를 판 것인데 그것은 그 물을 가두지 못할 터진 웅덩이들이니라"고 말씀하고 있습니다. 이 말씀처럼 신학의 사변화는 생수의 근원이신 하나님을 버리고 인간의 이성이라는 터진 웅덩이에 의존하는 행위입니다.

우리는 하나님을 학문의 대상으로 전락시킨 신학의 사변화에서 벗어나 참된 신학으로 돌아가야 합니다. 이는 단순한 방법론의 수정이나 개혁이 아니라 근본적인 영적 회개를 요구합니다.

우리 삶의 근본적인 문제는 하나님을 우리가 잘 알지 못한다는 데 있습니다. 그래서 하나님의 말씀은 우리에게 "그러므로 우리가 여호와를 알자 힘써 여호와를 알자 그의 나타나심은 새벽 빛 같이 어김없나니 비와 같이, 땅을 적시는 늦은 비와 같이 우리에게 임하시리라"(호 6:3)고 말씀하고 있습니다. 하나님을 아는 것이 우리의 인생의 최고의 목표가 되어야 합니다.

영이신 하나님을 알기 위해 우리는 어떻게 해야 합니까? 하나님을 알기 위해서는 하나님과의 인격적인 사귐이 있어야 합니다. 우리가 어떤 사람을 알아가는 것은 그 사람에 대한 이런저런 정보를 아는 것과는 다릅니다. 어떤 사람의 신상정보를 아는 것도 아무 쓸모가 없지는 않을 것입니다. 학문으로서의 신학이 바로 그렇습니다.

하나님이 어떤 분이신지에 대해 배우는 과정이 필요할 것입니다. 하지만 하나님에 대해 많이 안다고 우리가 하나님을 아는 것은 아닙니다. 하나님의 성품이나 하나님의 속성에 대해 우리는 배워야 합니다. 하지만 그런 학문적인 지식이 하나님을 아는 지식으로 이어지려면 겸손히 하나님의 뜻을 구하며 무릎 꿇어 기도해야 합니다. 하나님께서 우리에게 구하시는 것은 "오직 정의를 행하며 인자를 사랑하며 겸손하게 네 하나님과 함께 행하는 것"(미 6:8)입니다.

학문으로서의 신학도 배워야 하지만 신학을 배운다고 하나님을 아는 것은 아닙니다. 그러므로 신학은 학문이 아닙니다. 학문적인 것을 넘어서 말씀과 기도로 사귀어야 하나님을 알 수 있기 때문입니다.

말라기 3장 1절은 "만군의 여호와가 이르노라 보라 내가 내 사자를 보내리니 그가 내 앞에서 길을 준비할 것이요 그의 성전에 임하시리니 곧 너희가 사모하는 바 언약의 사자가 임하실 것이라"고 말씀하고 있습니다. 참된 신학의 회복은 하나님의 임재와 함께 이루어집니다. 영이신 하나님은 인간의 지적 호기심을 만족시키기 위한 연구 대상이 아니라, 우리가 전 존재로 경배하고 사랑해야 할 거룩하신 주님이십니다.

"너는 마음을 다하고 뜻을 다하고 힘을 다하여 네 하나님 여호

와를 사랑하라"(신 6:5)

　한국교회가 신학의 본래 목적인 '하나님을 아는 지식'으로 돌아갈 때, 비로소 교회는 세상의 소금과 빛의 역할을 감당할 수 있을 것입니다. 그러기 위해서는 무엇보다 영이신 하나님은 학문의 대상이 아니기 때문에 신학은 학문이 아니라는 확고한 믿음이 있어야 합니다.

　"영이신 하나님을 학문으로 알 수 없다"는 것을 삼위일체를 예로 들어 다시 한번 분명히 말씀드리고자 합니다.

　삼위일체, 곧 성부와 성자와 성령, 세 위격이 한 하나님이심을 고백하는 이 교리는 기독교 신앙의 핵심입니다. 그러나 삼위일체의 신비를 인간의 이성으로, 학문적 체계로 온전히 설명할 수 있습니까? 결코 그럴 수 없습니다. 삼위일체 교리는 인간의 언어와 논리, 그리고 경험의 한계를 넘어서는 신비입니다. 삼위일체를 이해하려는 모든 시도는 조개껍데기로 바닷물을 모두 담으려는 것과 같습니다.

　어거스틴이 말한 것처럼 인간의 작은 머리로 하나님의 무한한 진리를 담으려 하는 것은 어리석은 일입니다. 하나님은 우리의 이성으로 분석하고 해부할 수 있는 대상이 아닙니다. 하나님은 영이시며, 절대자이십니다. 인간의 이성은 삼위일체의 신비 앞에서 무릎을 꿇을 수밖에 없습니다. 그래서 토마스 아 켐피스(Thomas à Kempis, 1380-1471)는 『그리스도를 본받아』(*De Imitatione Christi*)에서 "우리가 만일 겸손의 덕을 가지지 못하고 그렇기 때문에 삼위 하나님을 기쁘시게 못한다면, 삼위일체론을 학문적으로 토론함이 무슨 유익이 있겠습니까? … 삼위일체가 무엇이냐 라는 정의를 내리는 것보다 나는 오히려 참회하는 마음을 가지고 싶습니다"라고 말하고 있습니다.

신학은 우리가 연구해서 찾아가는 학문이 아닙니다. 하나님께서 보여주시고 깨닫게 하시는 뜻에 순종하는 것, 그것이 신학입니다.

두 번째 결론

영이신 하나님은 인간의 연구나 분석의 대상이 아니라 예배하고 경외해야 할 분이기에 신학은 학문이 될 수 없습니다. 무한하시고 영원하시며 불변하시고 전능하신 하나님은 유한한 인간의 이성과 학문적 방법론으로 파악될 수 없는 초월적 존재이십니다. 하나님을 아는 지식은 인간의 학문적 노력이 아닌 하나님의 자기 계시와 성령의 조명을 통해서만 주어집니다. 참된 신학은 하나님을 분석하려는 교만한 시도가 아니라, 그분의 말씀 앞에 겸손히 무릎 꿇고 순종하는 신앙의 고백입니다. 신학은 영이신 하나님과의 인격적 만남을 통해 생명의 복음을 경험하고 전하는 것이므로 결코 학문이 될 수 없습니다. 하나님을 학문의 대상으로 전락시키는 것은 신학을 세속화시키고 그 본질을 왜곡하는 오만한 행위입니다. 따라서 신학은 영이신 하나님 앞에서 성령의 인도하심을 받아 말씀에 순종하며 살아가는 거룩한 삶의 실천입니다.

3

학문으로는 구원을 받을 수 없습니다

신학이 학문이 아닌 세 번째 이유는 구원은 학문으로 받을 수 있는 것이 아니기 때문입니다. 교리가 중요하지만 그렇다고 교리가 구원을 주는 것은 아닙니다. 신학이 중요합니다. 그러나 신학적인 지식이 구원을 주는 것은 아닙니다. 우리는 이신칭의 교리로 구원받는 것이 아니라 예수 그리스도를 믿음으로 구원을 받습니다. 학문은 여러 가지 정보를 제공하여 대상에 대해 지식을 줄 수 있지만, 믿음을 줄 수는 없습니다. 학문적인 지식으로 인간 예수에 대해 강의할 수 있지만 성자 하나님에 대한 믿음을 고백할 수는 없습니다.

우리가 역사적 교훈으로 삼아야 할 가장 중요한 사건은 종교개혁입니다. 우리가 16세기 종교개혁자들의 숭고한 신앙을 계승하려는 것은 성경을 기준으로 교회를 개혁했기 때문입니다. 물론 그분들은 학문성도 훌륭했고 영성도 겸비한 분들이었습니다. 그분들은 믿음의 눈인 영적인 눈으로 하나님의 뜻을 이루기 위해 헌신하셨습니다. 종교개혁자들은 우리의 신앙과 삶의 유일한 표준이 성경이라는 확신과 구원을 받기 원하는 모든 성도에게 하나님의 완전한 계시인 성경을 스스로 읽고 묵상할 수 있는 권리를 찾아 주었습니다.

미국 3대 대통령이었던 토마스 제퍼슨(Thomas Jefferson, 1743-1826)은 건국의 아버지로 존경을 받는 분이지만 성경의 기적이나 초자연적인 내용들은 믿지 않았고 그런 부분들을 제거한 자기만의 성경책을 만들었다고 알려져 있습니다. 자신의 머리로 이해되는 것만 믿으려 했던 것입니다. 그렇게 되면 우리의 신앙과 삶의 유일한 권위로서의 성경의 권위는 부정되게 됩니다.

중세교회가 타락하게 된 것은 지식과 학문이 부족했기 때문이 아닙니다. 중세교회는 교황과 사제들을 하나님의 대리자로 만들기 위해서는 많은 학문적 뒷받침이 필요했습니다. 이성적이고 논리적인 방법으로라도 사람들을 설득하고 믿게 할 명분이 필요했습니다. 성경에서 말하지 않는 교리와 성례를 만든 근본 이유도 마찬가지입니다. 성직자와 평신도로 계급을 나누고, 성직자를 특별한 영적 권세를 가진 존재로 만들기 위해서는 그들만의 특별한 방편이 필요했습니다. 죄는 전염성과 부패성을 가지고 있습니다. 마치 거짓말을 시작하면 그 거짓말을 진실로 만들기 위해 점점 많은 거짓말을 해야 하는 것과 같습니다. 무심코 지은 작은 죄를 덮기 위해서 점점 더 큰 죄를 지어야 하고, 그 죄로 얻은 기득권을 내려놓지 않기 위해서 또 다른 죄를 범해야 하는 악순환이 중세교회 안에서 이루어진 것입니다.

성경을 기준으로 삼지 않고 교회의 전통과 성직자의 권위를 앞세운 중세교회는 이제 더 이상 교회로서의 기능을 감당할 수 없었습니다. 하나님 앞에서 거룩함을 상실한 교회는 더 이상 참된 교회가 아니었습니다. 이런 상황에서 성령의 인도를 받아 성경을 기준으로 교회의 본질을 회복하는 종교개혁이 일어난 것입니다.

제가 개혁주의생명신학을 주창하면서 '칼빈주의 5대 교리'가 아니라 종교개혁의 '5대 솔라'를 원리로 삼은 이유도 구원을 위해 필요한 모든 원리를 성경에서 찾았기 때문입니다. 구원을 받는 데 있어서는 많은 신학적 논의가 필요하지 않습니다. '오직 성경', '오직 그리스도', '오직 믿음', '오직 은혜', '오직 하나님께 영광'이 진정으로 필요한 구원의 원리입니다. 그러나 이것을 실천할 수 있는 길은 내가 예수 그리스도 안에, 예수 그리스도가 내 안에 계실 때에만 가능합니다. 이것을 학문적으로 설명할 수 있는 길은 없습니다. 물론 '그리스도와의 연합'이라는 말로 정리를 할 수는 있겠지만, 그 용어가 예수 그리스도가 내 안에 계시고 내가 그리스도 안에 있게 하는 것은 아닙니다.

오늘 우리에게 꼭 필요한 것이 무엇일까요? 이 질문에 대해 바르게 대답하기 위해서는 우리의 현재 상태가 어떠한지를 바로 아는 것이 매우 중요합니다. 하나님이 없는 상태의 인간의 모습에 대해 성경은 "허물과 죄로 죽었다"(엡 2:1)라고 말씀하고 있습니다. 세상 풍조를 따르고 불순종의 아들들 가운데 역사하는 영인 공중 권세 잡은 자를 따르는 것(엡 2:2)이 바로 하나님 없는 불신자들의 상태입니다. 이 부분에 대한 동의가 되지 않기 때문에 우리 그리스도인들이 복음을 전해도 들으려 하지 않습니다. 그렇다면 그 어떤 것보다 우리에게 구원이 필요하다는 사실을 어떻게 깨닫게 될까요?

종교개혁자 루터는 '대교리문답'(Der Große Katechismus, 1529년)에서 "만일 성령이 우리의 가슴속 깊은 곳에 선물로 주시는 복음의 선포가 없다면, 그리스도에 대한 지식이나 믿음, 그리고 그분을 주님으로 인정하는 일이 누구에게도 생기지 않을 것입니다"라고 말했습니다.

루터는 예수 생명의 복음 진리를 발견하여 구원의 확신을 체험했을 때 비로소 중세교회를 개혁할 수 있었습니다. 그는 구원의 확신을 가지고 생명의 복음을 선포하였습니다. 성령께서는 복음이 선포될 때 생명을 불어넣으셔서 교회를 살려주셨습니다.

신학은 학문이 아니라 예수 그리스도의 생명의 복음입니다. 성령의 역사를 통해 복음이 선포될 때 교회는 살아납니다. 복음이 선포되지 않고 지식과 학문만 넘쳐난다면 성도들은 예수님을 주님으로 인정할 수 없고, 믿을 수도 없으며, 나아가 구원을 얻지 못합니다. 구원은 학문을 통해 얻는 것이 아니라 하나님의 유일하고 완전한 계시인 말씀을 믿고 순종함으로 얻는 것입니다.

로마서 10장 17절은 "그러므로 믿음은 들음에서 나며 들음은 그리스도의 말씀으로 말미암았느니라"고 말씀합니다. 믿음은 학문적 분석이나 논리적 추론이 아니라 하나님의 말씀을 들음으로써 생깁니다. 우리의 구원은 인간의 행위에서 나는 것이 아니라 하나님의 은혜와 믿음으로 주어지는 선물입니다. 성령으로 거듭나야 구원받고 하나님 나라에 들어갑니다. 디도서 3장 5절은 "우리를 구원하시되 우리가 행한 바 의로운 행위로 말미암지 아니하고 오직 그의 긍휼하심을 따라 중생의 씻음과 성령의 새롭게 하심으로 하셨나니"라고 말씀하고 있습니다. 요한복음 3장 5절은 "예수께서 대답하시되 진실로 진실로 네게 이르노니 사람이 물과 성령으로 나지 아니하면 하나님의 나라에 들어갈 수 없느니라"고 말씀합니다.

예수 그리스도의 생명의 복음이 선포되지 않는다면 예수님을 주님으로 인정할 수 없고, 믿을 수도 없으며, 그 결과 구원을 받지 못한다는 것입니다. 이것이 제가 참된 신학은 학문이 아니라 예수 그리스도의 생명의 복음이라고 외치는 이유입니다. 학문으로는 구원을 받을 수 없고 영생도 얻을 수 없습니다.

요한일서 5장 11-12절은 "또 증거는 이것이니 하나님이 우리에게 영생을 주신 것과 이 생명이 그의 아들 안에 있는 그것이니라 아들이 있는 자에게는 생명이 있고 하나님의 아들이 없는 자에게는 생명이 없느니라"고 말씀합니다. 하나님은 예수 그리스도를 통해 영생을 주십니다. 영생을 주지 못하는 것은 참된 신학일 수 없습니다.

성경이 말하는 지식의 한계

신학은 학문이 아닙니다. 학문은 하나님의 말씀인 성경의 배경과 맥락 등을 이해하는 데 도움을 주는 수단일 뿐입니다. 학문은 성경이 생명을 살리는 하나님의 말씀으로 역사할 수 있도록 돕는 수단에 불과합니다. 학문이 구원을 줄 수는 없습니다. 구원은 오직 하나님의 말씀으로만 이루어집니다. 그러므로 성경을 연구하되 영생을 얻으려는 목적 없이 연구하면 아무런 유익이 없습니다.

요한복음 5장 39-40절은 "너희가 성경에서 영생을 얻는 줄 생각하고 성경을 연구하거니와 이 성경이 곧 내게 대하여 증언하는 것이니라 그러나 너희가 영생을 얻기 위하여 내게 오기를 원하지 아니하는도다"라고 말씀합니다. 예수님 당시 성경에 능통한 율법학자와 서기관들은 최고의 학자들이었지만 예수님을 믿지 않았습니다. 그래서 그들은 성경에 대한 지식을 가지고 있으면서 오히려 사람들이 천국에 들어가지 못하도록 막는 역할을 했습니다. 예수님은 그들을 향하여 "화 있을진저 외식하는 서기관들과 바리새인들이여 너희는 천국 문을 사람들 앞에서 닫고 너희도 들어가지 않고 들어가려 하는 자도 들어가지 못하게 하는도다"(마 23:13)라고 책망하셨습니다. 그들은 성경을 가지고 글도 쓰고 토론도 하였지만 구원을 얻지 못했습니다.

바리새인들뿐만 아니라 사두개인들도 성경을 잘 알고 있었지만, 그 내용을 믿지는 않았습니다. 그들은 특히 부활이 없다고 믿고 있었는데 예수님에게 와서 다음과 같이 물었습니다. "선생님이여 모세가 일렀으되 사람이 만일 자식이 없이 죽으면 그 동생이 그 아내에게 장가 들어 형을 위하여 상속자를 세울지니라 하였나이다 우리 중에 칠 형제가 있었는데 맏이가 장가 들었다가 죽어 상속자가 없으므로 그 아내를 그 동생에게 물려 주고 그 둘째와 셋째로 일곱째까지 그렇게 하다가 최후에 그 여자도 죽었나이다 그런즉 그들이 다 그를 취하였으니 부활 때에 일곱 중의 누구의 아내가 되리이까"(마 22:24-28) 이들의 질문에 대하여 주님은 "너희가 성경도, 하나님의 능력도 알지 못하는 고로 오해하였도다"(마 22:29)라고 말씀하셨습니다. 그러면서 부활의 진리를 확증하기 위해 "나는 네 조상의 하나님이니 아브라함의 하나님, 이삭의 하나님, 야곱의 하나님이니라"고 말씀하시는 출애굽기 3장 6절을 인용하십니다(마 22:32a). 하나님은 아브라함, 이삭, 야곱의 하나님이십니다. 아브라함, 이삭, 야곱은 죽었으나 그들이 살아 있다고 말씀하십니다. 그렇게 예수님은 부활이 없다는 그들의 생각을 교정하시면서 "하나님은 죽은 자의 하나님이 아니요 살아 있는 자의 하나님이시니라"고 선언하셨습니다(마 22:32b).

성경을 연구한다고 하지만 하나님이 말씀하신 교훈에서 벗어나 인간의 이성으로 연구하면 진리를 깨닫지 못하고 잘못된 길로 빠져들게 됩니다. 거기에는 구원이 없습니다. 우리는 성경에서 지식이나 정보를 찾기보다 영생을 찾아야 합니다. 성경은 우리에게 영생을 주는 책이기 때문입니다.

지식과 믿음의 본질적 차이

개혁주의신학에서는 전통적으로 믿음을 세 가지 요소로 구분해 왔습니다. 첫째, 복음의 내용을 인지적으로 이해하는 '지식', 둘째, 그 진리에 대한 지적인 '동의', 셋째, 그리스도에 대한 인격적 신뢰와 자신을 맡기는 '신뢰'가 그것입니다. 이 세 요소 가운데 첫 두 가지만 갖추고 세 번째가 없다면, 그것은 야고보서 2장 19절이 말하는 "귀신들의 믿음"과 다를 것이 없습니다. "네가 하나님은 한 분이신 줄을 믿느냐 잘하는도다 귀신들도 믿고 떠느니라" 귀신들은 하나님에 대한 지식이 있고, 그 사실에 동의하기는 하지만, 구원받을 만한 신앙은 없습니다. 이처럼 학문적 신학은 믿음의 첫 번째 요소인 '지식'에 이바지할 수 있지만, 그것만으로는 참된 믿음이 될 수 없습니다.

성경은 지식과 구원이 반드시 함께하는 것은 아니라는 여러 사례를 제시합니다. 요한복음 3장의 니고데모 이야기, 마태복음 19장의 부자 청년 이야기는 고린도전서 1장에서 말씀하는 "세상이 자기 지혜로 하나님을 알지 못하는"(고전 1:21) 현실을 잘 보여주고 있습니다. 이러한 사례들은 율법적 지식은 거듭남이 없는 학문에 불과하고, 자신의 소유를 포기하기 위해서는 참된 믿음이 필요하며, 인간의 지식이나 학문적 성취만으로는 절대로 구원에 이를 수 없음을 분명히 드러냅니다.

신학에서 학문적으로 가르치는 교리는 중요합니다. 그러나 그 교리가 궁극적으로 구원을 주는 생명의 복음으로 연결되지 않는다면, 아무 소용이 없습니다. 교리가 중요하지만, 교리가 구원을 주는 것은 아니기 때문입니다. 예수님을 믿어야 구원받는 것입니다. 요한복음 3장 16절은 "하나님이 세상을 이처럼 사랑하사 독생자를 주셨으니 이는 그를 믿는 자마다 멸망하지 않고 영생을 얻게 하려 하심이라"고 말씀합니다.

이사야 53장 5-6절은 예수님의 죽으심을 생생하게 묘사해 주고 있으며 그 죽음의 의미에 대해 깊은 통찰을 줍니다. "그가 찔림은 우리의 허물 때문이요 그가 상함은 우리의 죄악 때문이라 그가 징계를 받으므로 우리는 평화를 누리고 그가 채찍에 맞으므로 우리는 나음을 받았도다 우리는 다 양 같아서 그릇 행하여 각기 제 길로 갔거늘 여호와께서는 우리 모두의 죄악을 그에게 담당시키셨도다"

영생을 얻는 구원은 예수 그리스도를 믿을 때 가능합니다. 학문적 지식으로는 구원을 받지 못합니다. 구원받으려면 하나님께서 우리를 사랑하신다는 사실을 믿어야 합니다. 그래서 독생자 아들까지 아끼지 않으시고 보내주셨다고 믿어야 합니다. 하나님의 독생자, 예수 그리스도를 믿음으로 영생을 얻는 것입니다. 구원은 하나님이 독생자를 통해서 믿는 자에게 은혜로 주는 선물입니다. 학문으로 신학을 해서 구원을 얻는 것이 아닙니다. 신학을 학문으로만 하면 깨달음은 있을 수 있어도 구원을 받을 수는 없습니다.

예수님을 떠나서는 절대로 영생을 얻을 수 없음을 예수님과 동행했던 베드로가 고백합니다. "시몬 베드로가 대답하되 주여 영생의 말씀이 주께 있사오니 우리가 누구에게로 가오리이까"(요 6:68)

성경을 연구하는 것은 예수 그리스도께로 더욱 가까이 나아가기 위한 것입니다. 그러므로 성경 연구 자체나 그 성과로 만족하는 것이 아니라, 그 연구를 통해 예수님을 믿고 그분께 더욱 가까이 나아가야 합니다. 성경을 많이 알고, 역사와 전통을 연구하여 많은 업적을 쌓았다고 해도 예수 그리스도를 메시아로 믿지 않고 학문으로만 신학을 하면 구원의 능력을 경험할 수 없습니다. 아는 것이 많아질지는 모르지만 그 신학은 머리에만 머물러 있으며 생명을 갖지 못합니다. 우리가 하는 신학은 머리에서 내려와 가슴의 신학이 되어야 하고 무릎의 신학이 되어야 합니다. 성령이 임하여 말씀을 깨달을 수 있도록 무릎 꿇고 기도해야 합니다. 무릎의 기도가 없으면 성경 말씀이 생명이 되지 않습니다. 신학교 교수님들은 머리의 신학에서 가슴의 신학으로, 마침내 무릎의 신학으로 나아가는 영적 체험을 신학생들에게 가르쳐야 합니다. 그때 '신학의 말씀화'와 '말씀의 생명화'가 일어납니다. 요한복음 6장 63절은 "살리는 것은 영이니 육은 무익하니라 내가 너희에게 이른 말은 영이요 생명이라"고 말씀합니다. 신학 교육이 개념을 연구하고 전달하는데 머무르면 "육에 불과한 무익한 지식"이 될 수밖에 없습니다. '신학의 말씀화'와 '성경의 생명화'는 성령의 조명 아래에서 말씀을 전달할 때 일어나는 것입니다.

구원에 이르는 방법은 성경에 잘 나타나 있습니다. 바울과 실라는 빌립보에서 복음을 전하다가 감옥에 갇히게 됩니다. 하지만 바울과 실라는 한밤중에 기도하고 하나님을 찬송합니다. 큰 지진이 나고 옥터가 움직이고 문이 다 열립니다. 모든 사람의 매인 것들이 다 벗어집니다. 자다가 깬 간수는 죄수들이 다 도망간 줄 알고 자결하려 하였지만 바울 일행이 그대로 있는 것을 보고 무서워 떨며 묻습니다. "선생들이여 내가 어떻게 하여야 구원을 받으리이까"(행 16:30) 정말 중요한 질문이 아닐 수 없습니다. "이르되 주 예수를 믿으라 그리하면 너와 네 집이 구원을 받으리라 하고"(행 16:31)

구원을 얻는 믿음은 단순히 지적인 동의에서 끝나는 것이 아닙니다. 성령의 역사를 통한 예수 그리스도의 생명의 복음에 대한 확신과 그리스도 안에 있는 하나님의 약속에 대한 신뢰가 있어야 합니다.

　구원받기 위해서는 주 예수를 믿어야 합니다. 성경에 대한 지식이 많고, 역사와 전통을 많이 연구하여 학문적 업적을 쌓았다고 해도, 예수 그리스도를 메시아로 믿지 않으면 성경을 제대로 안다고 할 수 없습니다. 그래서 신학을 학문으로만 하면 구원의 능력을 경험할 수 없습니다. 성경에 대한 학문적 지식만으로는 예수 그리스도를 메시아로 믿을 수 없습니다. 그러므로 지성만 만족시키는 학문적 신학이 아니라, 예수 그리스도를 주님으로 인정하고 그분을 믿으며 그분을 찬양하는 전인격적 신학이 되어야 합니다. 이러한 신학은 성령의 도우심을 구하는 기도를 통해 가능합니다. 영혼을 구원하고 살릴 수 있는 신학은 성령의 능력이 함께할 때 가능하기 때문입니다. 성령이 함께하실 때 우리는 예수님을 주님으로 고백하며 구원받을 수 있습니다. 그래서 성경은 세상의 초등학문을 따르지 말고 그리스도를 따르라고 말씀합니다.

　골로새서 2장 8절은 "누가 철학과 헛된 속임수로 너희를 사로잡을까 주의하라 이것은 사람의 전통과 세상의 초등학문을 따름이요 그리스도를 따름이 아니니라"고 말씀합니다. 고대로부터 철학자 플라톤이 도덕 교육을 위해 만들어 낸 것이 바로 초등학문입니다. 아무리 논리적이고 체계적으로 사람들을 가르친다 해도 헛된 철학과 속임수로는 그리스도를 따를 수 없습니다. 신학자들이 하나님의 말씀 자체를 연구하지 않고 신학 이론만을 연구하는 것은 사람의 전통과 세상의 초등학문을 따르는 것이지, 그리스도를 따르는 것이 아닙니다. 오늘날 신학자와 목회자들은 영이신 하나님보다 헛된 철학과 초등학문을 더 의지합니다. 자신이 전수(傳受)받은 학문을 연구하고 가르치는 것으로 사명을 다한 것으로 생각하는 신학자들이 있습니다. 참으로 안타까운 일이 아닐 수 없습니다.

신학의 목적은 영혼을 구원하는 데 있습니다. 교리와 전통을 따르고 신학을 연구하는 것도 중요하지만, 구원에 이르는 지식을 얻고 전하기 위해서는 인간적인 학문에 대한 욕심을 버려야 합니다. 학문적인 지식으로 목회하면 성도들의 영혼은 메마르게 됩니다. 많은 것으로 성도들의 귀를 즐겁게 하고, 알지 못하는 것을 깨닫게 하여 지적 희열을 느끼게 할 수는 있지만, 영혼을 살리는 생명의 역사를 기대할 수는 없을 것입니다. 학문이 구원을 주지 못하기 때문입니다.

그러나 바른 신학은 다릅니다. 학문에 관한 인간적인 욕심을 버리고 새로운 마음, 새로운 각오로 영적인 무장을 한 신학은 성도들의 영혼을 살립니다. 학문을 연구하고 학문적 지식을 소유하는 수준을 넘어 높은 차원의 영적인 세계로 들어가기 위해서는 하나님의 말씀인 성경을 읽고, 그 말씀의 능력을 깨닫고, 체험하고, 삶으로 실천하기 위해 노력하며 기도해야 합니다. 신학은 죄인을 구원하는 예수 그리스도의 생명을 전하는 것입니다. 그러므로 신학자들은 학문을 통해 명예를 추구하는 자리에 머물러 있어서는 안 됩니다.

구원의 서정

성경은 구원의 모든 단계에서 성령의 역할이 필수적임을 가르칩니다. 그것이 성경을 통해 말씀하시는 성령의 음성을 들어야 하는 이유입니다. 우리가 신학을 공부한다고 해서 구원을 받는 것은 아닙니다. 아무리 성경을 연구하고, 논문을 쓰고, 교리를 체계적으로 이해한다 해도, 그 안에 생명이 없다면 그 신학은 죽은 신학입니다.

조직신학의 구원론에서는 '구원의 서정'(ordo salutis) 또는 '구원의 순서'를 다룹니다. 하나님께서 택하신 자에게 어떻게 구원이 적용되는지를 다루는 내용입니다. 그러나 그 서정을 하나의 학문 체계로만 받아들이고, 자신의 삶에서 그 구원의 실제를 경험하지 못한다면, 그것은 한낱 껍데기에 불과할 것입니다.

구원을 위해서 가장 먼저 행하시는 성령의 사역은 '죄를 깨닫게 하심'입니다. 요한복음 16장 8절은 "그가 와서 죄에 대하여,

의에 대하여, 심판에 대하여 세상을 책망하시리라"고 말씀하셨습니다. 성령은 인간의 죄와 필요성을 깨닫게 해주시는 인격적인 하나님이십니다.

에베소서 2장 8-9절은 "너희는 그 은혜에 의하여 믿음으로 말미암아 구원을 받았으니 이것은 너희에게서 난 것이 아니요 하나님의 선물이라 행위에서 난 것이 아니니 이는 누구든지 자랑하지 못하게 함이라"고 말씀하고 있습니다. 이 말씀에는 구원의 세 가지 핵심 요소가 드러나 있습니다. 첫째, '은혜'입니다. 구원은 오직 하나님의 은혜로부터 시작합니다. 받을 자격 없는 인간에게 베푸시는 하나님의 호의를 의미합니다. 둘째, '믿음'입니다. 구원은 인간 편에서 믿음을 통해 받아들여집니다. 이 믿음은 단순한 지적 동의가 아니라 전인격적인 신뢰입니다. 셋째, '선물'입니다. 구원은 인간의 어떤 노력이나 공로로 얻는 것이 아닌 하나님의 선물입니다. 이 자체로도 구원은 하나님의 절대주권이라는 사실이 자명합니다.

학문이 지적 동의를 이끄는 일에 도구가 될 수는 있지만 그 이상의 역할을 할 수 없듯이, 학문적 지식은 이 세 요소 중 어느 것도 제공하지 못합니다. 지식은 은혜를 얻어내지 못하며, 참된 믿음을 보장하지 않습니다.

구원의 서정은 단순히 '칭의'와 '성화', '영화'라는 이론적 순서를 말하는 것이 아닙니다. 그것은 하나님의 생명이 우리 안에 들어오는 실제적인 사건입니다. 하나님의 선택과 부르심, 성령에 의한 중생과 회심, 믿음과 칭의, 성화와 영화, 이 모든 과정은 성령께서 직접 우리 안에 역사하시는 은혜로 가능한 것입니다. 이 은혜는 도서관이나 서재에서 얻을 수 있는 것이 아닙니다. 기도의 자리, 회개의 자리, 십자가 앞에서 얻는 것입니다.

신학은 구원을 향한 생명의 통로가 되어야 합니다. 회개 없이 칭의는 없습니다. 자기 부인 없이 성화는 없습니다. 예수 그리스도의 십자가와 부활 없이 영화는 없습니다. 그런데 이 모든 것을 머리로만 이해하고, 믿음으로 받아들이지 않는다면, 그 신학은 생명을 살리는 것이 될 수 없습니다.

오늘날 우리가 회복해야 할 신학은 사변적 학문이 아니라, 구원에 이르는 생명의 복음입니다. 말씀이 살아 움직이고, 성령께서 역사하시고, 예수 그리스도의 십자가 앞에서 무릎 꿇는 신학, 그것이 바로 바른 신학입니다. 그런 신학만이 참된 구원에 이르게 하며 구원에 참여할 수 있게 합니다. 학문으로는 구원을 얻을 수 없습니다. 오직 십자가와 부활, 성령의 능력으로만 우리는 구원의 길에 들어설 수 있습니다.

하나. 부르심과 중생

구원의 서정에서 가장 먼저 다루는 것이 하나님의 부르심입니다. 이 부르심은 단순한 초대가 아닙니다. 죽어 있는 영혼을 흔들어 깨우시는 하나님의 능력입니다. 이 부르심을 학문적으로 이해한다고 해서 부르심을 받은 사람이 되는 것은 아닙니다. 수많은 신학자가 부르심에 대해 논문을 쓰고, 개념을 정리하지만, 정작 하나님의 부르심을 인격적으로 경험하지 못한 채 살아갑니다.

부르심을 받은 모든 사람이 구원으로 인도되는 것은 아닙니다. 마태복음 22장 14절은 "청함을 받은 자는 많되 택함을 입은 자는 적으니라"고 말씀하고 있습니다. 말씀을 들을 때 하나님께서 그 마음의 문을 열어주셔야만 합니다. 사도행전 16장 14절은 "두아디라 시에 있는 자색 옷감 장사로서 하나님을 섬기는 루디아라 하는 한 여자가 말을 듣고 있을 때 주께서 그 마음을 열어 바울의 말을 따르게 하신지라"고 말씀하고 있습니다.

부르심 다음에 오는 것이 중생, 곧 거듭남입니다. 예수님은 니고데모에게 말씀하셨습니다. "사람이 거듭나지 아니하면 하나님의 나라를 볼 수 없느니라"(요 3:3)

거듭남은 지식의 변화가 아닙니다. 존재의 변화입니다. 예수 그리스도의 생명이 내 안에 들어오는 사건입니다. 성령께서 죽은 나를 살리시는 것입니다. 그런데 그 중생을 학문적으로 이해한다고 해서 거듭날 수 있습니까? 성령이 내 안에 역사하지 않으면 아무 소용이 없습니다. 예수님은 니고데모에게 "물과 성령으로 나지 아니하면 하나님의 나라에 들어갈 수 없느니라"(요 3:5)고 말씀하셨습니다.

부르심과 중생은 기도와 눈물과 회개의 자리에서, 말씀 앞에 무너지는 자리에서 일어나는 일입니다. 부르심이 없는 자는 말씀을 전할 수 없고, 거듭나지 않은 자는 하나님의 나라를 볼 수 없습니다. 오직 하나님의 부르심과 성령의 역사, 예수 그리스도의 은혜로만 우리는 구원을 얻고 새 생명을 얻게 됩니다.

둘. 회심: 회개와 믿음

구원의 서정 가운데 회심(conversion)은 아주 중요한 단계입니다. 회심은 단순한 감정의 변화가 아니라 자신의 죄를 깨닫고 철저히 회개하는 것, 그리고 예수 그리스도를 믿음으로 구원의 은혜를 붙잡는 것입니다. 회심은 인간의 의지가 아니라, 성령의 역사로만 일어나는 영적인 사건입니다. 회심은 회개와 믿음 안에서 하나님에게로 돌아가는 것입니다.

사도행전 20장 21절은 "유대인과 헬라인들에게 하나님께 대한 회개와 우리 주 예수 그리스도께 대한 믿음을 증언한 것이라"고 말씀합니다. 그런데 이런 회심은 하나님의 역사 없이는 불가능합니다. 회개와 믿음은 하나님의 선물입니다. 예레미야애가 5장 21절은 "여호와여 우리를 주께로 돌이키소서 그리하시면 우리가 주께로 돌아가겠사오니 우리의 날들을 다시 새롭게 하사 옛적 같게 하옵소서"라고 말씀하고 있습니다.

오늘날 많은 신학자는 회심을 하나의 종교적 심리 현상으로만 분석합니다. 회개를 윤리적 반성으로만 이해하고, 믿음을 지적 동의로만 여깁니다. 그러나 지식으로는 참된 회심에 이를 수 없습니다. 회개는 머리로 하는 것이 아니라 무너진 심령에서 나오는 눈물이 있어야 합니다. 믿음은 논리적 결론이 아니라, 십자가 앞에서 자신을 온전히 내어 맡기는 전인격적 신뢰입니다.

학문은 사람을 변화시키지 못합니다. 회심은 학문적 토론이 아니라 성령께서 죄인을 찾아오실 때, 하나님의 은혜 앞에 철저히 무너질 때 일어나는 사건입니다. 죄를 죄로 깨닫게 하시는 분도 성령이시고, 예수 그리스도를 믿게 하시는 분도 성령이십니다.

회심이 없는 신학은 죽은 신학입니다. 회심은 오직 성령의 감동하심으로만 가능한 구원의 기적입니다. 하나님 앞에 자신의 가슴을 치며 회개하지 않고 신학을 한다고 하는 것은 거짓입니다. 회개란 죄로부터 하나님을 향해 의식적으로 돌아서는 것이라고 정의할 수 있습니다. 중생한 사람은 온전한 삶의 변화를 통해 새로운 사고와 감정과 의지를 가지고 살아갑니다. 그러므로 진정한 신학자는 십자가 앞에서 무릎 꿇고 회개하는 자요, 예수 그리스도만을 붙드는 자입니다. 회개는 학문적인 연구를 통해 나오는 것이 아닙니다. 믿음도 마찬가지입니다. 믿음은 구원에 있어 필수 요건입니다. 책으로 배울 수 없습니다.

셋. 이신칭의

500년 전 루터와 츠빙글리, 칼빈 등의 종교개혁자들은 중세 가톨릭교회의 잘못된 구원관에 대항하여 '오직 예수 그리스도를 믿음으로 의롭다 칭함받는다'는 이신칭의의 교리를 온 천하에 천명하였습니다.

로마서 1장 16-17절은 "내가 복음을 부끄러워하지 아니하노니 이 복음은 모든 믿는 자에게 구원을 주시는 하나님의 능력이 됨이라 먼저는 유대인에게요 그리고 헬라인에게로다 복음에는 하나님의 의가 나타나서 믿음으로 믿음에 이르게 하나니 기록된 바 오직 의인은 믿음으로 말미암아 살리라 함과 같으니라"고 말씀하고 있습니다.

"너희는 그 은혜에 의하여 믿음으로 말미암아 구원을 받았으니 이것은 너희에게서 난 것이 아니요 하나님의 선물이라 행위에서 난 것이 아니니 이는 누구든지 자랑하지 못하게 함이라"(엡 2:8-9)

칭의는 죄인을 의롭다 하시는 하나님의 선언입니다. 그것은 오직 예수 그리스도의 십자가와 부활을 우리를 위한 것으로 받아들이는 믿음으로 말미암아 주어집니다. 이 진리를 루터는 생명을 걸고 외쳤습니다. 그런데 오늘날 신학은 이 칭의를 다시 학문적인 용어로 설명하는 데에 머물러 있습니다.

학문으로는 하나님 앞에서 의롭다 하심을 얻을 수 없습니다. 비록 신학 박사학위를 가지고 있다 해도 예수 그리스도를 믿지 않으면, 여전히 정죄 아래 있는 자입니다. 하나님 앞에서 의롭다 하심을 받는 일은 성령께서 우리 마음에 믿음을 주실 때, 오직 은혜로 이루어집니다. 그것은 논리적인 추론의 결론이 아니라, 하나님의 은혜의 선물입니다.

신학을 학문으로 하면, 사람은 변하지 않습니다. 말은 하되 삶은 죽어 있고, 글은 쓰되 심령은 메말라 있습니다. 칭의는 설명하는 것이 아니라, 체험하는 것입니다. 오늘날 교회가 힘을 잃은 것은 오직 믿음으로 얻는 이 칭의의 복음을 상실했기 때문입니다.

넷. 성화

성화는 단순히 도덕적인 완성이 아닙니다. 성화는 날마다 예수 그리스도를 닮아가는 거룩한 여정입니다. 그런데 이 성화는 학문으로 되는 것이 절대 아닙니다. 왜냐하면 성화는 성령의 도우심 없이는 단 한 걸음도 갈 수 없는 길이기 때문입니다. 오늘날 많은 사람들이 신학을 공부합니다. 성화에 대해 논문도 쓰고, 교리도 정리합니다. 그러나 정작 자기 삶에는 성령의 열매가 없습니다. 사랑이 없고, 겸손이 없고, 순종이 없습니다. 왜 그렇습니까? 성화를 지식으로만 이해했기 때문입니다. 성화를 책으로 배우고, 교리로만 설명하려 했기 때문입니다.

고린도전서 6장 11절은 "너희 중에 이와 같은 자들이 있더니 주 예수 그리스도의 이름과 우리 하나님의 성령 안에서 씻음과 거룩함과 의롭다 하심을 받았느니라"고 말씀하십니다. 학문으로는 성화를 이룰 수 없습니다. 성화는 철저히 그리스도의 이름과 성령의 도우심 아래 말씀에 순종하며 살아가는 삶의 열매입니다. 성령께서 우리 안에 역사하실 때, 우리는 비로소 자신을 부인하고, 죄를 이기고, 예수 그리스도의 형상을 닮아갈 수 있습니다. 그런데 성령 없이 학문만 쌓으면 오히려 교만해지고, 자기 의에 빠지고, 자기 의로 사람을 판단하는 자가 됩니다. 그것은 성화가 아니라, 종교적 위선일 뿐입니다.

성령은 단지 성화를 돕는 보조자가 아닙니다. 성화의 주체이십니다. 우리는 날마다 기도하며 성령을 의지해야 합니다. 말씀 앞에 무릎 꿇고, 성령의 인도하심에 따라 살아갈 때만이 거룩한 삶인 성화의 길을 걸을 수 있습니다. 성화는 논리가 아니라 순종입니다. 성화는 교리가 아니라 성령 안에서 살아가는 인격의 변화입니다.

다섯. 성도의 견인

성도의 견인은 하나님의 은혜로 구원받은 자가 끝까지 그 믿음 안에 서 있게 된다는 것을 말합니다. 하지만 견인의 길은 결코 학문적으로 이루어지지 않습니다. 이 길은 성령께서 붙드시지 않으면 한 걸음도 갈 수 없는 길입니다. 웨스트민스터 신앙고백 제17장 1절은 성도의 견인에 대해 다음과 같이 말하고 있습니다. "하나님께서 그의 사랑하시는 자 안에서 용납하시고 유효적으로 부르시고 그의 성령으로 거룩하게 하신 자는 전적으로 또는 최종적으로 은혜의 상태에서 떨어질 수 없고 끝까지 그 안에서 확실하게 견인하여 영원히 구원을 받는다."

빌립보서 1장 6절은 "너희 안에서 착한 일을 시작하신 이가 그리스도 예수의 날까지 이루실 줄을 우리는 확신하노라"고 말씀하고 있습니다. 요한복음 10장 28-29절은 "내가 그들에게 영생을 주노니 영원히 멸망하지 아니할 것이요 또 그들을 내 손에서 빼앗을 자가 없느니라 그들을 주신 내 아버지는 만물보다 크시매 아무도 아버지 손에서 빼앗을 수 없느니라"고 말씀하고 있습니다. 만물보다 크신 하나님께서 우리를 지켜주시기에 우리는 안전하다는 것입니다. 그 누구도 하나님의 손에서 우리를 빼앗을 수 없고 그 어떤 것도 예수님의 손에서 우리를 앗아갈 수 없다는 것입니다.

로마서 8장 35절은 "누가 우리를 그리스도의 사랑에서 끊으리요 환난이나 곤고나 박해나 기근이나 적신이나 위험이나 칼이랴"라고 물은 후 그리스도를 믿는 자들에게 넉넉한 승리가 보장되어 있음을 말씀하고 있습니다. 로마서 8장 38-39절은 "내가 확신하노니 사망이나 생명이나 천사들이나 권세자들이나 현재 일이나 장래 일이나 능력이나 높음이나 깊음이나 다른 어떤 피조물이라도 우리를 우리 주 그리스도 예수 안에 있는 하나님의 사랑에서 끊을 수 없으리라"고 말씀하고 있습니다. 우리를 그리스도의 사랑, 하나님의 사랑에서 끊을 자가 없다는 것입니다.

성도가 믿음을 끝까지 지키고 믿음 생활을 이어가는 것은 성령의 도우심 없이는 불가능한 일입니다. 오늘날 많은 신학자는 성도의 견인을 말하면서도 자기 의지로 신앙을 유지하려 합니다. 자기의 결단, 자기의 노력, 자기의 종교적 성취로 끝까지 가겠다고 합니다. 신학이 학문이 되면 결국 성령을 의지하지 않고 자기를 의지하게 됩니다. 그렇게 되면 그 믿음은 끝까지 가지 못합니다.

웨스트민스터 신앙고백 제17장 2절은 "성도들의 궁극적 구원은 그들 자신의 자유의지에 의한 것이 아니라 하나님 아버지의 자유롭고 변치 않는 사랑에서 나오는 선택의 불변한 결정에 의한 것이다"라고 말하고 있습니다. 이어지는 제17장 3절에서는 성도의 견인 교리가 그리스도인들이 자기 마음대로 살아도 된다는 식으로 이해되지 않도록 경고하고 있습니다. "그러나 저희는 사탄과 세상의 유혹으로, 저희 속에 남아 있는 부패성의 득세로 또한 저희를 보존하는 방편을 무시함으로 중한 죄에 떨어져서 죄 속에서 얼마 동안 지나며 하나님의 진노를 일으키고 성령을 근심시켜 어느 정도 은혜와 안위를 빼앗기고 마음이 강퍅하게 되고 저희 양심으로 상함을 받게 하고 다른 사람을 상하고 중상하며 이생의 심판을 저희에게로 끌어올 수 있다"(제17장 3절)라고 엄중하게 경고합니다. 그러므로 책임을 강조하지 않고 위안만을 강조하는 견인을 가르치는 것은 잘못된 것입니다.

참된 견인은 성령의 역사입니다. 성령께서 우리 안에서 말씀을 기억나게 하시고, 고난 가운데서도 예수의 십자가를 붙들게 하시고, 실족할 때마다 다시 회개하게 하시는 은혜의 손길입니다. 성령 없이 견인을 말하는 것은 지도 없이 광야를 걷는 것과 같습니다. 성령의 도우심 없이 구원을 지키겠다는 것은 빛이 없이 어둠 속을 헤쳐 나가겠다는 것과 같습니다.

우리 모두 믿음의 길을 끝까지 가야 합니다. 참된 성도의 견인은 성령의 능력으로만 가능한 길입니다. 성령의 역사가 없이는 불가능합니다. 하나님의 붙들어 주심으로만 가능합니다.

여섯. 영화

신학은 결코 단순한 학문일 수 없습니다. 신학은 인간의 이성으로 연구하고 분석하는 대상이 아니라, 살아계신 하나님을 만나는 자리이며, 하나님의 생명이 인간 안에 임하는 사건입니다. 특별히 구원의 서정 가운데 마지막 단계인 '영화'(榮化, glorification)는 신학이 왜 학문 그 자체로 머물 수 없는지를 분명하게 보여줍니다.

고린도후서 3장 18절은 "우리가 다 수건을 벗은 얼굴로 거울을 보는 것 같이 주의 영광을 보매 그와 같은 형상으로 변화하여 영광에서 영광에 이르니 곧 주의 영으로 말미암음이니라"고 말씀하십니다. 요한일서 3장 2절은 "사랑하는 자들아 우리가 지금은 하나님의 자녀라 장래에 어떻게 될지는 아직 나타나지 아니하였으나 그가 나타나시면 우리가 그와 같을 줄을 아는 것은 그의 참모습 그대로 볼 것이기 때문이니"라고 말씀하고 있습니다.

영화는 단지 미래에 있을 사건이 아닙니다. 그것은 이미 이 땅에서 시작된 하나님의 통치이며 하나님의 임재의 완성입니다. 영화는 인간이 노력하여 도달할 수 있는 이상적인 상태가 아니라, 하나님의 절대적인 은혜와 주권 속에서 오직 성령으로 말미암아 주어지는 궁극적인 구원의 완성입니다. 그러므로 영화는 실험실에서 증명하거나 철학적으로 설명할 수 있는 개념이 아닙니다.

오늘날 많은 이들이 신학을 학문적 체계로 이해하려고 합니다. 체계를 세우고 개념을 정리하고 논리적으로 정합성을 확보하는 데 몰두합니다. 그러나 그것은 신학의 본질을 오해한 것입니다. 신학이란 하나님을 아는 것이며, 하나님의 말씀을 듣고 순종하는 것입니다. 그것은 하나님과의 생명의 관계이며, 십자가의 고난과 부활의 능력 안에서 살아가는 거룩한 여정입니다.

영화의 신비는 오직 그리스도와 연합된 자만이 경험할 수 있습니다. 이는 성령 안에서 이루어지는 변화이며, 인간의 이성이나 철학으로 도달할 수 없는 차원입니다. 그러므로 신학이 영화를 올바로 전하려면, 반드시 그 진리를 살아내는 순교적 신앙, 자기 부인의 삶이 동반되어야 합니다.

우리는 다시 본질로 돌아가야 합니다. 신학은 학문이 아닙니다. 신학은 생명의 복음입니다. 그리고 그 생명의 절정이 바로 '영화'입니다. 이 놀라운 은혜를 묵상할 때, 우리는 무릎을 꿇고 경배할 수밖에 없습니다. 그것이 바로 신학자의 자세요, 교회가 붙들어야 할 참된 신학의 모습입니다.

일곱. 그리스도와의 연합

성경은 말씀합니다. "그런즉 누구든지 그리스도 안에 있으면 새로운 피조물이라 이전 것은 지나갔으니 보라 새 것이 되었도다"(고후 5:17)

구원이란 단순히 교리를 아는 것이 아니라, 예수 그리스도와 연합하는 것입니다. 이 연합은 머리로 이해하는 것이 아닙니다. 이 연합은 신비입니다. 영적인 실제입니다.

우리가 예수님 안에 거하고 예수님이 우리 안에 거하시는 것,

이것이 바로 구원입니다. 그리고 이 일은 오직 성령을 통해서만 가능합니다. 예수님과 연합되는 구원은 아무리 공부해도 아무리 이론적으로 설명해도 성령이 아니면 체험할 수 없습니다. 오늘날 많은 사람이 예수님을 말하지만, 그분과 하나 되지 못하고 있습니다. 십자가를 말하지만, 자기 십자가는 지지 않습니다. 부활을 외치지만, 옛 자아가 여전히 살아 있습니다. 모두 성령의 열매를 맺지 못했기 때문입니다.

예수님과의 연합은 회개의 눈물과 믿음의 고백 속에서 시작됩니다. 성령께서 우리를 예수 그리스도 안에 접붙이시고, 우리를 그분의 생명 안에 하나 되게 하십니다. 이것은 학문으로 설명할 수 있는 일이 아니라 성령으로 체험해야 하는 일입니다.

예수님과 연합하지 않고 구원을 말할 수 없습니다. 그리고 성령의 도우심 없이 예수님과 연합할 수 없습니다. 따라서 학문으로는 결코 구원을 얻을 수 없습니다. 우리는 다시 예수님과의 연합을 회복해야 합니다. 설명이 아니라 체험으로, 이론이 아니라 인격적 사랑으로 예수님과 연합하여야 합니다.

예수님께서는 자신의 비참한 모습을 깨닫지 못하고 차지도 덥지도 않은 상태에 머물러 있는 라오디게아 교회를 향해 "볼지어다 내가 문밖에 서서 두드리노니 누구든지 내 음성을 듣고 문을 열면 내가 그에게로 들어가 그와 더불어 먹고 그는 나와 더불어

먹으리라"(계 3:20)고 말씀하십니다. 다시금 마음의 문을 열고 예수님과 함께 먹고 마시는 친밀한 교제를 회복하라고 말씀하고 계십니다.

신학이 무엇입니까? 하나님과 그 아들 예수 그리스도를 아는 것입니다(요 17:3). 예수님의 십자가와 부활을 믿는 것입니다. 그분과 연합되어, 그분의 생명 안에 거하는 것입니다. 그런데 오늘날 신학은 마치 철학이나 과학처럼 분석하고 정리하고 이론을 세우는 데 집중하고 있습니다. 예수님을 인격적으로 만나지 못하고, 성령의 역사 없이 지식만 쌓고 있습니다. 성경은 구원을 단순한 정보를 얻는 것이 아니라 생명의 변화라고 말씀합니다.

회심이 있고, 중생이 있고, 칭의가 있고, 성화와 영화가 있는 구원은 오직 성령의 도우심 아래, 예수 그리스도와의 인격적인 관계 속에서만 이루어집니다. 아무리 똑똑해도, 아무리 많은 책을 써도, 성령이 역사하지 않으면 구원을 얻을 수 없습니다.

지식을 넘어선 참된 신학:
머리의 신학, 가슴의 신학, 무릎의 신학

참된 신학은 머리에서 내려와 가슴의 신학이 되어야 하고 무릎의 신학이 되어야 합니다. 이것은 단지 신학이 지식적인 차원에서 머물러서는 안 되며, 전인격을 변화시키는 접근이 필요하다는 것을 보여줍니다.

첫째, '머리의 신학'은 지성적 차원입니다. 하나님의 진리를 올바르게, 체계적으로 이해하는 것은 중요합니다. 베드로전서 3장 15절은 "너희 마음에 그리스도를 주로 삼아 거룩하게 하고 너희 속에 있는 소망에 관한 이유를 묻는 자에게는 대답할 것을 항상 준비하되"라고 말씀합니다. 지적인 이해가 필요하지만, 그것으로 충분하지는 않습니다. 신학이 학문에만 머물면 안 되는 이유입니다.

둘째, '가슴의 신학'은 정서적 차원입니다. 신학은 하나님의 사랑을 경험하고 그에 대한 사랑과 경외로 반응하는 것을 포함합니다. 머리의 신학이 가슴으로 내려와 우리의 심령을 변화시키지 못한다면 그것은 지식에 불과합니다. 우리의 가슴에 성령의 불이 필요한 것도 마찬가지입니다. 하나님의 말씀이 성령의 역사하심을 통해 우리의 가슴에 새겨질 때 변화가 시작되는 것입니다.

셋째, '무릎의 신학'은 의지적 차원입니다. 신학은 하나님 앞에서 겸손히 무릎 꿇고 그분의 뜻에 순종하는 것으로 이어져야 합니다. 진정한 신학적 이해는 항상 순종으로 이어집니다. 순종하지 못하는 신학은 사변일 뿐 복음일 수 없습니다.

이처럼 참된 신학은 머리에서 내려와 가슴의 신학이 되어야 하고 가슴에서 내려와 무릎의 신학으로 이어져야 합니다. 참된 신학은 또한 지성과 정서, 의지의 모든 측면을 포함하는 전인격적인 반응을 요구합니다. 참된 신학을 하는 사람은 예수 그리스도의 생명을 소유한 사람이 됩니다. 영적 생명을 소유한 사람만이 영적 생명을 전할 수 있습니다.

예수 그리스도의 생명이 없는 신학은 사람을 살릴 수 없습니다. 오히려 사람을 교만하게 하고, 판단하게 만들고, 진리를 논쟁거리로 바꿔버립니다. 하나님은 지식을 통해 우리를 구원하지는 않습니다. 예수 그리스도 안에서 성령을 통해 구원하십니다. 이 생명의 역사를 경험하지 못한 신학자는 결코 구원을 말할 수 없습니다.

이제 우리는 학문으로서의 신학을 내려놓고 생명으로서의 신학, 성령 안에서 살아 움직이는 신학으로 돌아가야 합니다. 말씀이 살고, 예수가 중심이 되며, 성령이 운행하시는 그곳에 진짜 신학이 있습니다. 학문으로는 구원을 얻을 수 없습니다. 신학이 학문이 되는 순간, 교회는 생명을 잃어버리게 됩니다. 신학이 생명의 복음이 될 때, 교회는 다시 살아납니다. 이제 우리는 신학을 학문이 아니라 예수 그리스도의 생명의 복음으로 회복해야 합니다. 예수 그리스도, 오직 그분만이 우리의 구원이시기 때문입니다.

요한복음 14장 6절은 "예수께서 이르시되 내가 곧 길이요 진리요 생명이니 나로 말미암지 않고는 아버지께로 올 자가 없느니라"고 말씀하고 있습니다. 사도행전 4장 12절은 "다른 이로써는 구원을 받을 수 없나니 천하 사람 중에 구원을 받을 만한 다른 이름을 우리에게 주신 일이 없음이라"고 말씀합니다.

예수 그리스도를 믿음으로 구원받는다는 이 복음은 학문적으로 분석할 대상이 아닙니다. 그것은 무릎 꿇는 자에게만 열리는 하늘의 진리입니다. 그래서 저는 신학이 학문이 아니라고 말하는 것입니다. 복음은 생명입니다. 생명은 체험되고 나누어져야 합니다. 그리스도를 믿는 믿음은 교리적 동의가 아니라, 전 존재를 내어 맡기는 헌신이며, 날마다 자기를 부인하고 십자가를 지는 삶입니다.

오늘날 우리는 신학이 점점 이론 중심으로 흘러가고 있는 현실을 마주하고 있습니다. 신학은 성령의 조명 아래 하나님을 알고, 그분의 뜻을 따라 사는 삶의 실제입니다. 성령으로 거듭나지 않고서는 아무리 성경을 연구하고 교리를 공부해도 그것은 생명이 없는 지식에 불과합니다. 우리가 구원받는 길은 오직 성령으로 거듭나는 길뿐입니다. 그래서 저는 생명 없는 지식인 학문으로서의 신학을 경계하는 것입니다.

참된 신학은 가르치는 것이 아니라 살아내는 것입니다. 성령으로 거듭난 사람은 겸손하게 자신을 낮추고, 날마다 십자가를 지고 예수님을 따릅니다. 그 삶 가운데서 하나님의 말씀이 살아 움직이며, 진리가 역사하는 것입니다. 교회가 살려면 신학이 살아야 하고, 신학이 살려면 거듭난 영혼들이 말씀대로 살아가야 합니다.

성령으로 거듭남이 없는 신학은 껍데기에 불과합니다. 지식으로는 절대 구원에 이를 수 없습니다. 거듭남이 있어야 진정한 믿음이 생기고, 마침내 구원받은 자의 삶을 살아갈 수 있습니다. 학문으로는 구원을 받을 수 없다는 사실이 그 어디보다 분명하게 드러나는 곳이 바로 목회 현장인 교회라고 할 수 있습니다. 목회는 단순한 학문적 지식의 전달이 아니라, 기도와 성령의 도우심이 없이는 불가능한 사역이기 때문입니다.

구원은 결코 인간의 학문적 노력이나 지적인 성취로 얻을 수 있는 것이 아닙니다. 하나님께서는 출애굽기 19장 5-6절에서 "너희가 내 말을 잘 듣고 내 언약을 지키면 너희는 모든 민족 중에서 내 소유가 되겠고 너희가 내게 대하여 제사장 나라가 되며 거룩한 백성이 되리라"고 하셨습니다. 베드로전서 2장 9절에서는 구원받은 백성을 가리켜 "택하신 족속이요 왕 같은 제사장들이요 거룩한 나라요 그의 소유가 된 백성"으로 부르며, 우리를 구원하신 목적이 "너희를 어두운 데서 불러내어 그의 기이한 빛에 들어가게 하신 이의 아름다운 덕을 선포하게 하려 하심이라"고 말씀하고 있습니다. 우리를 구원으로 부르셔서 하나님의 백성을 삼으신 목적은 학문적 탐구나 지식의 축적이 아니라 세상 속에서 '제사장 나라'와 '왕 같은 제사장'으로서 중보와 섬김의 삶을 살게 하려는 데 있습니다. 우리의 구원은 하나님의 사랑을 깨닫고, 그 사랑을 이웃과 세상에 드러내며 실천하는 삶으로 완성됩니다.

백석학원은 설립 초기부터 복음 전파에 전력을 다하여 왔습니다. 하지만 어느 순간부터 복음 전파의 열정이 식은 것 같다는 생각이 들었습니다. 저는 지난 2024년 1학기부터 캠퍼스 전도를 위해 좀 더 힘을 내줄 것을 강조하였습니다. 그랬더니 각 대학의 교목실을 중심으로 대학교회가 협력하여 열심히 힘쓴 결과 놀라운 전도의 결실이 있었습니다. 전도가 안 된다는 패배 의식에 젖어있지만 말고 열심히 주님의 복음을 전하도록 한 것은 기독교 대학의 존재 목적이 전도와 선교에 있기 때문입니다.

하나님의 사랑은 학문적 지식이 아니라, 구원받은 자들의 삶 속에서 활짝 피어나는 열매입니다. 백석학원은 이러한 하나님의 사랑의 실천을 통해, 민족과 세계를 살리는 일에 진력하고 있습니다.

지금도 세상에는 구원을 필요로 하는 수많은 사람들이 있습니다. 우리는 사랑과 관심으로 그들에게 다가가야 합니다. 대학 캠퍼스에 구원받아야 할 영혼들이 넘쳐나고 있듯 세상에는 수많은 영혼이 구원을 간절히 바라고 있습니다. 교회는 죽어가는 세상 가운데 구원의 방주와도 같은 곳입니다.

세 번째 결론

구원은 아무리 많은 교리적 지식과 신학적 연구가 있다 하더라도 그것으로 얻을 수 있는 것이 아닙니다. 구원은 오직 예수 그리스도를 믿는 믿음과 성령의 역사로만 주어지는 하나님의 은혜의 선물입니다. 구원은 오직 성령의 능력과 그리스도를 믿는 믿음으로만 가능하며, 구원의 서정인 부르심·중생·회심·칭의·성화·견인·영화는 모두 성령의 초자연적 역사로만 가능합니다.

학문적 지식은 구원에 관한 정보를 제공할 수 있지만 영적 생명을 줄 수는 없습니다. 따라서 이것이 신학이 학문이 아닌 근본적 이유가 됩니다. 참된 신학은 머리의 지식에 머물지 않고 가슴의 체험과 무릎의 순종으로 이어지는 전인격적 변화를 요구합니다. 신학은 예수 그리스도와의 인격적 연합을 통해 그분의 생명을 소유하고 전하는 것이므로, 성령으로 거듭나지 않고서는 참된 신학을 할 수 없습니다.

4

목회는 기도와 성령의 도우심으로만 가능합니다

신학이 학문이 될 수 없는 네 번째 이유는 목회는 학문과 지식으로는 할 수 없기 때문입니다. 목회는 죽어가는 영혼을 살리고 그리스도의 몸인 교회를 섬기는 사역입니다. 세상의 지식과 방법으로 설교를 할 수 있는지는 모르지만, 영혼을 살릴 수는 없습니다. 목회는 오직 하나님의 능력과 은혜가 주어질 때 가능한 것입니다.

목회란 무엇입니까

신학은 생명을 살리는 사역에 그 목적이 있습니다. 신학을 하는 것은 영혼을 살리고 교회를 살리고 세상을 살리는 목회를 하기 위함입니다. 목회가 무엇입니까? 목회는 육적 생명이 전부인 줄 알고 사는 연약한 인생들을 물과 성령으로 거듭나도록 인도하며 영적 생명을 예수님 안에서 풍성히 누리도록 돕는 것입니다.

그렇기에 목회는 지식의 축적이나 학문적 성취를 통해 할 수 있는 것이 아닙니다. 오직 길이요 진리요 생명이신 예수 그리스도와의 인격적인 교제 속에서 그리스도의 생명을 받아 전할 때에만 가능한 영적인 사역입니다. 목회는 그리스도의 일꾼(고전 4:1)이 되어 우리를 위하여 자기 자신을 버리신(갈 2:20) 예수 그리스도의 길을 따르는 일입니다. 우리의 일을 하는 것이 아니라 예수 그리스도께서 하시던 일을 위임받아서 하는 것이기에 자기를 부인하고 자기 십자가를 지고 예수 그리스도를 따르는(마 16:24) 사역입니다.

하나. 목회는 하나님의 부르심에 응답하는 것입니다

목회는 생계를 유지하기 위해 선택한 직업이 아니라 하나님의 부르심에 응답하는 사명이기에 부르신 뜻을 따라 죽도록 충성해야 합니다.

요한복음 15장 16절은 "너희가 나를 택한 것이 아니요 내가 너희를 택하여 세웠나니 이는 너희로 가서 열매를 맺게 하고 또 너희 열매가 항상 있게 하여 내 이름으로 아버지께 무엇을 구하든지 다 받게 하려 함이라"고 말씀합니다.

하나님의 부르심을 받아 택함을 받은 우리는 하나님의 뜻에 따라 살아야 합니다. 하나님의 뜻은 요한복음 3장 16절에 잘 나타나 있습니다. "하나님이 세상을 이처럼 사랑하사 독생자를 주셨으니 이는 그를 믿는 자마다 멸망하지 않고 영생을 얻게 하려 하심이라"(요 3:16) 그렇다면 우리를 향한 하나님의 뜻은 무엇입니까? 사람들이 예수 그리스도를 믿음으로써 영생을 얻도록 하는 것이 우리를 향하신 하나님의 뜻입니다. 생명을 살리는 목회가 하나님의 뜻대로 부르심을 받은 우리가 감당해야 할 사명인 것입니다.

우리는 그 뜻을 이루기 위해 올바른 신학을 해야 하고, 올바른 신학을 하기 위해서는 먼저 기도의 사람, 성령의 인도를 받는 사람이 되어야 합니다. 그래야 진정한 목회자가 될 수 있습니다.

유다서 1장 20-21절은 "사랑하는 자들아 너희는 너희의 지극히 거룩한 믿음 위에 자신을 세우며 성령으로 기도하며 하나님의 사랑 안에서 자신을 지키며 영생에 이르도록 우리 주 예수 그리스도의 긍휼을 기다리라"고 말합니다.

생명을 살리는 목회를 하기 위해서는 반드시 기도와 성령의 역사하심이 있어야 합니다. 그래야 열매가 있습니다. 우리는 기도로 하나님께 나아가고, 하나님은 말씀으로 응답하십니다. 기도 없이는 참된 하나님의 뜻을 깨달을 수 없고, 말씀 없이는 참된 응답을 기대할 수도 없습니다. 성령께서는 지금도 성경을 통하여 말씀하고 계십니다.

청교도를 대표하는 신학자 존 오웬(John Owen, 1616-1683)은 옥스퍼드 대학교의 탁월한 신학자요, 목회자이며, 성령 충만한 설교자였습니다. 당대 영국에서 가장 유명한 신학자로서 성령을 체험했던 오웬은 "성령에 대한 것은 그 자체가 신비롭고 이해하기 어려운 것들이다. 이러한 문제를 해결하는 방법은 성경을 찾아보는 길밖에 없다. 하나님은 계시의 창시자이다"라고 말했습니다. 또한 오웬은 "영적인 지식은 사람에 의해서 가르쳐지는 것이 아니라 성령의 특별한 역사로 알게 된다. 그 누구도 하나님에 관해서 알 수 없고 오직 하나님의 영인 성령에 의해 알 수 있다"라고 하면서, "성령의 조명 없이는 구원에 대한 이해가 불가능"하므로 영혼을 살리는 목회를 하기 위해서는 성령의 인도가 절대적으로 필요함을 강조했습니다.

감리교의 창시자 웨슬리도 자신의 신앙과 열정만 믿고 나섰던 미국 조지아주에서의 선교에 실패했습니다. 하지만 영국으로 돌아와 런던의 올더스게이트 거리에서 열린 모라비안 교도의 수요예배에 참석했을 때 강력한 성령의 임재를 체험한 후에는 영국 교회와 사회를 변화시키는 부흥 운동의 주역이 될 수 있었습니다.

종교개혁자 칼빈 역시 영혼을 살리는 목회를 위해서는 성령의 역사가 중요함을 역설했습니다. 목회는 목사가 하는 사역이지만 그 본질은 하나님이 하는 사역이므로 하나님의 영이신 성령의 역사를 통해서만 성취된다는 것입니다. 그는 『기독교강요』 제3권 1장 4절에서 하나님의 말씀은 목회자의 설교를 통해 성도의 귀에 들리지만, 성령이 내적 선생이 되어 그 말씀이 우리 마음을 파고들도록 역사하시는 것이며, 성령의 역사하심이 없으면 하나님의 구원 약속도 그저 허공을 치고 귀만 울리는 것이 되고 만다고 했습니다.

우리가 잘 아는 사도행전 3장 말씀을 보면 베드로와 요한이 제 구 시 기도 시간에 성전에 올라갑니다. 지금 시간으로 하면 오후 세 시입니다. 그 길에서 두 사람은 어떤 사람들이 나면서부터 걷지 못하던 사람을 구걸하도록 메고 오는 것을 보았습니다. 베드로와 요한이 성전 미문(美門)에서 그를 만났습니다. 그때 베드로와 요한은 구걸하는 그 사람에게 "우리를 보라"고 말했습니다. 5절은 "그가 그들에게 무엇을 얻을까 하여 바라보거늘"

이라고 말씀합니다. 베드로는 "은과 금은 내게 없거니와 내게 있는 이것을 네게 주노니 나사렛 예수 그리스도의 이름으로 일어나 걸으라 하고 오른손을 잡아"일으켰습니다(6-7절). 그 순간 한 번도 걷지 못했던 그 사람의 발과 발목이 힘을 얻었고 뛰어 서서 걸으며 성전으로 들어가 걷기도 하고 뛰기도 하며 하나님을 찬송하였습니다(8절).

제가 생각하는 목회는 바로 이것입니다. 예수 그리스도의 이름으로 걷지 못하는 자를 일으키고, 영혼을 살리고, 성전 안에 들어와 하나님을 찬송하게 하며, 새로운 삶을 살게 하는 것이 목회입니다. 얼마나 신나는 일입니까?

이사야 35장 5-6절은 메시아이신 예수님의 사역에 대해 "그때에 맹인의 눈이 밝을 것이며 못 듣는 사람의 귀가 열릴 것이며 그 때에 저는 자는 사슴 같이 뛸 것이며 말 못하는 자의 혀는 노래하리니 이는 광야에서 물이 솟겠고 사막에서 시내가 흐를 것임이라"고 말씀하고 있습니다. 예수님이 메시아시냐고 묻는 세례 요한의 제자들에게 마태복음 11장 5절은 "맹인이 보며 못 걷는 사람이 걸으며 나병환자가 깨끗함을 받으며 못 듣는 자가 들으며 죽은 자가 살아나며 가난한 자에게 복음이 전파된다 하라"고 말씀하십니다. 하나님의 부르심에 응답하여 예수님께서 하시던 생명을 살리는 사역을 위임받아 이어가는 것, 이것이 바로 목회입니다.

둘. 목회는 성령의 도우심으로만 가능합니다

이런 신나는 목회를 하려면 무엇보다 성령의 도우심이 절대 필요합니다. 오직 성령께서만 불가능한 일을 가능케 하실 수 있기 때문입니다. 우리는 성령의 능력으로 말씀을 선포하고 기도해야 합니다. 그래서 목회는 무릎으로 한다는 말이 있습니다.

사람들은 우리 인간이 스스로 진리를 발견할 수 있다고 생각합니다. 인간의 지성으로 열심히 연구하면 이 세상의 문제들을 해결할 답을 찾을 수 있다고 생각합니다.

하지만 인생의 모든 문제의 근원적 해답은 성경에 있습니다. 사람들은 성경을 통해서 말씀하시는 성령 하나님의 음성을 들어야 합니다.

요한복음 14장 26절은 "보혜사 곧 아버지께서 내 이름으로 보내실 성령 그가 너희에게 모든 것을 가르치고 내가 너희에게 말한 모든 것을 생각나게 하리라"고 말씀하십니다. 성경은 인간의 노력으로 알 수 있는 책이 아닙니다. 오직 성령께서 알려주실 때만, 그리고 성령께서 가르쳐주시는 만큼만 알 수 있습니다.

하나님의 말씀은 역사하는 힘이 있고 사람을 변화시키는 능력이 있습니다. 하지만 간절한 기도가 없는 성경 연구, 성령의 도우심이 없는 설교는 아무리 노력해도 성도들의 심령에 감동도 눈물도 주지 못합니다. 성령이 역사하시지 않기 때문에 변화 또한 일어나지 않습니다. 그러므로 학문적 연구만으로는 절대 목회할 수 없습니다. 성령의 역사하심 없이 학문적 연구만으로 준비한 설교는 잠시 사람들의 귀는 즐겁게 해줄 수 있을지 몰라도, 생명을 살리거나 구원을 줄 수 없기 때문입니다.

성령의 역사가 일어나지 않는 목회는 실상 죽은 것입니다. 요한복음 6장 63절은 "살리는 것은 영이니 육은 무익하니라 내가 너희에게 이른 말은 영이요 생명이라"고 말씀합니다.

육이 중요하지 않다는 말이 아닙니다. 제가 강조하고 싶은 것은 살리는 것은 영이라는 사실입니다. 그러므로 영이 육을 받쳐주는 도구가 아니라, 육이 영을 받쳐주는 도구가 되어야 합니다. 육은 영에 의해서만 살 수 있기에 영이 살리는 일을 잘 수행하도록 최선을 다해 도와야 합니다. 그래야 육도 살 수 있는 것입니다.

마찬가지로 학문도 하나님의 계시의 말씀을 받쳐주는 도구가 되어 성경이 우리 안에서 생명의 말씀으로 역사할 수 있도록 그

역할을 잘 수행할 때 비로소 살아 있는 지식이 됩니다. 학문이 성경을 받쳐주는 도구로서의 역할을 하지 않으면, 학문으로서의 신학은 그 자체로는 죽은 지식에 불과합니다. 그런 신학은 구원과 영생으로 인도하는 생명의 지식이 아니라 교만과 다툼과 분열을 낳는 사망의 지식이 되는 것입니다. 학문도 중요합니다. 성경의 역사와 문화, 배경, 언어 등을 아는 것도 필요합니다. 하지만 하나님의 계시를 떠난 학문은 단지 육적인 것에 불과하다는 것을 꼭 기억해야 합니다.

셋. 목회는 믿음과 순종의 본을 보이는 것입니다

신학대학원을 비롯한 신학교에서 배운 학문이 영혼을 살리는 도구가 되기 위해서는 목회자들이 먼저 성경을 깊이 묵상하고 그 말씀에 은혜를 받아야 합니다. 은혜받은 말씀을 성령의 도우심을 받아 생명의 복음으로 선포해야 합니다. 그러할 때 성령의 역사가 일어나 성도들의 심령에 부흥이 일어나고 예수 그리스도가 내 안에 내가 그리스도 안에 거하는 삶을 살게 됩니다. 성령의 역사가 일어나지 않는 설교는 성도들의 영혼을 메마르게 합니다. 성령의 조명을 받을 때 비로소 계시의 말씀을 깨닫고, 그 말씀을 선포할 때 생명을 살리는 복음의 능력이 나타나는 것입니다.

야고보서 1장 22절은 "너희는 말씀을 행하는 자가 되고 듣기만 하여 자신을 속이는 자가 되지 말라"고 말합니다. 목회를 가장 잘하는 방법은 먼저 나부터 성경을 하나님의 계시의 말씀으로 믿고 순종하는 것입니다. 그래야 다른 사람에게 본이 되어 성도들도 하나님의 말씀에 순종하도록 양육할 수 있습니다.

요한복음 13장 14-15절은 "내가 주와 또는 선생이 되어 너희 발을 씻었으니 너희도 서로 발을 씻어 주는 것이 옳으니라 내가 너희에게 행한 것 같이 너희도 행하게 하려 하여 본을 보였노라"고 말씀하십니다. 또한 고린도전서 11장 1절은 "내가 그리스도를 본받는 자가 된 것 같이 너희는 나를 본받는 자가 되라"고 말씀하십니다.

이처럼 목회는 우리가 먼저 그리스도를 본받고 성도들에게 본을 보이는 것입니다. 믿음과 순종의 본이 되는 것입니다. 말로만 가르치면 안 됩니다. 마태복음 23장 3절은 "그러므로 무엇이든지 그들이 말하는 바는 행하고 지키되 그들이 하는 행위는 본받지 말라 그들은 말만 하고 행하지 아니하며"라고 말씀하십니다.

말로만 가르치고 본을 보이지 않으면 그리스도의 일꾼이 아니라 바리새인에 불과합니다. 하나님을 뜨겁게 사랑한다고 말로만 하지 않고, 자기 십자가를 지고 하나님께 순종하기 위해 날마다 몸부림치는 사람이 되어야 합니다. 목회자가 성도들에게 믿음의 본, 순종의 모범을 보이는 영적 지도자가 될 때 교회는 부흥할 것입니다. 분명한 것은 기도와 성령의 도우심이 없이는 본을 보이는 목회자가 될 수 없다는 사실입니다.

갈라디아서 6장 8절은 "자기의 육체를 위하여 심는 자는 육체로부터 썩어질 것을 거두고 성령을 위하여 심는 자는 성령으로부터 영생을 거두리라"고 말합니다.

인간의 전통과 지식을 의존하는 학문은 육적인 것입니다. 그러나 생명을 살리는 목회는 영적인 것입니다. 성령을 위하여 심는 목회는 성령으로부터 영생을 거둡니다.

성령의 역사가 일어나지 않고서는 누구든지 예수님을 구주로 고백할 수 없습니다. 성령께서 역사하실 때 예수 그리스도가 나의 주님이요, 구원자라고 말할 수 있습니다. 만일 목회자가 성령의 지배를 받지 않고 학문과 언변으로 자신을 드러내는 일만 한다면 그런 사람은 참된 목회자도, 영적 지도자도 아닙니다. 그런 자세로는 절대로 참된 목회를 할 수 없습니다. 비록 설교는 할 수 있을지 모르지만, 성도들의 삶을 변화시킬 수는 없기 때문입니다. 목회의 참 성공은 성경에 기초한 변화된 목회자의 설교에 달려 있습니다.

로마서 8장 16절은 "성령이 친히 우리의 영과 더불어 우리가 하나님의 자녀인 것을 증언하시나니"라고 말합니다. 성령은 우리의 영과 더불어 일하십니다. 우리의 영이 깨어 기도하며 성령의 도우심을 구할 때 비로소 성령께서 친히 역사하셔서 우리가 전하는 설교가 살아계신 하나님의 말씀의 능력이 되게 하고, 설교를 듣는 모든 성도가 하나님의 자녀인 것을 마음에 확신하게 하며, 말씀대로 살아갈 힘을 얻게 합니다. 영이 살아야 육도 제대로 살아나는 것입니다. 이처럼 영혼을 살리는 목회는 오직 기도와 성령의 도우심으로만 가능하다는 사실을 믿고 모든 순간마다 성령께서 도우시기를 구해야 합니다. 그래야 목회를 할 수 있습니다.

길이요 진리요 생명이신 예수님(요 14:6)을 따라서 십자가의 길을 가는 것이 바로 목회의 본질입니다. 이는 자기희생과 섬김, 그리고 하나님과 이웃을 향한 사랑의 삶을 의미합니다. 목회자는 예수님을 따라 이러한 삶을 살아야 합니다. 학문으로는 절대로 이러한 삶을 살 수 없습니다. 학문은 목회자가 어떤 삶을 살아야 하는지 말할 수 있고, 목회자의 자질과 목회 방향을 가르칠 수도 있으나, 목회자의 삶을 실제로 살도록 해줄 수는 없습니다. 절대로 불가능합니다. 그것은 오직 하나님과의 친밀한 교제를 통하여 사명에 순종하겠다는 의지가 있을 때 가능한 것이기 때문입니다.

목회자는 어떤 사람입니까

하나. 성령의 인도를 받는 영적 지도자

목회자는 자신의 지식과 능력에만 의존하는 세상적 지도자가 아니라, 성령의 인도를 받는 영적 지도자입니다. 이러한 영적 지도자의 사명을 감당하기 위해서는 다음과 같은 세 가지가 필요합니다.

① 성령의 지혜와 분별력을 갖춘 리더십

목회자는 자신의 지식과 능력에만 의존하는 세상적 지도자가 아니라, 성령의 지혜와 분별력을 구하는 영적 지도자입니다. 세상적 학문과 지식은 한계가 있지만, 성령의 지혜는 하나님의 뜻을 분별하고 하나님 나라의 가치를 실현하는 참된 지혜를 제공합니다.

디모데후서 1장 11-12절은 "내가 이 복음을 위하여 선포자와 사도와 교사로 세우심을 입었노라 이로 말미암아 내가 또 이 고난을 받되 부끄러워하지 아니함은 내가 믿는 자를 내가 알고 또한 내가 의탁한 것을 그 날까지 그가 능히 지키실 줄을 확신함이라"고 말씀합니다.

사도 바울은 자신의 사역이 하나님께서 세우신 것임을 강조하며 고난 가운데서도 담대하게 그 사역을 감당할 수 있는 힘은 자신의 능력이 아닌 하나님의 능력에서 비롯됨을 고백하였습니다. 이런 고백이 가능하도록 하나님을 아는 지식을 주신 것도 바로 하나님 자신입니다.

에베소서 1장 17절은 "우리 주 예수 그리스도의 하나님, 영광의 아버지께서 지혜와 계시의 영을 너희에게 주사 하나님을 알게 하시고"라고 말씀하십니다.

지혜와 계시의 영이신 성령 하나님께서 임하실 때 우리는 하나님을 알게 되고, 우리의 모든 사역이 하나님께서 세우시고 주관하신다는 것도 알 수 있게 됩니다. 그러하기에 우리 자신은 부족하더라도 그런 우리를 세우시고 인도하시는 하나님으로 인해 담대하게 그 사명을 감당할 수 있게 되는 것입니다.

"주는 그리스도시요 살아 계신 하나님의 아들이시니이다"(마 16:16)라는 유명한 고백을 한 베드로에게 예수님께서는 "바요나 시몬아 네가 복이 있도다. 이를 네게 알게 한 이는 혈육이 아니요 하늘에 계신 내 아버지시니라"(마 16:17)고 말씀하고 있습니다.

베드로의 고백은 인간의 지식이나 경험에서 나올 수 있는 것이 아닙니다. 성령 하나님께서 임재하셔서 깨닫게 해주셔야만 할 수 있는 심령의 고백입니다. 오늘날 목회자들과 신학자들도 성령의 인도하심을 구해야 합니다. 베드로의 고백이 마태복음 16장 16절에 나온다는 것을 아는 데 만족하지 말고, 목회자 자신의 심령의 고백이 되어야 합니다. 그리고 그 고백이 우리의 삶과 사역의 길을 비추는 진리의 등대가 될 수 있도록 해야 합니다. 영이신 하나님은 우리 인간의 학문으로 파악할 수 없는 전능하신 분이라는 것을 인정하고 겸손한 마음으로 성령의 세미한 음성을 구해야 합니다.

아무리 성경을 많이 읽고 공부해도 성령의 인도하심이 없이는 성경을 알 수 없습니다. 예수님 당시의 대제사장과 백성의 서기관들이 그랬습니다. 그들은 메시아가 태어날 곳이 베들레헴이라는 것을 알 만큼 성경에 능통했지만, 막상 이 땅에 오신 예수님을 메시아로 영접하지 않았습니다. 자신들이 만든 학문과 전통에 갇혀 영적인 눈을 상실했기 때문입니다. 성령의 인도를 받지 못하면 바리새인들처럼 자신들이 만들어 놓은 율법과 학문을 기준으로 목회할 수밖에 없습니다.

예수님을 메시아로 믿는 우리에게 목회의 최고 모델은 바로 예수님이십니다. 예수님께서 하신 사역을 감당하는 것이 바로 목회의 본질이기 때문입니다.

② 기도를 통한 하나님과의 친밀한 교제

목회자는 기도를 통해 하나님과 친밀한 교제를 나누는 삶을 살아야 합니다. 기도는 단순한 종교적 의식이 아니라 하나님과의 인격적인 대화입니다. 기도는 살아계신 하나님과 인격적으로 소통하고 교제하는 통로입니다. 우리는 오직 기도할 때 성령의 인도하심을 받을 수 있고, 성령의 음성을 듣고 그 말씀 앞에 무릎을 꿇을 수 있게 됩니다.

마가복음 1장 35절은 "새벽 아직도 밝기 전에 예수께서 일어나 나가 한적한 곳으로 가사 거기서 기도하시더니"라고 말씀하고 있습니다. 예수님은 하루를 기도로 시작하셨습니다. 예수님께서도 기도를 통해 하나님 아버지와의 친밀한 교제를 유지하셨습니다.

누가복음 6장 12-13절은 "이 때에 예수께서 기도하시러 산으로 가사 밤이 새도록 하나님께 기도하시고 밝으매 그 제자들을 부르사 그 중에서 열둘을 택하여 사도라 칭하셨으니"라고 말씀합니다. 예수님께서도 많은 제자들 가운데 열두 제자를 택하는 중요한 결정을 하시기 전에 밤새워 기도하면서 하나님의 뜻을 구하였습니다.

모두가 잘 알고 있는 겟세마네 동산에서의 기도에서 예수님은

"아빠 아버지여 아버지께서는 모든 것이 가능하오니 이 잔을 내게서 옮기시옵소서 그러나 나의 원대로 마시옵고 아버지의 원대로 하옵소서"(막 14:36)라고 기도하시면서 하나님 아버지의 뜻을 구하고 그 뜻에 순종할 수 있기를 간구하셨습니다.

이처럼 예수님도 평소에 기도를 통해 하나님과의 친밀한 교제 가운데 계셨고, 중요한 결정을 할 때마다 임의로 결정하지 않고 기도하는 가운데 성령의 인도하심에 따라 결정하셨으며, 마음이 힘들 때마다 기도와 간구로 하나님께 호소하며 도우심과 인도하심을 구하셨습니다. 이는 모든 목회자에게 본이 됩니다.

참된 목회자는 자기의 생각대로 하지 말고 예수님이 보여주신 섬김과 희생의 모범을 따라야 합니다. 그렇게 하기 위해서는 예수님의 기도하시는 모습을 본받아야 합니다.

마가복음 9장 28-29절은 "집에 들어가시매 제자들이 조용히 묻자오되 우리는 어찌하여 능히 그 귀신을 쫓아내지 못하였나이까 이르시되 기도 외에 다른 것으로는 이런 종류가 나갈 수 없느니라"고 말씀하십니다.

기도 없이는 예수님이 하시는 일을 위임받아 이어갈 수 없습니다. 우리 안에 영으로 계신 예수님께서 나를 통해 일하실 수 있도록 나를 내어드릴 때 비로소 우리는 예수님께서 하시던 일을 위임받아 할 수 있게 됩니다. 예수님처럼 일할 수 있으려면 무엇보다도 우선 예수님처럼 기도해야 합니다.

에베소서 6장 18절은 "모든 기도와 간구를 하되 항상 성령 안에서 기도하고 이를 위하여 깨어 구하기를 항상 힘쓰며 여러 성도를 위하여 구하라"고 말씀하십니다. 여기서 '항상'은 개역한글에서는 '무시로'라고 되어 있습니다. 이는 기도에는 정해진 때가 따로 있는 것이 아니라는 말입니다. 필요할 때마다 언제나 때와 장소를 가리지 말고 기도해야 한다는 것입니다. 그리고 "성령 안에서 기도하라"는 것은 우리가 원하는 것을 구할 때에도 그것이 하나님의 뜻에 맞는지 성경에 비추어 돌아볼 수 있어야 한다는 것입니다. 하나님의 뜻을 구하는 것보다 자기 욕심을 앞세워서는 안 된다는 것입니다. 하나님의 뜻이라면 자기 것을 내려놓을 줄 알아야 한다는 것입니다.

예수님은 우리에게 "너희가 내 안에 거하고 내 말이 너희 안에 거하면 무엇이든지 원하는 대로 구하라 그리하면 이루리라"(요 15:7)고 말씀하십니다. "아무 것도 염려하지 말고 다만 모든 일에 기도와 간구로, 너희 구할 것을 감사함으로 하나님께 아뢰라 그리하면 모든 지각에 뛰어난 하나님의 평강이 그리스도 예수 안에서 너희 마음과 생각을 지키시리라"(빌 4:6-7)고 말씀하십니다.

하나님과 친밀히 교제하는 가운데 하나님께 구하는 기도는 목회자가 평강 가운데 담대하게 목회할 수 있게 해줍니다.

③ 성령의 도구로서의 정체성 확립

목회자는 자신의 지위나 권위를 내세우는 것이 아니라, 성령의 도구로서의 정체성을 확립해야 합니다. 이는 자신의 지식과 경험보다 성령의 인도하심에 의존하며, 자기 뜻보다 하나님의 뜻을 구하는 삶을 살아야 한다는 의미입니다.

사도행전 1장 8절은 "오직 성령이 너희에게 임하시면 너희가 권능을 받고 예루살렘과 온 유대와 사마리아와 땅 끝까지 이르러 내 증인이 되리라 하시니라"고 말씀합니다. 목회자는 자신의 학문적 성취나 지위가 아닌, 하나님의 도구로서의 정체성을 확립해야 합니다. 사도들은 자신들의 지식이나 능력이 아닌, 성령의 권능을 통해 예수 그리스도의 증인이 되었습니다.

요한복음 14장 26절은 "보혜사 곧 아버지께서 내 이름으로 보내실 성령 그가 너희에게 모든 것을 가르치고 내가 너희에게 말한 모든 것을 생각나게 하리라"고 말씀하셨습니다. 성령은 목회자에게 예수 그리스도의 말씀과 가르침을 깨달아 이해하게 하실 뿐 아니라, 목회자에게 필요한 모든 것을 가르치십니다. 무엇을 해야 할지, 어디서 해야 할지, 어떻게 해야 할지를 알게 하십니다. 우리가 정직한 마음으로 주님 앞에 나아가 간절히 구하면, 우리에게 가르치시는 성령의 세미한 음성을 들을 수 있습니다. 어떤 내용이든 듣고 무조건 순종할 마음으로 기도의 자리에 나아가면, 정직한 자의 기도를 기뻐하시는 하나님께서 반드시 응답해 주실 것입니다.

사도행전 10장 19-20절은 "베드로가 그 환상에 대하여 생각할 때에 성령께서 그에게 말씀하시되 두 사람이 너를 찾으니 일어나 내려가 의심하지 말고 함께 가라 내가 그들을 보내었느니라"고 말씀하고 있습니다.

사도행전 16장 9-10절은 "밤에 환상이 바울에게 보이니 마게도냐 사람 하나가 서서 그에게 청하여 이르되 마게도냐로 건너와서 우리를 도우라 하거늘 바울이 그 환상을 보았을 때 우리가 곧 마게도냐로 떠나기를 힘쓰니 이는 하나님이 저 사람들에게 복음을 전하라고 우리를 부르신 줄로 인정함이러라"고 말씀하셨습니다.

베드로를 백부장 고넬료의 집에 보내어 이방인에게 최초로 복음이 전해지도록 인도하신 것도 성령이셨고, 아시아로 가려 애쓰던 사도 바울을 마게도냐로 보내어 유럽 세계에 복음이 전해지도록 하신 것도 성령이십니다.

목회자는 자기 일을 하는 것이 아니라 하나님의 일을 하는 사람입니다. 하나님이 기뻐하시는 일이라면 아무 조건이나 계산 없이 해야 합니다. 그러므로 목회자는 성령의 인도하심에 따라 성령께서 하시는 일의 도구가 되어야 합니다.

사도행전 20장 28절은 "여러분은 자기를 위하여 또는 온 양 떼를 위하여 삼가라 성령이 그들 가운데 여러분을 감독자로 삼고 하나님이 자기 피로 사신 교회를 보살피게 하셨느니라"고 말씀하십니다.

목회자가 교회를 자기 소유로 생각하고 보살피는 것은 매우 큰 잘못입니다. 교회는 머리되신 예수 그리스도께서 친히 세우신 영적 기관입니다. 성령께서 목회자를 세워 예수 그리스도의 몸 된 교회를 보살피게 하신 것입니다. 목회자는 성령의 이러한 인도하심 앞에 자기 자신을 내세우지 않도록 스스로 삼가야만 합니다.

고린도전서 2장 3-5절은 "내가 너희 가운데 거할 때에 약하고 두려워하고 심히 떨었노라 내 말과 내 전도함이 설득력 있는 지혜의 말로 하지 아니하고 다만 성령의 나타나심과 능력으로 하여 너희 믿음이 사람의 지혜에 있지 아니하고 다만 하나님의 능력에 있게 하려 하였노라"고 말씀합니다.

사도 바울은 자신의 사역이 인간의 지혜와 웅변술에 근거한 것이 아니라, 성령의 능력으로 이루어졌음을 증언하고 있습니다. 목회자는 자신의 지식과 경험보다 성령의 인도하심에 의존할 때 비로소 하나님께서 맡겨주신 사명을 감당할 수 있습니다.

둘. 영적 생명을 전하는 사명자

① 말씀을 통한 생명 전달

목회자는 신학 지식을 전달하는 것이 아니라 하나님의 말씀을 통해 생명을 전하는 사명을 감당해야 합니다.

말씀 사역은 목회자가 해야 하는 여러 사역 중의 하나가 아니라 목회자의 사역 전부라고 해도 과언이 아닙니다. 말씀은 생명이기 때문입니다. 예수님의 제자인 열두 사도도 오직 기도와 말씀 사역에 힘쓰기 위해(행 6:4) 구제와 같은 교회의 다른 일들을 감당할 일곱 사람을 따로 세웠습니다. 육적인 일을 돌보는 것도 중요하지만, 말씀을 통해 생명을 전하는 것이야말로 목회자가 목숨을 걸고 감당해야 할 핵심 사역입니다.

말씀 사역은 단순히 성경을 연구하고 정리하여 설교하는 것이 아닙니다. 성경은 학문적 연구의 대상이 아니라 성령의 감동으로 기록된 생명의 말씀이요, 복음이며, 계시입니다. 하나님의 말씀 자체가 생명입니다. 그러므로 우리가 말씀을 전하는 것이 아니라 하나님께서 우리의 입을 통해 말씀하게 하시는 것입니다.

히브리서 4장 12절은 "하나님의 말씀은 살아 있고 활력이 있어 좌우에 날선 어떤 검보다도 예리하여 혼과 영과 및 관절과 골수를 찔러 쪼개기까지 하며 또 마음의 생각과 뜻을 판단하나니"라고 말씀하십니다.

성경은 단순한 종교적 텍스트가 아니라 살아있는 하나님의 말씀입니다. 목회자가 성령의 도우심을 구하며 말씀을 연구하고 전할 때, 그 말씀은 생명이 되어 듣는 이들의 마음을 변화시킵니다.

예수님께서 사역을 시작하시면서 가장 먼저 하신 일은 복음을 전파하는 것이었습니다. 마태복음 4장 17절은 "이 때부터 예수께서 비로소 전파하여 이르시되 회개하라 천국이 가까이 왔느니라 하시더라"고 기록하고 있습니다. 예수님의 복음 선포는 먼저 회개의 요청으로 시작되었습니다.

'회개하라'는 헬라어 '메타노에이테'($μετανοεῖτε$)는 단순한 죄의 고백을 넘어 사고방식과 삶의 방향 전체를 바꾸는 근본적인 변화를 의미합니다. 입술의 고백에서 끝나는 것이 아니라 삶의 변화를 의미하는 것입니다. 그리고 '천국이 가까이 왔다'는 선언은 하나님의 통치가 예수 그리스도를 통해 이미 시작되었음을 선포하는 것입니다. 세상을 향하던 자신이 하나님의 통치를 향해 돌이키는 삶, 그것이 바로 회개입니다.

요한복음 14장 18절과 26절은 "내가 너희를 고아와 같이 버려두지 아니하고 … 보혜사 곧 아버지께서 내 이름으로 보내실 성령 그가 너희에게 모든 것을 가르치고 내가 너희에게 말한 모든 것을 생각나게 하리라"고 말씀하셨습니다.

예수님은 성령이 말씀을 가르치고 깨닫게 하시는 보혜사임을 말씀하시며 보혜사를 보내겠다고 약속하셨습니다. 목회자는 보혜사 성령의 도우심을 구하며 말씀을 연구하고 전해야 합니다. 그럴 때 그 말씀은 듣는 모든 이에게 생명의 복음이 되는 것입니다.

② 기도와 성령의 능력으로 사역

학문적 접근으로는 영혼을 살리는 사역을 감당할 수 없습니다. 이는 자명한 사실입니다. 한국교회 초기 목회자들이 성경 한 권만을 부여잡고 기도할 때 한국교회가 부흥했던 것은 이를 잘 보여줍니다.

목회자는 기도와 성령의 능력에 의지하여 사역해야 합니다. 성령의 능력이 함께하지 않는 사역은 단지 인간의 노력에 불과하며, 진정한 변화와 생명의 역사를 일으킬 수 없습니다. 기도는 영혼의 호흡입니다. 목회 사역의 가장 중요한 부분 가운데 하나는 하나님과 영적 사귐을 지속하는 것입니다. 기도가 바로 그 사귐의 통로입니다.

예수님은 "할 수 있거든이 무슨 말이냐 믿는 자에게는 능히 하지 못할 일이 없느니라"(막 9:23)고 말씀하셨습니다. 이 말씀은 예수님께서 귀신 들린 아이의 아버지에게 하신 말씀으로, 불가능해 보이는 상황 속에서도 믿음의 중요성을 강조합니다. "할 수 있거든이 무슨 말이냐"라는 예수님의 반문은 하나님께서는 모든 일을 하실 수 있음을 나타내는 역설적인 표현입니다.

문제는 우리의 믿음 없음입니다. 열두 해 혈루증 앓던 여인을 고치실 때도(마 9:22), 맹인이던 바디매오의 눈을 뜨게 하실 때도(막 10:52), 예수님께서는 그들을 향해 "네 믿음이 너를 구원하였다"라고 말씀하셨습니다.

학문으로는 불가능한 일이라 하더라도 믿고 구하면 성령의 역사가 일어납니다. 병든 자가 고침을 받고 죽은 자가 살아나며 가난한 자에게 복음이 전파되는 역사가 일어납니다. 예수님께서 하신 사역을 우리도 할 수 있습니다. 성령께서 불가능을 가능케 하셨기 때문입니다. 이런 사역은 말의 지혜로 전해질 수 있는 것이 아닙니다. 하나님의 능력과 신실하심에 대한 믿음을 가지고 기도하며 나아갈 때 가능합니다. 불가능을 가능케 하시는 성령의 역사하심을 통해 영적인 생명이 전해지는 것입니다.

목회자들이 이처럼 학문이 아니라 기도와 성령의 능력으로 사역할 수 있으려면 목회자를 양성하는 신학교육부터 변해야 합니다. 신학교 교수들부터 학문 연구를 하기 전에 말씀과 기도 가운데 성령의 도우심을 구하는 성령의 사람들이 되어야 합니다.

우리 백석대학교에서는 기독교학부 교수들을 모집할 때 열흘 금식하면서 신앙고백서를 작성하도록 합니다. 그리고 기독교학부와 신학대학원 교수님들은 모두 신대원 신입생들이 입학하기 전에 2주 동안 열리는 신입생 영성수련회에 참여하여 함께 숙식하면서 경건 훈련에 전념하는 시간을 갖습니다.

지성도 중요하지만 영성이 더 중요하고, 학문도 중요하지만 말씀의 능력을 구하는 것이 더 중요하기 때문입니다. 신학자도 목회자도 학문으로는 영적 생명을 전할 수 없습니다. 생명을 가진 자만이 생명을 전할 수 있고, 기도하며 성령의 도우심을 구하는 자만이 생명을 살리는 성령의 사역에 도구로 쓰임 받을 수 있습니다. 그래서 신학교는 무릎공동체가 되어야 합니다.

2024년 12월 말부터 2025년 1월 초까지 기독교학부 90여 명의 목사 교수님들이 자발적으로 특별 기도회를 가졌습니다. 한 번의 주일과 성탄절 그리고 새해 첫날을 포함하여 2주간을 기도원에 들어가 함께 예배하고 기도하는 시간을 가진 것입니다. 교수님들이 먼저 기도와 말씀 가운데 하나님과 영적으로 교제하고 성령으로 충만해지기 위해서였습니다. 그래야만 주님께서 우리에게 맡기신 학생들을 예수 그리스도의 생명의 복음을 전하는 영적인 지도자로 양육할 수 있기 때문입니다.

저는 사도 바울이 자신의 사명을 감당하기 위해 목숨도 아끼지 않은 것처럼(행 20:24), 우리 교수님들이 영적 지도자를 양성하는 사명을 감당하는 데 필요한 영성을 회복하고 재충전하기 위해 가족과 함께하는 연말연시도 아낌없이 포기한 사실이 너무 감사하고 자랑스럽습니다.

③ 영적 재생산을 위한 사명

목회자는 단순히 지식을 전달하는 교사가 아니라, 영적 생명을 재생산하는 사명을 가진 영적 아비입니다. 이는 자신이 경험한 하나님과의 관계와 영적 체험을 성도들과 나누고, 그들이 하나님과 인격적인 관계를 맺도록 돕는 것을 의미합니다. 영적 생명을 소유한 사람만이 영적 생명을 전할 수 있습니다.

예수님은 "나를 따라오라 내가 너희를 사람을 낚는 어부가 되게 하리라"(마 4:19)고 하셨습니다. 예수님은 제자들을 부르시고, 그들을 훈련하셔서 복음을 전할 수 있도록 준비시켰습니다. 여기서 '사람을 낚는 어부'라는 표현은 제자들의 새로운 사명을 그들이 이해할 수 있는 언어로 설명하신 것입니다. 그들의 이전 직업을 영적 차원으로 변환시키심으로써 복음 전파의 본질이 '사람을 천국 백성으로 모으는 것'임을 보여주셨습니다.

디모데후서 2장 2절은 "너는 내게 들은 바를 충성된 사람들에게 부탁하라 그들이 또 다른 사람들을 가르칠 수 있으리라"고 말씀하고 있습니다. 바울은 디모데에게 자신이 가르친 것을 다른 사람들에게 전수하여 영적 재생산이 일어나도록 명령하였습니다.

에베소서 4장 11-12절은 "그가 어떤 사람은 사도로, 어떤 사람은 선지자로, 어떤 사람은 복음 전하는 자로, 어떤 사람은 목사와 교사로 삼으셨으니 이는 성도를 온전하게 하여 봉사의 일을 하게 하며 그리스도의 몸을 세우려 하심이라"고 말씀합니다. 목회자의 사명은 성도들을 온전하게 세워 그들이 주의 일을 감당할 수 있도록 만드는 것입니다. 이는 단순한 지식 전달이 아닌, 성도들이 그리스도의 형상을 닮아가도록 돕는 영적인 지도를 의미합니다. 영적 지도자로서 성도들의 영혼을 예수 그리스도께로 인도하는 것, 그래서 성도들을 예수의 생명을 소유한 사람으로 세우는 것이 바로 목회인 것입니다.

셋. 성도들의 영혼을 살리는 치유자

① 영적 지도와 동행

목회자는 성도들의 영적 여정에 함께하는 동반자입니다. 영적 지도자는 성도들의 말을 경청하며 신뢰의 관계 속에서 성도들의 삶의 이야기를 성령의 눈으로 바라보고 그들과 동행해야 합니다. 영적 분별력과 통찰력을 통해 성도들의 삶이 그리스도 안에서 이루어질 수 있도록 인도해야 하는 것입니다. 그래서 목회자는 예수님이 우리에게 본을 보이신 것처럼 성도들에게 본이 되어야 합니다.

예수님은 "내가 너희에게 행한 것 같이 너희도 행하게 하려 하여 본을 보였노라"(요 13:15)고 말씀하셨습니다. 예수님은 제자들의 발을 씻기신 후, 자신이 보여준 본을 따라 행하라고 말씀하셨습니다. 예수님께서 제자들을 가르치신 방법 가운데 하나가 본을 보이신 것입니다. 발을 씻기는 것은 당시 사회에서는 종들이 하는 일이었습니다. 예수님은 제자들의 발을 씻기심으로써 섬김의 본을 보이셨으며, "너희 중에 큰 자는 너희를 섬기는 자가 되어야 하리라"는 마태복음 23장 11절의 말씀을 온몸으로 보이셨습니다.

목회자도 자신이 먼저 하나님과 깊은 관계를 맺고, 성도들에게 그 본을 보여야 합니다. 성도들이 그리스도 안에서 함께 지어져 가는 공동체로 성장할 수 있도록 모범이 되어야 하는 것입니다.

무엇보다 목회자는 믿음의 본이 되어야 합니다. 오래 참음의 본이 되어야 합니다. 착한 행실의 본이 되어야 합니다. 섬김의 본이 되어야 합니다. 그래서 "청결한 마음과 선한 양심과 거짓이 없는 믿음에서 나오는 사랑"(딤전 1:5)의 본이 되어야 합니다.

성도들이 목회자를 본받아 믿음과 오래 참음과 섬김과 사랑을 실천할 수 있도록 신앙과 삶의 모범이 되는 것은 목회의 핵심이기도 합니다. 베드로전서 5장 3절은 "맡은 자들에게 주장하는 자세를 하지 말고 양 무리의 본이 되라"고 말씀하십니다. 목회자는 사명을 감당할 때 권위적으로 지시하고 명령하기보다 성도들이 보고 따라 할 수 있도록 본이 되어야 합니다. 목회자는 성도들의 영적 여정에 함께 하는 동반자로서 자신이 먼저 하나님과 깊은 관계를 맺고 그 경험을 나누어야 하는 자들입니다.

② 영적 분별과 치유

목회자는 성도들이 자기 삶의 경험을 신앙의 차원에서 바라보고, 그 경험 속에서 하나님의 뜻을 분별할 수 있도록 도와야 합니다. 이는 성도들의 영적·정서적 상처를 치유하고, 그들이 하나님의 사랑과 은혜를 경험하도록 돕는 사역입니다.

"사랑하는 자들아 영을 다 믿지 말고 오직 영들이 하나님께 속하였나 분별하라 많은 거짓 선지자가 세상에 나왔음이라"(요일 4:1)

목회자는 성도들이 진리와 거짓을 분별할 수 있도록 도와야 합니다. 이는 성령의 도우심을 통해서만 가능합니다. 진정한 영적 분별력은 학문적 지식이 아닌, 성령의 인도하심에서 비롯되기 때문입니다.

이사야 61장 1절은 "주 여호와의 영이 내게 내리셨으니 이는 여호와께서 내게 기름을 부으사 가난한 자에게 아름다운 소식을 전하게 하려 하심이라 나를 보내사 마음이 상한 자를 고치며 포로된 자에게 자유를, 갇힌 자에게 놓임을 선포하며"라고 말씀하십니다. 예수님께서 자신의 사역을 시작하실 때 회당에 들어가 읽으신 이 말씀은 목회의 본질이 영적 치유와 회복임을 보여줍니다. 목회자는 성도들의 상한 마음을 치유하고, 영적으로 포로된 자에게 자유를 선포하는 사명을 가지고 있습니다.

예수님은 영적인 가르침뿐만 아니라, 육체적으로 병들고 마음이 상한 자들을 치유하셨습니다. 마태복음 9장 35절은 "예수께서 모든 도시와 마을에 두루 다니사 그들의 회당에서 가르치시며 천국 복음을 전파하시며 모든 병과 모든 약한 것을 고치시니라"고 기록하고 있습니다. 여기서 가르침과 전파와 치유라는 세 가지 주요 사역이 하나로 연결되어 있음을 볼 수 있습니다. 이는 목회가 영혼과 육체 전체를 아우르는 전인적 사역임을 보여줍니다.

③ 영적 성숙과 성장 촉진

목회자는 성도들이 영적으로 성숙하고 성장하도록 돕는 영적 지도자입니다. 이는 단순히 지식을 전달하는 것이 아니라, 성도들이 하나님과의 관계 속에서 성령의 열매를 맺으며 그리스도의 형상을 닮아가도록 도전하고 격려하는 것을 의미합니다.

골로새서 1장 28-29절은 "우리가 그를 전파하여 각 사람을 권하고 모든 지혜로 각 사람을 가르침은 각 사람을 그리스도 안에서 완전한 자로 세우려 함이니 이를 위하여 나도 내 속에서 능력으로 역사하시는 이의 역사를 따라 힘을 다하여 수고하노라"고 말씀합니다. 바울은 모든 성도를 그리스도 안에서 완전한 자로 세우기 위해 수고하였습니다. 목회자는 성도들이 영적으로 성숙하고 성장하도록 돕는 영적 지도자입니다. 이는 하나님의 능력으로 이루어지는 사역입니다.

베드로후서 3장 18절은 "오직 우리 주 곧 구주 예수 그리스도의 은혜와 그를 아는 지식에서 자라 가라 영광이 이제와 영원한 날까지 그에게 있을지어다"라고 말씀합니다. 베드로는 성도들에게 예수 그리스도의 은혜와 지식에서 자라가라고 권면하였습니다. 목회자는 성도들이 그리스도를 더 깊이 알고 그분의 형상을 닮아가도록 도와야 합니다.

에베소서 4장 13, 15절은 "우리가 다 하나님의 아들을 믿는 것과 아는 일에 하나가 되어 온전한 사람을 이루어 그리스도의 장성한 분량이 충만한 데까지 이르리니 … 오직 사랑 안에서 참된 것을 하여 범사에 그에게까지 자랄지라 그는 머리니 곧 그리스도라"고 말씀합니다. 목회자는 모든 성도가 교회의 머리이신 예수 그리스도를 믿는 일과 아는 일에 한마음이 되어 그리스도를 온전히 닮은 모습으로 변화되기까지 성장하고 성숙해 나갈 수 있도록 인도해야 합니다. 그것이 목회자의 사명입니다.

목회자는 어떻게 사역해야 합니까

하나. 참된 목회자는 그리스도의 고난에 동참합니다

① 교회를 위한 고난의 의미

목회 사역을 하다 보면 반드시 고난이 뒤따르기 마련입니다.

골로새서 1장 24절은 "나는 이제 너희를 위하여 받는 괴로움을 기뻐하고 그리스도의 남은 고난을 그의 몸 된 교회를 위하여 내 육체에 채우노라"고 말씀하고 있습니다. 바울의 이 고백은 그리스도를 위한 고난의 신비를 드러냅니다.

'그리스도의 남은 고난'이라는 표현은 그리스도의 십자가 사역이 불완전하다는 의미가 아니라, 그리스도의 몸 된 교회가 세상에서 감당해야 할 고난의 몫이 있음을 의미합니다. 바울은 자신의 고난을 개인적 불행으로 받아들이지 않았습니다. 교회를 세우기 위한 그리스도의 고난에 동참하는 의미 있는 체험이라고 이해했습니다. 하나님께서는 사도 바울을 통하여 그리스도의 남은 고난을 몸 된 교회를 위하여 자신의 육체에 채운다고 고백하도록 하셨습니다. 교회를 위하여, 그리스도를 위하여 기쁨으로 고난을 받겠다는 뜻입니다.

사도행전 5장 40-41절은 "사도들을 불러들여 채찍질하며 예수의 이름으로 말하는 것을 금하고 놓으니 사도들은 그 이름을 위하여 능욕 받는 일에 합당한 자로 여기심을 기뻐하면서 공회 앞을 떠나니라"고 말씀합니다. 예수의 이름을 전한다는 이유로 채찍질과 능욕을 당한 제자들은 오히려 자신들이 그런 고난을 감당할 수 있는 자로 인정을 받았다는 것 때문에 기뻐했다는 것입니다.

고난을 기쁨으로 감당하려는 마음이 없이는 절대로 목회할 수가 없습니다. 이 마음은 단순한 열정이나 의지의 문제가 아니라, 그리스도와의 깊은 연합에서 비롯되는 사명 의식입니다.

빌립보서 1장 29절은 "그리스도를 위하여 너희에게 은혜를 주신 것은 다만 그를 믿을 뿐 아니라 또한 그를 위하여 고난도 받게 하려 하심이라"고 말씀합니다. 이 구절은 그리스도를 믿는 것과 그리스도를 위해 고난받는 것이 모두 하나님의 은혜임을 가르칩니다. '은혜를 주신 것은'이라는 표현은 그리스도를 위한 고난이 징벌이 아니라 특권임을 말씀하고 있습니다. 그리스도와 연합된 삶은 필연적으로 그리스도의 고난에 동참하는 것을 포함하고 있음을 가르쳐 주는 것입니다.

기독교는 죽어야 사는 종교입니다. 십자가 없이는 부활이 없고, 고난이 없이는 영광도 없습니다. 베드로전서 4장 12-13절은 "사랑하는 자들아 너희를 연단하려고 오는 불 시험을 이상한 일 당하는 것 같이 이상히 여기지 말고 오히려 너희가 그리스도의 고난에 참여하는 것으로 즐거워하라 이는 그의 영광을 나타내실 때에 너희로 즐거워하고 기뻐하게 하려 함이라"고 말씀하십니다. 그리스도의 십자가에 동참하는 자는 그리스도의 영광에도 동참하게 된다는 말씀입니다.

하나님께서는 우리에게 때를 따라 은혜를 주시고, 또 어떤 때는 고난도 주십니다. 그러나 두려워하지 말아야 합니다. 어떤 상황에서도 말씀에 순종할 수 있는 믿음만 있다면 우리는 능히 어떠한 고난도 감당할 수 있습니다.

② 믿음으로 능력을 받는 사역

히브리서 11장 6절은 "믿음이 없이는 하나님을 기쁘시게 하지 못하나니 하나님께 나아가는 자는 반드시 그가 계신 것과 또한 그가 자기를 찾는 자들에게 상 주시는 이심을 믿어야 할지니라"고 말씀합니다. 믿음은 하나님을 기쁘시게 합니다. 하나님을 기쁘시게 하는 삶을 살기 위해서는 하나님의 영광을 위해 자기를 부인하고 자기 십자가를 지는 수고가 있어야 합니다. 하나님은 자기를 찾는 자들, 특별히 자신을 위해 십자가를 지는 사람들에게 상 주시는 분이십니다.

하나님을 인정하고 하나님의 뜻에 순종하는 사람들은 고난을 두려워하지 않습니다. 그 고난이 오히려 유익이라는 사실을 믿기 때문입니다. 시편 119편 71절은 "고난 당한 것이 내게 유익이라 이로 말미암아 내가 주의 율례들을 배우게 되었나이다"라고 말씀합니다. 우리는 어떤 고난도 피하지 말아야 합니다. 능력 주시는 하나님을 믿으며 끝까지 견뎌야 합니다. 우리는 그러한 고난 가운데서 십자가를 지신 주님의 사랑을 더욱 깨닫게 됩니다.

베드로전서 2장 21절은 "이를 위하여 너희가 부르심을 받았으니 그리스도도 너희를 위하여 고난을 받으사 너희에게 본을 끼쳐 그 자취를 따라오게 하려 하셨느니라"고 말씀합니다.

이 구절은 믿는 자들이 받는 고난이 그리스도의 고난을 본받는 것임을 명확히 가르쳐 주고 있습니다. '본을 끼쳐'라는 표현은 본을 보이고 모범을 남긴다는 의미로 그리스도의 고난이 우리가 따라야 할 모범임을 강조하고 있습니다. 그리스도의 '자취'를 따른다는 것은 단순히 그의 행동을 모방하는 것이 아니라, 그의 마음과 태도까지도 본받는 것을 의미합니다.

목회자들이 그리스도의 고난까지도 기쁨으로 본받을 수 있는 것은 자신의 의지에 의해서가 아니라 그리스도를 믿는 믿음이 있기 때문입니다. 히브리서 11장 33절은 "그들은 믿음으로 나라들을 이기기도 하며 의를 행하기도 하며 약속을 받기도 하며 사자들의 입을 막기도 하며"라고 말씀하였습니다. 전쟁이나 죽음 앞에서도 기쁨으로 담대할 수 있는 것은 바로 믿음 때문이라고 말씀하고 있는 것입니다. 믿음은 고난을 이기는 능력입니다. 믿음으로 우리는 그리스도의 고난에 기쁨으로 동참할 수 있습니다.

예수 그리스도께서 하신 사역을 위임받아 감당하는 것은 단순한 직무 수행이 아니라, 예수님께서 보여주신 본을 따르는 것입니다. 이는 목회 사역의 본질이 단순한 종교적 의무나 직업적 활동이 아니라, 그리스도의 인격과 삶을 반영하는 것임을 의미합니다.

둘. 참된 목회자는 성령의 능력으로 사역합니다

① 더 큰 일을 행할 약속

예수님은 "내가 진실로 진실로 너희에게 이르노니 나를 믿는 자는 내가 하는 일을 그도 할 것이요 또한 그보다 큰 일도 하리니 이는 내가 아버지께로 감이라"(요 14:12)고 말씀하셨습니다.

이 놀라운 약속은 제자들이 성령을 통해 예수님의 사역을 계승하고 확장하게 될 것임을 예고합니다. '진실로 진실로'라는 표현은 이중 강조로서, 이 약속의 확실성을 말하고 있습니다. '내가 하는 일'이라는 표현은 예수님의 가르침, 치유, 기적 등 전체 사역을 포함합니다. '그보다 큰 일'이란 규모와 범위 면에서 확장된 사역을 의미하며, 오순절 이후 제자들을 통해 복음이 전 세계로 확산한 것으로 성취되었습니다.

자칫 우리는 '그보다 큰 일'이라는 표현을 능력의 크고 적음이나, 일의 쉽고 어려움으로 생각하기 쉽습니다. 하지만 우리가 예수님보다 훨씬 더 큰 능력을 발휘한다거나 예수님이 하시던 일보다 더 크고 놀라운 기적을 행할 것으로 생각하면 안 됩니다.

성령께서 하시는 일에는 크고 작음의 차이가 없습니다. 더 어렵거나 더 쉽거나 하는 것도 없습니다. 성령의 사역은 불가능을 가능케 하는 것이기 때문입니다.

우리가 볼 때는 병을 고치는 것보다 죽은 자를 살리는 것이 더 큰 일처럼 보일 수 있고, 마른 뼈들을 살아나게 하는 것은 그보다 훨씬 큰 능력인 것처럼 생각될 수 있습니다. 한 사람에게 복음을 전하는 것보다 한 민족에게 복음을 전하는 것이 더 큰 일로 보일 수도 있습니다. 하지만 세상을 창조하신 하나님, 있게도 하시고 없게도 하시는 하나님께는 이 모든 일에 아무런 차이가 없습니다. 그러하기에 하나님께서 도우시면 모든 일이 가능합니다.

말씀을 의지하여 그리스도의 이름을 붙들고 성령의 도우심을 구하며 나아갈 때 우리는 모두가 불가능하다고 하는 일들도 이룰 수 있습니다. 환란과 핍박이 폭우처럼 쏟아지는 가운데서도 생명의 복음의 불길이 들불처럼 타오르는 일이 우리를 통해 일어날 수 있습니다.

우리는 이 약속의 말씀을 믿어야 합니다. 예수 그리스도를 믿으면 예수님이 하신 일을 할 뿐 아니라 더 큰 일도 할 수 있다고 하신 약속을 믿어야 합니다. 하나님의 말씀에는 불가능이 없고(눅 1:37), 믿는 자에게는 능치 못할 일이 없습니다(막 9:23). 그러한 믿음이 있을 때, 예수님께서 행하신 일을 우리도 할 수 있고,

더 큰 일도 할 수 있는 것입니다. 이는 인간의 능력이나 노력이 아닌, 성령의 능력으로 가능한 것입니다.

② 성령의 표적과 능력

부활하신 예수님은 제자들을 찾아와 "믿는 자들에게는 이런 표적이 따르리니 곧 그들이 내 이름으로 귀신을 쫓아내며 새 방언을 말하며"(막 16:17)라고 말씀하셨습니다. 이 말씀은 믿는 자들의 사역에 동반될 초자연적 표적을 예고합니다. '표적'($σημεῖα$)은 하나님의 임재와 능력을 가리키는 증거로, 복음의 진리성을 확증하는 역할을 합니다. '내 이름으로'라는 표현은 이러한 능력의 원천이 그리스도 자신임을 명확히 합니다.

예수님은 믿기만 하면 이러한 표적이 나타난다고 말씀하셨습니다. 성령의 역사로 말미암아 능력이 나타나는 것입니다. 목회자는 하나님의 말씀과 기도로 능력을 행하며, 영혼을 치유하는 것이 중요합니다. 이러한 표적들은 단순히 기이한 현상이 아니라, 하나님 나라의 실재를 드러내는 증거입니다.

치유나 귀신을 내쫓는 것 같은 기적만이 성령의 일하심을 드러내는 표적은 아닙니다. 고린도전서 12장 8-10절은 우리에게 성령의 아홉 가지 은사를 가르쳐 주십니다. 지혜의 말씀, 지식의 말씀, 믿음, 병 고치는 은사, 능력 행함, 예언, 영들 분별함, 방언, 방언 통역이 그것입니다. 이 은사들은 성령께서 자기 뜻대로 각 사람에게 나누어 주시는 것으로서 성령께서 함께 역사하고 계시다는 것을 드러내는 표적이기도 합니다.

성령의 열매도 성령의 표적입니다. 갈라디아서 5장 22-23절은 "오직 성령의 열매는 사랑과 희락과 화평과 오래 참음과 자비와 양선과 충성과 온유와 절제니 이같은 것을 금지할 법이 없느니라"고 말씀합니다.

성령의 열매는 곧 그 사람이 성령의 사람이라는 것을 보여주는 표지입니다. 모든 열매는 씨가 심기고 싹이 나고 자라서 때가 되었을 때 비로소 맺히는 것처럼, 성령의 열매도 성령의 사람으로 변화되고 성숙해야 나타날 수 있습니다. 몇 번은 용서할 수 있지만 오래 참으며 "일곱 번을 일흔 번까지라도"(마 18:22) 용서하는 것은 성령의 도우심이 없이는 가능하지 않습니다.

성령의 능력으로 사역하는 목회자는 이처럼 기적과 이적만이 아니라 성령의 은사나 성령의 열매를 자기 삶 속에 드러낼 수 있어야 합니다. 온전치는 않을지라도, 그렇게 할 수 있기 위해 성령의 은사를 구하고, 성령의 열매를 맺기 위해 성령의 인도하심을 구해야 합니다. 말로만 성령충만을 외치지 말고 "성령으로 살고 성령으로 행해야"(갈 5:25) 합니다.

고린도전서 4장 20절은 "하나님의 나라는 말에 있지 아니하고 오직 능력에 있음이라"고 말씀합니다. 이 말씀은 하나님 나라가 단순한 이론이나 교리가 아니라, 실제적인 변화와 회복을 가져오는 하나님의 능력임을 강조하고 있습니다. 우리는 교회를 통해서 하나님 나라를 보여주어야 합니다.

교회는 단순한 종교 기관이나 사회적 공동체가 아니라, 하나님의 통치가 실현되는 장소입니다. 예수님의 사역이 하나님 나라의 임재를 보여주었듯이, 교회의 사역 또한 이 세상 가운데 하나님 나라의 실체를 드러내야 합니다.

셋. 참된 목회자는 그리스도의 마음을 품습니다

① 온유함과 겸손함으로 섬김

예수님은 "나는 마음이 온유하고 겸손하니 나의 멍에를 메고 내게 배우라 그리하면 너희 마음이 쉼을 얻으리니"(마11:29)라고 말씀하십니다.

이 말씀은 예수님의 인격적 특성인 온유함과 겸손함을 강조합니다. 온유함은 성격적 유순함을 넘어 하나님과 타인 앞에서 적절한 겸손과 부드러움을 의미합니다. 겸손은 자신의 참된 위치를 인식하고 교만을 버리는 태도를 의미합니다.

예수님께서는 예루살렘에 입성하실 때 나귀를 타셨습니다. 사람들은 "호산나 다윗의 자손이여 찬송하리로다 주의 이름으로 오시는 이여 가장 높은 곳에서 호산나"(마 21:9)하며 예수님을 높이고 찬양했지만, 예수님은 그 순간에도 가장 겸손한 모습이었습니다.

요한복음 8장 11절에서 예수님은 간음하다 붙잡혀 온 여인을 향해 "나도 너를 정죄하지 아니하노니 가서 다시는 죄를 범하지 말라"고 하시면서, 그 여인이 과거에 지은 죄를 정죄하기보다 앞으로 죄짓지 않기를 바라는 온유하고 긍휼히 여기는 마음을 보이셨습니다.

디베랴 호수에서 물고기를 잡는 제자들을 만나셨을 때도 그들이 옛 일로 되돌아간 것을 꾸짖지 않으시고, 밤새 허기진 제자들에게 "애들아 너희에게 고기가 있느냐"(요 21:5) "와서 조반을 먹으라"(요 21:12)고 하시면서 온유하고 따뜻하게 대하셨습니다.

예수님은 언제나 온유하고 겸손하셨습니다. 우리도 예수님의 그러한 성품을 배우고 닮아야 마음이 쉼을 얻을 수 있습니다. 예수님께서 섬김과 희생의 본을 보이셨듯이 사역자 역시 같은 마음으로 성도들을 섬겨야 합니다. 우리는 먼저 온유하고 겸손하신 예수님의 마음을 본받아야 합니다. 그리고 예수님의 사역을 배워야 합니다. 그러할 때 참된 사역이 가능하고 마음에 쉼을 얻을 수 있습니다. 이 '쉼'은 단순한 휴식이 아니라 하나님과 올바른 관계에서 비롯되는 영적 평안을 의미합니다.

② 그리스도의 마음을 품는 삶

빌립보서 2장 5절은 "너희 안에 이 마음을 품으라 곧 그리스도 예수의 마음이니"라고 말씀합니다. 이 구절은 빌립보서 2장 6-11절에 기록된 그리스도의 겸비와 승귀에 대한 찬송 직전에 위치하고 있습니다. '이 마음'은 이어지는 구절(빌 2:7-8)에서 묘사되는 그리스도의 자기 비움과 순종의 마음을 가리킵니다. 그리스도는 하나님과 동등 됨을 취할 것으로 여기지 않으시고, 자신을 비워 종의 형체를 취하시고, 십자가에 죽기까지 복종하셨습니다.

그리스도의 마음을 품는다는 것은 바로 이러한 자기 비움과 순종의 태도를 받아들이는 것입니다. 이는 목회자가 자신의 명예, 권위, 편안함을 내려놓고 성도들을 위해 자신을 희생하는 삶을 살아야 함을 의미합니다. 목회자의 권위는 지위나 직책에서 나오는 것이 아니라, 그리스도를 닮은 섬김의 삶에서 비롯됩니다.

그리스도의 마음을 품는 목회자는 타인을 판단하거나 정죄하지 않고, 그들의 약함과 실패를 이해하고 긍휼히 여깁니다. 예수님께서 죄인들과 함께 식사하시고 세리와 창기들을 받아들이신 것처럼, 목회자도 사회적으로 소외된 이들과 영적으로 연약한 이들을 포용해야 합니다. 이는 죄에 대한 타협이 아니라, 모든 사람을 향한 하나님의 구원 의지를 반영하는 것입니다.

"너희는 이 세대를 본받지 말고 오직 마음을 새롭게 함으로 변화를 받아 하나님의 선하시고 기뻐하시고 온전하신 뜻이 무엇인지 분별하도록 하라"(롬 12:2)

그리스도의 마음을 품기 위해서는 지속적인 마음의 갱신이 필요합니다. 이는 단순한 결심이나 의지적 노력이 아니라, 성령의 능력으로 이루어지는 내적 변화를 의미합니다.

"우리가 다 수건을 벗은 얼굴로 거울을 보는 것 같이 주의 영광을 보매 그와 같은 형상으로 변화하여 영광에서 영광에 이르니 곧 주의 영으로 말미암음이니라"(고후 3:18)

그리스도의 마음을 품는 것은 단순한 모방이 아니라, 성령의 역사로 인한 근본적 변화를 통해 가능합니다. 목회자는 먼저 자신이 그리스도로 변화되는 경험을 해야 하며, 그러한 변화의 과정을 성도들과 함께 나누어야 합니다.

오늘날 한국교회가 위기를 맞고 있는 이유 중 하나는 학문화된 신학의 영향으로 목회가 그 본질인 영적 생명력을 잃어버렸기 때문입니다. 많은 교회와 목회자들이 성장과 성공에만 집중하며 하나님 나라와 의를 구하는 본질에서 벗어나고 있습니다. 예수님은 우리가 먼저 구해야 할 것이 무엇인지 우리에게 가르쳐주셨습니다.

"너희는 먼저 그의 나라와 그의 의를 구하라 그리하면 이 모든 것을 너희에게 더하시리라"(마 6:33)

신학이 학문이 아닌 이유는 그 중심에 유한한 인간의 지성으로는 온전히 파악할 수 없는 무한하신 하나님이 계시기 때문입니다. 따라서 목회는 단순한 지식의 축적이나 학문적 성취가 아닌, 기도와 성령의 도우심을 통해 하나님과의 인격적 교제 속에서 이루어지는 영적 사역이어야 합니다.

"내가 심었고 아볼로는 물을 주었으되 오직 하나님께서 자라나게 하셨나니 그런즉 심는 이나 물 주는 이는 아무 것도 아니로되 오직 자라게 하시는 이는 하나님뿐이니라"(고전 3:6-7)

바울은 사역의 성공이 인간의 노력이 아닌 하나님의 역사하심에 달려 있음을 강조하였습니다. 목회자는 자기 능력과 방법론에 의존하지 않고, 오직 하나님의 역사하심을 구해야 합니다.

"내가 너희 중에서 예수 그리스도와 그가 십자가에 못 박히신 것 외에는 아무 것도 알지 아니하기로 작정하였음이라"(고전 2:2)

이는 모든 목회 사역의 중심이 십자가임을 분명히 보여줍니다. 십자가는 하나님의 사랑과 구원의 능력이 가장 극적으로 드러난 사건이며, 모든 목회 사역의 기초가 되어야 합니다.

"내가 네 행위를 아노니 네가 차지도 아니하고 뜨겁지도 아니하도다 네가 차든지 뜨겁든지 하기를 원하노라 네가 이같이 미지근하여 뜨겁지도 아니하고 차지도 아니하니 내 입에서 너를 토하여 버리리라"(계 3:15-16)

라오디게아 교회에 대한 주님의 경고는 오늘날 한국교회에도 적용됩니다. 학문적 지식은 있으나 영적 열정이 식어 버린 미지근한 신앙은 주님이 원하시는 것이 아닙니다. 목회자들은 성령의 불을 구하며, 그 불로 자신과 성도들의 마음을 뜨겁게 하는 사명을 감당해야 합니다.

목회자들은 기도를 통하여 성령의 도우심을 구해야 합니다. 성도들에게 살아계신 하나님을 전하고 그들이 성령의 인도를 받는 삶을 살도록 돕는 사명을 새롭게 감당해야 할 것입니다. 이것이 한국교회가 다시 회복되고 부흥하는 길입니다.

"나는 선한 싸움을 싸우고 나의 달려갈 길을 마치고 믿음을 지켰으니 이제 후로는 나를 위하여 의의 면류관이 예비되었으므로 주 곧 의로우신 재판장이 그 날에 내게 주실 것이며 내게만 아니라 주의 나타나심을 사모하는 모든 자에게도니라"(딤후 4:7-8)

참된 목회는 학문적 지식만으로는 이룰 수 없습니다. 참된 목회자는 목회 사역을 마치면서 이와 같은 고백을 할 수 있어야 합니다. 목회자는 기도와 성령의 도우심을 통해 하나님과 깊은 관계를 맺고, 그 경험을 바탕으로 성도들을 영적으로 인도해야 합니다. 이것이 한국교회가 다시 생명력을 회복하고 하나님의 나라를 확장하는 길입니다. 예수 그리스도의 온유함과 겸손함을 본받고, 그의 사랑과 희생의 정신을 실천하며, 성령의 능력에 의지하여 하나님 나라를 확장하는 사역이 바로 참된 목회입니다.

하나님이 기뻐하시는 영적 지도자가 되어 생명을 살리고 교회를 살리는 목회를 하기 위해서는 반드시 기도와 성령의 역사하심이 있어야 한다는 것을 꼭 기억해야 합니다. 기도와 성령의 도우심이 있을 때 비로소 목회자는 성령의 인도를 받아 영적 생명을 전함으로써 성도들의 영혼을 살리는 영적 지도자가 될 수 있습니다. 기도와 성령의 도우심이 있어야 비로소 목회자는 그리스도의 고난에 동참하여 그리스도의 마음을 품고 성령의 능력을 힘입어 사역할 수 있습니다. 이처럼 성령의 역사하심을 받는 사람은 절대로 신학을 학문으로 할 수 없습니다. 신학이 예수 그리스도의 생명의 복음이 되어 성도들의 영혼을 살리고 그들을 말씀의 꼴이 충만한 푸른 초장으로 인도할 때, 그것이 바로 참된 목회입니다.

기도와 성령의 도우심이 없이는 하나님의 말씀을 깨달을 수도 없고, 그 말씀을 권능 있게 전할 수도 없습니다. 기도와 성령의 도우심 없이는 사람들의 귀를 즐겁게 할 수는 있어도 삶을 변화시킬 수는 없습니다. 교회가 하나 되도록 할 수도 없습니다. 의심 많은 이 세상을 향해 기적과 표적으로 말씀을 증거해도 기도와 성령의 도우심 없이는 아무런 유익도 줄 수 없습니다. 사람들이 모이게는 할 수 있을지 모르지만 기도와 성령의 도우심 없이는 사람들을 그리스도의 제자로 변화시키지는 못합니다.

목회자가 먼저 무릎 꿇고 기도하면서 성령의 도우심을 구할 때 비로소 그 안에 말씀이 살아 역사하는 능력 있는 목회자가 될 수 있습니다. 말씀의 능력과 권능으로 성도들을 살리고, 교회를 살리고, 나아가 세상을 살리는 영적 지도자가 될 수 있습니다.

영적 생명을 소유한 사람만이 영적 생명을 나눌 수 있습니다. 자기의 힘과 지혜로는 참된 목회자가 될 수 없습니다. 학문으로는 지식을 전할 수 있을 뿐 생명을 전할 수 없습니다. 세상의 지혜로는 이 땅에서의 유익을 구할 수 있을 뿐 하나님 나라에서의 복된 삶을 전할 수는 없습니다. 성경에 대한 지식만으로는 참된 목회자가 될 수 없습니다. 지식은 자기가 옳다고 주장하기 때문에 교만을 낳을 뿐입니다(고전 8:1).

오직 기도와 간구로 성령의 도우심을 구할 때 우리는 자기를 부인하고 자기 십자가를 지고 예수 그리스도를 따르는 그리스도의 참된 제자가 될 수 있고, 예수님처럼 사람들을 영생의 길로 인도하는 참된 목회자가 될 수 있습니다. 참된 목회자는 예수님의 본을 따르는 영적 지도자입니다.

초대교회의 지도자였던 예수님의 제자들도 "오로지 기도하는 일과 말씀 사역에 힘쓰리라"(행 6:4)고 했습니다. 기도하면서 말씀대로 살고, 또 말씀대로 살도록 가르치는 일에 전념했다는 것입니다.

목회는 오직 기도와 성령의 도우심으로만 가능합니다. 그래서 신학은 학문이 아닙니다.

네 번째 결론

목회는 오직 기도와 성령의 도우심으로만 가능하기 때문에 신학은 학문일 수 없습니다. 목회는 단순한 지식 전달이나 종교적 업무가 아니라, 죽어가는 영혼을 살리고 그리스도의 몸인 교회를 섬기는 영적 사역입니다. 이는 하나님의 부르심에 응답하는 거룩한 소명으로서, 인간의 학문적 지식이나 능력만으로는 결코 감당할 수 없는 일입니다. 참된 목회자는 성령의 인도를 받는 영적 지도자로서 하나님과의 친밀한 교제를 통해 그리스도의 고난에 동참하고, 온유함과 겸손함으로 성도들을 섬겨야 합니다. 성령의 능력으로 사역할 때 불가능해 보이는 일들도 가능하게 되며, 진정한 영적 변화와 교회의 부흥이 일어납니다. 학문적 지식은 목회를 보조하는 도구일 수는 있지만, 그 자체로는 영혼을 살리거나 교회에 생명력을 불어넣을 수 없습니다. 교회의 참된 부흥과 영적 회복은 학문적 방법론이 아닌 기도와 성령의 역사를 통해서만 이룰 수 있으며, 이것이 한국교회가 다시 생명력을 회복하고 하나님 나라를 확장하는 유일한 길입니다.

5

학문으로는
교회를 살릴 수 없습니다

신학이 학문이 아닌 다섯 번째 이유는 학문으로는 교회를 살릴 수 없기 때문입니다. 교회는 예수 생명의 공동체입니다. 영적 생명을 소유한 사람들이 예수 그리스도 안에서 하나가 될 때 비로소 교회는 생명력을 가지게 됩니다. 신학이 학문에만 머물면 성도들에게 깨달음을 줄 수는 있어도 영혼을 살릴 수는 없습니다.

마태복음 16장 16-18절은 "시몬 베드로가 대답하여 이르되 주는 그리스도시요 살아 계신 하나님의 아들이시니이다 예수께서 대답하여 이르시되 바요나 시몬아 네가 복이 있도다 이를 네게 알게 한 이는 혈육이 아니요 하늘에 계신 내 아버지시니라 또 내가 네게 이르노니 너는 베드로라 내가 이 반석 위에 내 교회를 세우리니 음부의 권세가 이기지 못하리라"고 말씀하셨습니다.

이 말씀은 교회가 무엇인지 분명히 보여줍니다. 교회는 "주는 그리스도시요 살아계신 하나님의 아들이시니이다"라는 신앙고백 위에 세워집니다. 그런데 이렇게 위대한 신앙고백은 인간의 지식이나 학문에서 나온 것이 아닙니다. 하늘에 계신 아버지께서 알게 하신 것입니다. 교회는 인간의 전통이나 학문 위에 세워지지 않습니다. 사람들의 상식이나 학문적 지식 위에 세워지지도 않습니다. 오직 하늘에 계신 하나님께서 계시해 주신 진리의 반석 위에 세워지는 것입니다.

참된 신학은 교회를 살립니다

제가 '신학은 학문이 아니다'라는 주장을 하게 된 배경은 교회의 쇠퇴와 관련이 있습니다. 서구 교회의 역사를 살펴보면 신학이 학문적으로 발전할수록 교회는 오히려 쇠퇴하는 현상이 나타났습니다. 대학과 신학교가 발전하고 박사학위를 가진 신학자들이 늘어났지만, 정작 교회는 문을 닫고 성도들은 줄어들었습니다. 이러한 현상을 볼 때 우리는 신학의 목적과 방향성에 대해 근본적인 질문을 하게 됩니다.

하나. 신학의 목적은 교회를 살리는 것입니다

신학을 하는 근본적 목적은 말씀의 능력으로 영적 지도자가 되어 영혼을 구원하고 교회를 살리는 것입니다. 예수님은 "내가 온 것은 양으로 생명을 얻게 하고 더 풍성히 얻게 하려는 것이니라"(요 10:10)고 말씀하셨습니다. 예수님께서 이 땅에 오신 목적은 생명을 살리기 위한 것입니다. 우리가 풍성한 영적 생명을 누리게 하려는 것입니다.

참된 신학은 영혼을 살리고 교회를 부흥시키는 생명력이 있어야 합니다. 사도행전 2장 47절은 "하나님을 찬미하며 또 온 백성에게 칭송을 받으니 주께서 구원 받는 사람을 날마다 더하게 하시니라"고 말씀합니다. 교회는 이처럼 영적 구원과 성장이 날마다 일어나는 곳이어야 합니다. 심령의 부흥이 일어나서 영적으로 새로워지는 역사가 일어나야 합니다.

성경을 살펴보면 교회의 부흥은 언제나 하나님의 말씀으로부터 시작되었습니다. 선지자들이 하나님으로부터 말씀을 받아 그 말씀을 선포할 때 회개와 회복이 일어났습니다. 하나님은 학사 에스라를 통해 이스라엘 백성에게 말씀의 부흥을 주셨습니다. 요시아 왕 시대에는 잃어버렸던 율법책을 발견함으로써 개혁이 시작되었습니다.

"또 서기관 사반이 왕에게 말하여 이르되 제사장 힐기야가 내게 책을 주더이다 하고 사반이 왕의 앞에서 읽으매 왕이 율법책의 말을 듣자 곧 그의 옷을 찢으니라"(왕하 22:10-11)

요시아 왕이 옷을 찢은 것은 율법책 곧 하나님의 말씀을 듣고 죄를 깨달았기 때문입니다. 자기 자신과 백성들이 하나님의 말씀에서 크게 벗어났음을 깨닫고 두려움과 겸손으로 자신을 낮추며 죄를 자복하고 돌이키기 위해 옷을 찢은 것입니다.

하나님의 말씀만이 회개를 가능하게 합니다. 하나님의 말씀만이 우리의 모든 잘못을 깨달아 마음을 찢고 회개할 수 있게 합니다.

이처럼 하나님의 말씀인 성경은 그 안에 하나님의 숨결이 담겨 있습니다. 그래서 말씀에는 능력이 있고, 살아서 역사하는 힘이 있습니다. 말씀은 부흥과 개혁을 일으키는 열쇠가 됩니다.

둘. 교회를 살리지 못하는 신학은 죽은 신학입니다

신학이 단순히 지적 호기심을 충족시키는 학문적 탐구에 머무른다면 그것은 교회를 살리려는 본래의 목적에서 벗어난 것입니다. 신학이 단순한 학문적 탐구에만 머물게 되면 성도들에게 지적인 깨달음을 줄 수는 있어도 영혼과 교회를 살리지는 못합니다. 학문으로 사람을 모을 수는 있어도, 사람을 살릴 수는 없습니다. 학문으로는 지식을 줄 수 있을 뿐 생명을 줄 수 없기 때문입니다.

환자를 살리지 못하는 의사가 진정한 의사라고 할 수 없듯이 교회를 살리지 못하는 신학은 죽은 신학에 불과합니다. 지적인 깨달음은 만족감과 희열을 줄 수는 있어도 영혼을 살리지는 못합니다. 신학의 목적은 영혼을 구하는 것입니다. 이 목적을 이루기 위해서는 육적인 것이 아니라 영적인 것이 필요합니다.

예수님은 니고데모에게 "육으로 난 것은 육이요 영으로 난 것은 영이니 내가 네게 거듭나야 하겠다 하는 말을 놀랍게 여기지 말라"(요 3:6-7)고 말씀하셨습니다. 바리새인이요, 유대인의 지도자였던 니고데모는 성경을 학문적으로 잘 알고 있었지만 거듭남이 무엇인지는 모르고 있었습니다. 니고데모와 같이 뛰어난 학자라 해도 영적으로 거듭나지 않으면 하나님 나라를 볼 수 없습니다(요 3:3). 신학 지식이 아무리 많더라도, 아무리 위대한 신학자와 목회자라 해도 영적 지식이 없고 거듭나지 않았다면 천국 복음을 전할 수 없습니다.

고린도전서 2장 13절은 "우리가 이것을 말하거니와 사람의 지혜가 가르친 말로 아니하고 오직 성령께서 가르치신 것으로 하니 영적인 일은 영적인 것으로 분별하느니라"고 말씀합니다.

우리는 영적인 것을 사모해야 합니다. 교회에 아무리 많은 지식인이 있다 해도, 영적인 지식이 없으면 예수 그리스도의 생명이 나타나지 않습니다. 교회가 살아 움직일 수 없습니다. 교회가 살아 움직인다는 것은 말씀이 교회 안에서 살아 역사한다는 뜻입니다.

셋. 교회는 예수 생명의 공동체입니다

교회는 그리스도를 머리로 하는 주님의 몸 된 공동체입니다. 그래서 그리스도의 성품과 사역은 교회를 통해 드러나야 합니다. 육신이 머리의 생각대로 잘 움직일 때 건강한 것처럼 교회는 머리인 그리스도의 말씀에 따라 유기적으로 잘 움직일 때 건강한 공동체가 됩니다. 그렇게 하기 위해서 교회는 영적인 것을 사모해야 합니다. 말씀의 능력을 구해야 하는 것입니다.

교회 안에 말씀이 살아 역사할 때 성도들이 변하고 교회가 변하고 세상이 변하는 역사가 일어납니다. 또한 그 말씀에 순종하려고 몸부림치는 성도들로 인해 하나님과 이웃과 원수까지도 사랑하라는 성경 말씀이 현실에서 이루어집니다. 나아가 사랑할 수 없는 자를 사랑하고 용서할 수 없는 자를 용서하는 그리스도의 성품이 드러나게 되고, 성도들이 주변의 이웃을 사랑으로 품고 섬기게 되면서 온 세상에 그리스도의 평화와 화해의 메시지가 전해지게 됩니다. 독생자를 내어주실 만큼 세상을 사랑하신 하나님의 사랑이 교회를 통해 드러나고 증거되는 역사가 일어나게 되는 것입니다.

반대로 말씀이 살아 역사하지 못하는 교회는 "살았다 하는 이름은 가졌으나 죽은 자"(계 3:1)라고 비난받은 사데 교회와 같습니다.

"너는 일깨어 그 남은 바 죽게 된 것을 굳건하게 하라 내 하나님 앞에 네 행위의 온전한 것을 찾지 못하였노니 그러므로 네가 어떻게 받았으며 어떻게 들었는지 생각하고 지켜 회개하라 만일 일깨지 아니하면 내가 도둑 같이 이르리니 어느 때에 네게 이르는지 네가 알지 못하리라"(계 3:2-3)

사데 교회는 외적으로는 살아 있는 것처럼 보였지만 실제로는 생명을 상실한 채 영적으로 죽어 있었습니다. 사데 교회는 그리스도의 생명과 능력이 드러나지 않는 형식적이고 무기력한 신앙에 머물고 있었으며, 예수 생명의 실체가 공동체 안에서 역사하지 못하는 상태에 놓여 있었습니다. 그래서 예수님은 일깨어 회개할 것을 촉구하고 계십니다.

교회는 생명의 말씀이 살아 역사하는 공동체가 되어야 합니다. 성도 한 사람 한 사람이 영적 생명으로 충만해야 합니다. 그럴 때 교회는 살아있는 교회가 됩니다.

로마서 12장 5절은 "이와 같이 우리 많은 사람이 그리스도 안에서 한 몸이 되어 서로 지체가 되었느니라"고 말씀합니다. 생명의 말씀이 역사할 때 우리는 그리스도 안에서 한 몸을 이루는 지체가 될 수 있습니다. 고린도전서 12장 26절은 "만일 한 지체가 고통을 받으면 모든 지체가 함께 고통을 받고 한 지체가 영광을 얻으면 모든 지체가 함께 즐거워하느니라"고 말씀합니다. 데살로니가전서 5장 14절은 "형제들아 너희를 권면하노니 게으른 자들을 권계하며 마음이 약한 자들을 격려하고 힘이 없는 자들을 붙들어 주며 모든 사람에게 오래 참으라"고 말씀합니다. 사도행전 4장 32-33절은 "믿는 무리가 한마음과 한 뜻이 되어 모든 물건을 서로 통용하고 자기 재물을 조금이라도 자기 것이라 하는 이가 하나도 없더라 사도들이 큰 권능으로 주 예수의 부활을 증언하니 무리가 큰 은혜를 받아"라고 말씀하고 있습니다.

살아 있는 교회는 다른 사람들의 고통과 즐거움에 함께합니다. 믿음이 어리거나 약한 성도들을 격려하고 붙들어 주어 함께 성장해 나갈 수 있도록 이끌어 줍니다. 서로의 삶을 돌아보며 자기의 것을 자기 것이라 주장하지 않고 서로 통용합니다. 이것이 바로 참된 교회인 예수 생명의 공동체인 것입니다.

넷. 교회 쇠퇴의 근본 원인

교회가 점점 쇠퇴하는 근본적인 원인은 영적 생명력을 상실한 데 있습니다. 그리스도의 몸인 교회의 영적 생명력은 오직 교회의 기초이자 머리이신 예수 그리스도로부터 나옵니다.

골로새서 1장 18절은 "그는 몸인 교회의 머리시라 그가 근본이시요 죽은 자들 가운데서 먼저 나신 이시니 이는 친히 만물의 으뜸이 되려 하심이요"라고 말씀하고 있습니다. 그리스도는 교회의 머리이시고 교회는 그리스도의 몸입니다. 몸 없는 머리가 있을 수 없듯이 머리 없는 몸이 있을 수 없습니다. 그런 의미에서 그리스도와 교회는 불가분의 관계라고 할 수 있습니다.

사도 바울이 다메섹 도상에서 주님의 부르심을 받았을 때 "주여 누구시니이까"라고 묻자, 우리 주님은 "나는 네가 박해하는 예수라"(행 9:5)고 말씀하셨습니다. 사실 예수님을 만나기 전 바울은 예수 믿는 사람들을 잡아 가두는 일에 열심을 내어 교회를 박해하고 못살게 굴었던 사람입니다. 그런 바울 앞에서 예수님은 교회와 자신을 동일시하고 있습니다.

골로새서 2장 19절은 "머리를 붙들지 아니하는지라 온 몸이 머리로 말미암아 마디와 힘줄로 공급함을 받고 연합하여 하나님이 자라게 하시므로 자라느니라"고 말씀하셨습니다. 교회가 영적 생명력을 잃어버린 것은 머리이신 예수 그리스도를 붙잡지 않았기 때문입니다. 한국교회가 힘을 잃어가고 하나 되지 못하는 것은 예수 그리스도를 붙잡지 않고 세상 것을 붙잡았기 때문입니다. 지식과 명예와 권력을 붙잡았기 때문입니다.

교회는 교회의 머리이신 예수 그리스도를 붙잡아야 합니다. 그럴 때 영적 생명을 공급받을 수 있고 연합하여 하나가 될 수 있습니다. 그때 비로소 하나님이 자라게 하시는 것입니다.

요한복음 15장 5절은 "나는 포도나무요 너희는 가지라 그가 내 안에, 내가 그 안에 거하면 사람이 열매를 많이 맺나니 나를 떠나서는 너희가 아무 것도 할 수 없음이라"고 말씀합니다.

교회가 선한 열매를 맺지 못하는 것은 그리스도가 내 안에, 내가 그리스도 안에 거하는 삶을 살지 못하기 때문입니다. 교회가 머리 되신 그리스도께 붙어있지 않기 때문입니다.

그리스도는 교회의 모든 것입니다. 알파와 오메가입니다. 마태복음 16장 18절은 "너는 베드로라 내가 이 반석 위에 내 교회를 세우리니 음부의 권세가 이기지 못하리라"고 말씀하셨습니다. 교회를 세우신 분이 그리스도이십니다.

에베소서 4장 11-12절은 "그가 어떤 사람은 사도로, 어떤 사람은 선지자로, 어떤 사람은 복음 전하는 자로, 어떤 사람은 목사와 교사로 삼으셨으니 이는 성도를 온전하게 하여 봉사의 일을 하게 하며 그리스도의 몸을 세우려 하심이라"고 말씀하십니다. 교회의 직분자를 세우시는 이도 그리스도이십니다.

마태복음 28장 19-20절에서 예수님은 "너희는 가서 모든 민족을 제자로 삼아 아버지와 아들과 성령의 이름으로 세례를 베풀고 내가 너희에게 분부한 모든 것을 가르쳐 지키게 하라"고 말씀하셨습니다. 사도행전 1장 8절은 "오직 성령이 너희에게 임하시면 너희가 권능을 받고 예루살렘과 온 유대와 사마리아와 땅 끝까지 이르러 내 증인이 되리라"고 말씀하고 있습니다. 모든 민족을 제자로 삼으라는 선교의 사명, 즉 땅 끝까지 이르러 증인이 되라고 하는 교회의 사명을 주신 분도 그리스도이십니다.

에베소서 2장 20-22절은 "너희는 사도들과 선지자들의 터 위에 세우심을 입은 자라 그리스도 예수께서 친히 모퉁잇돌이 되셨느니라 그의 안에서 건물마다 서로 연결하여 주 안에서 성전이 되어 가고 너희도 성령 안에서 하나님이 거하실 처소가 되기 위하여 그리스도 예수 안에서 함께 지어져 가느니라"고 말씀합니다.

모퉁잇돌은 건물의 두 벽이 만나는 모서리에 놓는 돌입니다. 이 돌을 기준으로 다른 모든 돌이 놓이게 되므로 이 돌은 기초석이 됩니다. 또 두 벽을 하나로 연결하는 역할을 함으로써 기초석이 되기도 합니다. 그리스도는 구약과 신약의 모든 교회들의 모퉁잇돌이십니다. 그리스도 안에서 생명의 말씀의 역사를 통해 모든 믿는 자들과 교회들은 서로 연결되어 하나 된 거룩한 성전으로 지어져 가고 있습니다.

이처럼 교회를 세우신 분도 그리스도시고, 교회의 직분자를 세우신 분도 그리스도시며, 교회에 사명을 주신 분도, 그리고 교회를 하나가 되게 하시는 분도 그리스도이십니다. 그리스도 없이는 교회도 없습니다. 교회의 교회 됨은 그리스도께 있습니다.

그러므로 잃어버린 영적 생명을 회복하고 쇠퇴한 교회를 다시 살리기 위해서는 그리스도를 붙잡아야 합니다. 그리스도께서 문을 두드리실 때, 마음 문을 활짝 열고 맞아들여야 합니다. 이것은 단회적으로 끝나서는 안 됩니다. 끊임없이 우리는 "그리스도께서 우리 마음에 계시기를"(엡 3:17) 구해야 합니다.

그리스도를 붙드는 것은 말씀을 붙드는 것입니다. 우리는 말씀으로 돌아가야 합니다. 말씀대로 믿고 말씀대로 살아야 합니다. 부패한 교회를 다시 세우기 위해 '오직 성경'을 외치며 말씀으로 돌아갔던 종교개혁자들을 본받아야 합니다. 말씀에 비추어 잘된 것은 계승하고 잘못된 것은 과감히 고쳐야 합니다.

우리는 자랑스러운 종교개혁의 후예입니다. 왜 자랑스럽습니까? 종교개혁자들이 신학으로 교회를 개혁한 것이 아니라 말씀으로 개혁했기 때문입니다. 모든 잘못된 것을 개혁할 때 교회의 전통이나 세상적인 방식을 기준으로 하지 않고 성경을 기준으로 했기 때문입니다.

교회를 개혁하는 유일한 길은 성경으로 돌아가는 것입니다. 교회를 살리는 길도 성경에서 찾아야 합니다. 왜냐하면 성경은 우리 신앙과 삶의 유일한 표준이요, 우리 인생의 모든 문제의 해답이기 때문입니다.

참된 교회의 표지

종교개혁자들은 참된 교회를 구별하는 표지를 정리했습니다.

루터와 칼빈은 '말씀의 순수한 선포'와 '성례의 올바른 시행'을 참된 교회의 표지로 인정했고, 개혁주의 전통에서는 여기에 '권징'을 추가했습니다. 중요한 것은 이 세 가지 표지 모두가 성경이 제시하는 것이고, 예수님께서 직접 제정하신 것들이라는 사실입니다.

아무리 좋은 교리와 체계라고 할지라도 성경에 근거하지 않은 것이라면 결국 그것이 교회를 무너뜨리게 될 것입니다. 인간이 만들어낸 도구들은 결국 인간을 위한 것일 뿐 하나님의 뜻을 담아내기에는 부족한 것이기 때문입니다.

교회의 참된 표지에 대해서 깊이 생각해야 합니다. 하나님은 이것을 통해서 교회에 은혜를 주시고, 성도들에게 은혜를 베풀어 주시기 때문입니다.

하나. 말씀의 순수한 선포

교회의 첫 번째 표지는 '말씀의 순수한 선포'입니다. '말씀의 순수한 선포'가 이루어지기 위해서는 반드시 '성경의 저자가 하나님이다'라는 사실을 믿어야 합니다. 성경을 통하여 말씀하시는 성령의 세미한 음성을 들어야 합니다. 우리 신앙과 삶의 기준이 인간의 생각이나 판단이 아니라 오직 성경이 되도록 해야 하는 것입니다. 우리의 생각을 전하기 위한 것이 아니라 하나님의 뜻을 전해야 합니다. 순수한 말씀을 선포해야 합니다.

"그들이 사도의 가르침을 받아 서로 교제하고 떡을 떼며 오로지 기도하기를 힘쓰니라"(행 2:42) 이 말씀은 초대교회가 사도들의 가르침, 즉 말씀의 순수한 선포 위에 세워졌음을 보여줍니다.

사도행전 6장 7절은 "하나님의 말씀이 점점 왕성하여 예루살렘에 있는 제자의 수가 더 심히 많아지고 허다한 제사장의 무리도 이 도에 복종하니라"고 말씀하고 있습니다. 이는 말씀이 바르게 선포될 때 교회가 성장하고 세워짐을 보여줍니다. 사도행전 12장 24절의 "하나님의 말씀은 흥왕하여 더하더라"는 말씀과 사도행전 19장 20절의 "이와 같이 주의 말씀이 힘이 있어 흥왕하여 세력을 얻으니라"는 말씀은 하나님의 말씀이 능력 있게 선포될 때 초대교회가 확장되고 성장하게 되었음을 보여줍니다.

신명기 4장 2절은 "내가 너희에게 명령하는 말을 너희는 가감하지 말고 내가 너희에게 내리는 너희 하나님 여호와의 명령을 지키라"고 말씀하셨습니다. 요한계시록 22장 18-19절은 "내가 이 두루마리의 예언의 말씀을 듣는 모든 사람에게 증언하노니 만일 누구든지 이것들 외에 더하면 하나님이 이 두루마리에 기록된 재앙들을 그에게 더하실 것이요 만일 누구든지 이 두루마리의 예언의 말씀에서 제하여 버리면 하나님이 이 두루마리에 기록된 생명나무와 및 거룩한 성에 참여함을 제하여 버리시리라"고 말씀합니다.

하나님 말씀은 그 자체가 생명이고 능력입니다. 거기에 우리의 생각을 더하지 않아야 합니다. 말씀에서 일부만 빼내어 자기 마음대로 해석해서 그것이 사실인 것처럼 만들지 말아야 합니다. 우리의 개인적인 생각이나 사상을 전하기 위해 말씀을 이용하면 안 된다는 말입니다.

우리는 하나님의 뜻을 전하기 위해 우리의 생각을 내려놓아야 합니다. 우리가 성령의 도우심을 구하며 말씀을 선포할 때 성령의 역사가 일어나고 영적 생명력이 나타납니다. 자신의 생각을 전달하는 것은 강연은 될 수 있어도 설교는 될 수 없습니다. 교회는 순수한 말씀이 선포될 때 영적으로 살아날 수 있습니다.

칼빈은 참된 교회의 표지에 대해 이렇게 말했습니다. "하나님의 말씀을 순수하게 전파하며 또 듣고 그리스도께서 제정하신 대로 성례를 지킬 때에 거기에 하나님의 교회가 있다는 것은 의심의 여지가 없다"(『기독교강요』, 4권 1장 8절).

하나님의 말씀을 따라 예수 그리스도의 생명으로 자신과 교회와 온 세상을 살리는 것이 바로 참된 신학의 목적입니다. 지금 이것이 바로 한국교회 전체의 가장 시급한 과제입니다.

교회를 교회답게 하는 방안은 오직 성경에 있습니다. 성경에 근거하지 않는 신학은 예수 그리스도가 아니라 인간이 영광을 받는 신학이 되고 맙니다. 그 신학은 참된 것이라 할 수 없습니다. 신학은 반드시 하나님 말씀에 따라야 하며 하나님께 영광을 돌려야 합니다. 하나님 말씀으로 교회에 생명력을 불어넣고 예수 그리스도를 유일한 구원자로 드러내는 것이어야 합니다. 그래서 신학은 학문이 아니라 예수 그리스도의 생명의 복음인 것입니다.

둘. 성례의 올바른 시행

교회의 두 번째 표지는 '성례의 올바른 시행'입니다. '말씀의 선포'처럼 '성례의 시행'도 성경에 기초한 것입니다. 친히 예수 그리스도께서 제정하신 것입니다. 우리 개혁교회의 성례는 세례와 성찬 두 가지입니다.

기독교의 세례는 예수 그리스도께서 친히 제정하신 성례입니다. 예수님은 부활 후 "너희는 가서 모든 민족을 제자로 삼아 아버지와 아들과 성령의 이름으로 세례를 베풀고 내가 너희에게 분부한 모든 것을 가르쳐 지키게 하라"(마 28:19-20)고 명령하셨습니다. 또한 마가복음 16장 16절에서도 "믿고 세례를 받는 사람은 구원을 얻을 것이요 믿지 않는 사람은 정죄를 받으리라"고 하심으로써 세례가 신약 교회에 반드시 시행되어야 할 그리스도의 명령임을 분명히 하셨습니다.

세례 요한의 세례는 회개를 강조하는 준비적 성격의 세례였으며(행 19:1-6), 삼위일체의 이름으로 거행되지 않았다는 점에서 그리스도께서 제정하신 세례와 구별됩니다.

세례는 영적 씻음과 정결, 곧 죄 사함을 상징하며(행 2:38; 딛 3:5), 그리스도의 죽음과 부활에 연합됨을 나타냅니다(롬 6:4-5). 세례를 통해 우리는 세상으로부터 분리되어 주님의 소유인 교회 공동체와 한 몸이 되고 한 성령을 마시게 됩니다(고전 12:13). 성경은 세례의 양식에 대해 특정한 방식을 강요하지 않으며, 세례의 본질적 의미인 '그리스도와의 연합'과 '영적 정결'에 강조점을 두고 있습니다. 칼빈은 침례만이 진정한 세례라고 주장함은 잘못이라고 지적합니다. 그는 세례의 근본정신을 설명하면서 약식 세례 즉 물을 찍어 바르거나 붓거나 뿌리는 등의 양식도 유효하다고 하였습니다(『기독교 강요』, 4권 15장 19절).

사도행전 2장 38절은 "베드로가 이르되 너희가 회개하여 각각 예수 그리스도의 이름으로 세례를 받고 죄 사함을 받으라 그리하면 성령의 선물을 받으리니"라고 말씀합니다. 이 말씀에서 "예수 그리스도의 이름으로 세례를 받으라"는 말씀은 실제 세례 집례 시에 사용하는 공식이 아니라, 예수님을 믿는 신앙고백과 권위를 강조한 요약적 표현으로 보아야 합니다. 즉, 사도들이 예수 그리스도를 주로 고백하는 신앙 안에서 삼위 하나님의 이름으로 세례를 베풀었음을 나타냅니다. 그러므로 이 말씀은 예수님께서 "아버지와 아들과 성령의 이름으로 세례를 베풀고"(마 28:19)라는 말씀과 대립되는 것이 아니라 오히려 그 의미를 내포하고 있는 것으로 이해할 수 있습니다.

세례는 죄 사함과 성령을 선물로 받는 은혜의 수단입니다. 예수님께서 세례를 친히 받으시고 시행함으로 참된 교회의 표지를 보이셨습니다. 세례라는 성례를 통해 모든 사람이 죄 사함의 은총과 성령을 선물로 받는 은혜가 주어지는 것입니다.

고린도전서 11장 17-34절은 성찬의 제정에 관하여 말씀하고 있습니다. "내가 너희에게 전한 것은 주께 받은 것이니"라는 23절 말씀은 주의 만찬인 성찬을 제정하신 분이 예수 그리스도라는 사실을 분명하게 알려줍니다. 마태복음 26장 26-29절과 마가복음 14장 22-25절, 누가복음 22장 14-20절은 예수님께서 잡히시기 전날 밤 마지막 만찬을 통해 친히 주의 만찬을 제정하셨음을 기록하고 있습니다. 그래서 우리는 주의 만찬을 통해 "주의 죽으심을 그가 오실 때까지" 전해야 합니다(고전 11:26). 하지만 주의 만찬은 주님의 죽으심만 기념하는 것은 아닙니다. 죽으신 주님은 다시 사셔서 제자들에게 나타나셨습니다. 그들과 함께 만찬을 나누셨습니다.

예수님은 엠마오로 내려가던 두 제자와 만찬을 나누셨고(눅 24장), 디베랴 바다에서 고기잡이하던 베드로를 비롯한 일곱 명의 제자에게 식탁을 차려주시고 함께 만찬을 나누셨습니다(요 21장). 이 사실에 대해 사도행전 10장 40-41절은 "하나님이 사흘 만에 다시 살리사 나타내시되 모든 백성에게 하신 것이 아니요 오직 미리 택하신 증인 곧 죽은 자 가운데서 부활하신 후 그를 모시고 음식을 먹은 우리에게 하신 것이라"고 말씀하고 있습니다.

우리는 주의 만찬을 통해 부활하시고 지금도 살아 계시며 마지막 날 다시 오실 주님을 미리 만날 수 있습니다. 우리는 주님이 다시 오실 때까지 주님의 죽으심을 기념하고 기억하면서 죄에 대하여 죽고 의에 대하여 사는 주의 만찬을 시행해야 합니다. 그래야 주님의 삶과 말씀을 기억하고 실천하는 참된 교회를 이룰 수 있습니다.

셋. 권징

교회의 세 번째 표지는 '권징'입니다. 권징은 교회의 거룩함을 지키기 위해 예수 그리스도께서 교회에 주신 권리를 행사하며 그 법도를 시행하는 것입니다. 교회의 헌법과 제규정을 위반하고 범죄한 교인과 직원을 교회의 치리회에서 권고하고 징계하는 것입니다. 교회는 거룩하게 구별된 성도들의 모임이기 때문입니다.

마태복음 18장 15-17절에서 예수님께서는 "네 형제가 죄를 범하거든 가서 너와 그 사람과만 상대하여 권고하라 만일 들으면 네가 네 형제를 얻은 것이요 만일 듣지 않거든 한두 사람을 데리고 가서 두세 증인의 입으로 말마다 확증하게 하라 만일 그들의 말도 듣지 않거든 교회에 말하고 교회의 말도 듣지 않거든 이방인과 세리와 같이 여기라"고 말씀하심으로 권징의 절차(개인적 권면→소수 증인과 함께 권면→교회 전체에 알림→출교)를 구체적으로 제시하며, 교회가 권징의 권세를 갖고 있음을 분명히 하십니다.

현대 교회에서는 권징을 찾아보기 어렵습니다. 권징을 잘못했다가 교회가 분란에 휩싸이기도 하고, 많은 어려움을 겪기도 합니다. 하지만 벌코프는 『조직신학』에서 "권징에 등한한 교회는 조만간 진리의 광명의 일식(日蝕)과 거룩한 것의 오용(誤用)을 발견하게 될 것"이라고 경고하고 있습니다.

하나님은 말씀과 성례를 통해서 역사하셔서 신앙의 열매를 맺게 하십니다. 그 열매를 지키고 보전하기 위해서는 반드시 권징이 필요합니다. 교회의 거룩성과 통일성을 저해할 위험에 대하여 근신하고 깨어 있어야 하기 때문입니다.

권징의 목적은 징계가 아니라 회복이라는 점을 기억해야 합니다. 권징은 생명을 살리기 위한 것입니다. 세례로 말미암아 죄 사함의 은총을 받은 사람들이 죄에 다시 빠져 은혜를 헛되이 하지 않기 위해서는 반드시 권징이 필요합니다.

고린도전서 5장 13절은 "밖에 있는 사람들은 하나님이 판단하시려니와 이 악한 사람은 너희 중에서 내쫓으라"고 말씀합니다. 세상 사람들의 잘못은 하나님이 위정자들을 통해 판단하십니다. 교회가 판단할 일이 아닙니다. 그러나 교회 안에 악한 사람이 있을 때 내어 쫓는 일은 교회의 책임입니다. 교회를 선하고 거룩하게 유지하기 위해서입니다.

고린도후서 2장 6-7절은 "이러한 사람은 많은 사람에게서 벌 받는 것이 마땅하도다 그런즉 너희는 차라리 그를 용서하고 위로할 것이니 그가 너무 많은 근심에 잠길까 두려워하노라"고 말씀하셨습니다.

디모데전서 5장 20절은 "범죄한 자들을 모든 사람 앞에서 꾸짖어 나머지 사람들로 두려워하게 하라"고 말씀하셨습니다. 범죄한 사람들을 모든 사람 앞에서 꾸짖는 이유가 있습니다. 첫째는 범죄한 자가 회개하기 위함입니다. 둘째는 나머지 사람들로 하여금 범죄치 않도록 사전에 경고하기 위함입니다.

디도서 3장 10절은 "이단에 속한 사람을 한두 번 훈계한 후에 멀리하라"고 말씀하셨습니다. 이단에 빠진 사람들이 회개하고 돌아올 수 있도록 하나님 말씀으로 한두 번 훈계해야 하는데, 그런데도 그들이 하나님 말씀을 듣지 않으면 그들과 더 이상 교제하지 말라는 말씀입니다. 권면을 받아들이지 않는 사람들을 출교시키라는 말씀입니다.

칼빈은 교회통치의 제1원리로 고린도전서 14장 40절 말씀을 제시합니다. "모든 것을 품위 있게 하고 질서 있게 하라"는 말씀입니다. 권징은 교회의 질서를 유지하고 그리스도의 몸 된 교회의 지체들을 하나로 묶어 각자의 은사대로 섬길 수 있도록 하는 중요한 역할을 합니다.

교회는 성경으로 돌아가 하나님 말씀이 정하신 표지를 유지할 때 교회다워집니다. 역사적으로 볼 때, 학문으로 교회가 부흥했던 사례는 없습니다. 계몽주의 시대와 자유주의 신학의 발전 시기에 교회는 오히려 쇠퇴했습니다. 인간이 주체가 되는 신학은 학문적으로 발전했을지 모르나, 교회는 영적으로 퇴보하는 모습을 보였습니다.

중세의 스콜라 신학은 전통과 교리에 대해서는 학문적으로 발전하였지만, 교회를 본질에서 벗어나게 했습니다. 대학의 발전을 통해 이룩한 신학의 발전이 교회를 살리기보다는 오히려 죽인 것입니다. 그래서 참된 교회를 회복하기 위해서는 반드시 성경으로 돌아가 항상 모든 것을 성경에 비추어 점검해야 합니다.

중세교회의 부패와 타락에 맞서 종교개혁자들은 전통과 교리를 따라서가 아니라 성경의 권위를 회복함으로써 성경적 교회론을 정립했습니다. 그들은 교회가 성경에 기초하지 않고 만들어낸 잘못된 교리와 전통을 개혁하여 본래 성경이 제시하는 구원의 원리를 확증하였습니다. 그렇게 교회는 사변화된 신학이 아니라 성경의 원리인 '5대 솔라'에 의해 개혁의 길로 들어가게 됩니다.

신학의 목적 가운데 한 가지는 예수 그리스도를 구주로 믿는 사람들을 통해 그리스도의 몸 된 교회를 세우는 것입니다. 교회는 건물이 아니라 예수 그리스도를 주로 고백하는 사람들의 모임입니다. 교회의 사명은 예수 그리스도의 사역과 말씀을 증언하는 것이며 예수님께서 친히 보이신 삶을 따르는 것입니다.

교회는 영적 생명의 공동체입니다. 영적 생명을 소유한 사람들이 모여 신앙을 고백함으로써 세워진 유기적인 공동체입니다. 이 말은 교회가 단순한 인간의 조직이 아니라 하나님께서 친히 세우신 영적인 기관이라는 뜻입니다.

성경은 교회를 하나님의 백성(벧전 2:9-10)이요, 그리스도의 몸(고전 12:27)이며, 성령의 전(고전 3:16-17)이라고 선언합니다. 우리는 세상 가운데 하나님의 백성으로 구별하여 부름 받았습니다. 머리이신 그리스도로부터 나오는 생명을 누리지 못하면 몸은 살 수가 없습니다. 성령의 인도를 받으며 성령께서 내주하심으로 예수 그리스도 안에 거하지 않으면 생명이 살아 역사할 수 없습니다.

이처럼 교회의 생명력은 인간의 지식이나 학문에서 나오는 것이 아니라 오직 하나님께서 주시는 은혜와 성령의 역사로부터 나옵니다. 물론 학문은 일정 부분 말씀을 바르게 깨닫는 데 유용한 도구가 될 수 있습니다. 신학 연구와 역사적 배경 연구를 통해 성경의 깊이를 더 잘 알 수 있으며, 인간의 심리를 이해함으로써 효과적인 목회적 접근도 가능할 수 있습니다. 그러나 이러한 학문적 접근이 교회의 영적 생명을 살리는 근본적인 해결책이 될 수는 없습니다.

한국교회가 다시 살아나기 위해서는 하나님의 말씀이 생명의 복음으로 선포되고, 십자가와 부활의 신앙이 전해지며, 목회자와 성도들이 함께 기도성령운동에 힘써야 합니다. 그래서 교회가 하나님이 함께, 너와 내가 함께, 이웃과 함께하는 예수 생명의 공동체로 거듭나야 합니다. 그런데 이러한 역사는 학문과 지식으로는 결코 일어날 수 없습니다. 지식은 교만하게 할 뿐(고전 8:1), 생명을 주지는 못합니다.

예수님께서는 "살리는 것은 영이니 육은 무익하니라"(요 6:63)고 말씀하셨습니다. 이는 인간의 방법이나 학문적 접근으로는 참된 생명을 줄 수 없고, 오직 하나님의 영이 역사하실 때만이 교회가 살아날 수 있음을 의미합니다. 또한 스가랴 4장 6절에서 "힘으로 되지 아니하며 능력으로 되지 아니하고 오직 나의 영으로 되느니라"고 하신 말씀처럼, 교회의 성장은 인간의 능력이 아니라 성령의 역사로 이루어집니다.

학문은 성경을 연구하는 유익한 도구일 수 있지만, 그것만으로는 교회의 영적 생명을 살리는 데는 분명한 한계가 있습니다.

교회를 세우고 이끌어가는 모든 사역은 반드시 하나님께서 주시는 말씀과 성령의 능력 안에서 이루어져야 합니다. 인간의 학문과 방법이 아니라 하나님께서 주시는 생명으로만 교회가 온전히 살아 숨쉬며 성장할 수 있습니다. 학문으로는 교회를 살릴 수 없습니다.

다섯 번째 결론

교회는 "주는 그리스도시요 살아계신 하나님의 아들이시니이다"라는 신앙고백 위에 세워진 예수 생명의 공동체로서, 그 생명력은 인간의 지식이나 학문으로부터가 아니라 오직 하나님의 말씀과 성령의 역사로부터 나옵니다. 역사적으로 볼 때 신학이 학문적으로 발전할수록 오히려 교회는 쇠퇴했습니다. 참된 교회의 표지인 말씀의 순수한 선포, 성례의 올바른 시행, 권징은 모두 예수 그리스도께서 친히 제정하신 것입니다. 학문은 지적 깨달음과 교만을 낳을 뿐 영혼을 살리는 생명력을 줄 수 없으므로, 학문으로는 교회를 살릴 수 없습니다.

6

학문으로는 십자가와 부활의 신앙을 가질 수 없습니다

신학이 학문이 아닌 여섯 번째 이유는 학문으로는 십자가와 부활의 신앙을 가질 수 없기 때문입니다. 예수 그리스도의 사역에 대해 역사적으로 이해할 수는 있지만 십자가에서 죽으시고 부활하신 것을 믿는 것은 학문으로는 불가능합니다. 증명할 수 있는 사건이 아니라 언약의 성취로 믿어야 하는 표적이기 때문입니다. 십자가와 부활의 신앙은 모든 그리스도인이 가져야 할 신앙의 핵심입니다.

기독교와 이슬람, 유대교는 모두 성경의 아브라함을 믿음의 조상으로 인정하는 종교입니다. 하지만 예수님의 십자가에 대한 이해에서 이슬람이나 유대교는 결정적으로 기독교와 차이점을 드러냅니다. 예수님께서 죄인들을 대신하여 십자가에서 고난받고 돌아가심으로써 인류의 죄를 대속하셨고, 사흘 만에 부활하심으로 구원의 길을 여셨다는 것은 기독교 신앙의 핵심입니다. 하지만 이슬람은 예수가 위대한 예언자임은 인정하지만, 십자가에서 죽지 않았다고 단호히 부인합니다. 예수의 십자가 죽음을 부정하며, 십자가에서 죽은 것은 예수와 닮은 다른 이었다고 주장합니다. 무슬림들에게 십자가는 패배와 저주의 상징일 뿐, 인류 구원을 위한 하나님의 사랑과 희생의 표지가 아닙니다. 십자가에 대한 이러한 근본적 이해의 차이가 기독교와 이슬람을 완전히 갈라놓는 지점입니다.

이렇듯 십자가에 대한 이해의 차이는 기독교와 이슬람을 갈라놓는 결정적인 차이임과 동시에 예수님 당시뿐 아니라 지금의 유대교와 기독교의 다른 점을 보여주는 지점이기도 합니다. 우리 그리스도인들은 예수님께서 십자가에서 우리의 죄를 대신하여 돌아가셨기 때문에 우리의 구원자요 주님이시라고 믿는데 유대교나 이슬람에서는 예수가 십자가에서 죽었기 때문에 실패했고 메시아가 아니라고 생각하는 것입니다.

"십자가의 도가 멸망하는 자들에게는 미련한 것이요 구원을 받는 우리에게는 하나님의 능력이라"(고전 1:18)

"유대인은 표적을 구하고 헬라인은 지혜를 찾으나 우리는 십자가에 못 박힌 그리스도를 전하니 유대인에게는 거리끼는 것이요 이방인에게는 미련한 것이로되 오직 부르심을 받은 자들에게는 유대인이나 헬라인이나 그리스도는 하나님의 능력이요 하나님의 지혜니라"(고전 1:22-24)

신학은 학문이 아니라 예수 그리스도의 생명의 복음입니다. '예수 그리스도의 생명의 복음'의 내용이 바로 예수님의 십자가와 부활입니다. 예수님은 성경대로 우리 죄를 위하여 죽으시고 성경대로 다시 살아나셨습니다.

"내가 받은 것을 먼저 너희에게 전하였노니 이는 성경대로 그리스도께서 우리 죄를 위하여 죽으시고 장사 지낸 바 되셨다가 성경대로 사흘 만에 다시 살아나사"(고전 15:3-4)

한국교회는 십자가와 부활의 신앙을 회복해야 합니다

한국교회의 가장 큰 문제는 분열과 세속화입니다. 분열과 세속화가 일어난 원인은 십자가와 부활의 신앙을 상실했기 때문입니다. 그렇다면 지금 한국교회가 다시 부흥하기 위해 회복해야 할 것도 십자가와 부활의 신앙일 것입니다.

하나. 십자가와 부활은 기독교 신앙의 핵심입니다

십자가와 부활은 기독교 신앙의 핵심입니다. 예수님의 십자가와 부활이 없다면 우리의 신앙도, 우리의 소망도, 우리의 구원도 모두 헛된 것이 됩니다. 십자가와 부활의 신앙만이 죄와 사망의 권세를 이길 힘을 줍니다. 십자가와 부활의 신앙만이 "본질상 진노의 자녀"(엡 2:3)였던 우리를 "죄에 대하여 죽고 의에 대하여 살게"(벧전 2:24)합니다.

순교자는 사명을 감당하기 위해 생명을 바칩니다. 그것을 가능하게 하는 것은 오직 십자가와 부활의 신앙입니다.

"내가 달려갈 길과 주 예수께 받은 사명 곧 하나님의 은혜의 복음을 증언하는 일을 마치려 함에는 나의 생명조차 조금도 귀한 것으로 여기지 아니하노라"(행 20:24)

이사야 53장 5절은 "그가 찔림은 우리의 허물 때문이요 그가 상함은 우리의 죄악 때문이라 그가 징계를 받으므로 우리는 평화를 누리고 그가 채찍에 맞으므로 우리는 나음을 받았도다"라고 말씀합니다. 십자가와 부활의 신앙만이 고난과 절망, 세상의 분열과 갈등, 개인의 상처와 아픔을 치유할 수 있는 능력이 됩니다. 예수님의 부활이 없다면 우리는 어떤 소망도 품을 수 없고,

고난을 이길 수도 없습니다.

　예수님의 정신은 십자가 정신입니다. 십자가 정신은 나 자신의 이익이나 뜻보다 하나님의 뜻을 앞세우고, 이웃의 유익을 먼저 생각하는 것입니다. 신학도 십자가 정신에 기초해야 합니다. 예수 그리스도의 십자가를 증언하고 믿게 하여 영생을 얻도록 해야 하는 것입니다.

　성경은 예수 그리스도를 통해 영원한 생명에 이르는 구원의 복음을 제시합니다. 그러므로 성경에 근거한 신학은 그 중심이 '예수 그리스도의 십자가와 부활'이어야 합니다. 복음의 정수인 요한복음 3장 16절은 "하나님이 세상을 이처럼 사랑하사 독생자를 주셨으니 이는 그를 믿는 자마다 멸망하지 않고 영생을 얻게 하려 하심이라"고 말씀합니다. 하나님께서 죄인인 인간을 사랑하셔서 그의 아들 예수님을 보내어 우리 대신 십자가에 죽게 하시고 다시 부활하게 하심으로써 우리를 죄와 사망으로부터 구원하셨다는 것이 바로 '복음'입니다.

　사도행전 4장 12절은 "다른 이로써는 구원을 받을 수 없나니 천하 사람 중에 구원을 받을 만한 다른 이름을 우리에게 주신 일이 없음이라"고 말씀합니다.

종교개혁자들도 '오직 그리스도'(solus Christus)를 외쳤습니다. 예수 그리스도만이 하나님과 우리 사이의 중보자가 되시며 우리의 구원자가 되신다는 것입니다.

예수 그리스도께서 감당하신 사역의 핵심이 바로 십자가와 부활입니다. 예수 그리스도께서는 십자가에서 우리의 죄를 대속하시고 부활하심으로써 우리의 온전한 의가 되셨습니다.

십자가 없이는 부활이 없고, 부활이 없이는 그리스도의 십자가가 무의미하게 됩니다. 죽어야만 다시 살 수 있고, 다시 사는 것이 없이는 죽음을 이기는 것이 불가능하기 때문입니다. 기독교가 '죽어야 사는 종교'인 이유도 바로 십자가와 부활 때문입니다.

십자가와 부활은 예수 그리스도께서 이 땅에 오신 이유이며, 기독교 신앙의 토대이자 모든 교리와 신앙적인 실천의 근거가 됩니다.

"그리스도께서 다시 살아나신 일이 없으면 너희의 믿음도 헛되고 너희가 여전히 죄 가운데 있을 것이요"(고전 15:17)

십자가와 부활이 없이는 우리의 믿음도 헛된 것이 될 뿐입니다. 십자가와 부활 없이는 기독교를 설명할 수 없습니다. 십자가와 부활에 대한 믿음이 없다면 그것은 기독교 신앙이 아닙니다.

지금 한국교회가 다시 살아나고 우리 사회의 희망이 되기 위해 무엇보다 필요한 것은 십자가와 부활의 신앙을 회복하는 것입니다. 십자가와 부활의 신앙은 단순히 학문적으로 성경을 연구한다고 해서 우리에게 생겨나는 것이 아닙니다. 오직 성령께서 우리에게 그리스도를 믿도록 은혜를 주실 때 비로소 십자가와 부활 신앙은 형성됩니다. 무릎 꿇고 기도하며, 모든 것을 십자가 앞에 내려놓고, 성령의 도우심을 구할 때 하나님께서 우리의 가정과 교회, 그리고 나라를 다시 살려주실 것입니다. 십자가와 부활의 신앙이 회복될 때, 성도들이 살아나고, 교회가 살아나고, 이 땅에 참된 평화와 화해가 이루어질 것입니다.

둘. 학문으로는 십자가와 부활의 신앙을 가질 수 없습니다

십자가와 부활의 신앙은 결코 인간의 학문이나 지식, 논리로 얻을 수 있는 것이 아닙니다. 머리로 배우고 연구한다고 해서 십자가를 자랑하고, 부활의 생명을 누릴 수 있는 것이 아닙니다. 그것은 오직 성령의 역사와 하나님의 계시와 말씀을 통한 영적 체험으로만 얻을 수 있습니다.

고린도전서 1장 23절은 "우리는 십자가에 못 박힌 그리스도를 전하니 유대인에게는 거리끼는 것이요 이방인에게는 미련한 것이로되"라고 말씀합니다. 기적을 추구하는 유대인에게는 나무에 달려 저주를 받은 자를 구세주로 믿는다는 것이 도저히 용납되지 않았습니다. 그리스 철학의 영향을 받아 지식을 추구하는 이방인들에게는 '하나님이 우리와 같은 육신을 입고 이 땅에 오신 것' 자체가 결코 이해할 수 없는 어리석음이었습니다. 이렇듯 십자가와 부활은 이성으로 접근하는 세상 사람들에게는 도저히 이해할 수 없는 신비입니다.

하나님은 "내 생각이 너희의 생각과 다르며 내 길은 너희의 길과 다름이니라 여호와의 말씀이니라"(사 55:8)고 하셨습니다. 인간은 하나님의 길을 이해할 수도 없고 헤아릴 수도 없습니다.

빌립보서 3장 7-8절은 "그러나 무엇이든지 내게 유익하던 것을 내가 그리스도를 위하여 다 해로 여길뿐더러 또한 모든 것을 해로 여김은 내 주 그리스도 예수를 아는 지식이 가장 고상하기 때문이라"고 말씀하고 있습니다. 그리스도를 아는 지식은 세상 그 어떤 것에도 견줄 수 없이 귀하고 고상합니다. 세상 지식은 지식으로 끝나거나 육신의 문제를 해결하는 데 도움을 줄 뿐이지만, 그리스도를 아는 지식은 현세와 내세의 구원과 영생으로 이어지기 때문입니다.

"형제들아 내가 너희에게 나아가 하나님의 증거를 전할 때에 말과 지혜의 아름다운 것으로 아니하였나니 내가 너희 중에서 예수 그리스도와 그가 십자가에 못 박히신 것 외에는 아무 것도 알지 아니하기로 작정하였음이라"(고전 2:1-2)

사도 바울은 복음을 전할 때 자신이 이전에 가지고 있던 세상 지식이나 율법 지식으로 사람들을 설득하려 하지 않았습니다. 사람들이 듣고 이해할 수 있도록 말의 지혜나 언변으로 하지 않았습니다. 마치 그리스도와 십자가 외에는 아는 것이 없는 것처럼 오직 그리스도와 그리스도의 십자가만을 전했습니다. 그래야 "성령의 나타나심과 능력으로"(고전 2:4) 복음이 전해져서 "너희 믿음이 사람의 지혜에 있지 아니하고 다만 하나님의 능력에 있게"(고전 2:5) 되기 때문입니다.

십자가와 부활의 복음은 "성령의 나타나심과 능력으로"만 전해집니다. 십자가와 부활의 복음은 사람이 이해할 수도 없고 가르치거나 배울 수도 없습니다. 인간의 지혜로는 이해할 수 없는 진리이기 때문입니다.

"이 세상 지혜는 하나님께 어리석은 것이니 기록된 바 하나님은 지혜 있는 자들로 하여금 자기 꾀에 빠지게 하시는 이라"(고전 3:19)

이 세상 지혜인 인간의 학문은 하나님께는 어리석은 것입니다. 하나님을 경외하는 것이 '지식의 근본'(잠 1:7)이고 '지혜의 근본'(잠 9:10)이기 때문입니다. 하나님을 경외하지 않고 이성과 학문만으로 성경을 연구하는 자들은 "스스로 지혜롭게 여기지 말지어다 여호와를 경외하며 악을 떠날지어다"라는 잠언 3장 7절의 말씀을 두렵고 떨리는 마음으로 받아야 합니다. 그렇지 않으면 하나님께서 그들을 자기 꾀에 빠지게 하여 하나님의 구원 진리를 이해할 수 없게 하십니다. 그러나 성령 하나님의 인도를 받는 사람은 예수 그리스도의 십자가를 중심으로 성경을 이해하며, 십자가를 높이기 위한 바른 신학을 하게 됩니다.

가말리엘 문하에서 율법을 공부한 당대의 최고 학자 바울도 예수님을 만나기 이전에는 '그리스도의 십자가'를 알지 못했습니다. "나무에 달린 자는 하나님께 저주를 받았음이니라"는 신명기 21장 23절의 말씀에 따라 사도 바울은 예수님을 저주받아 죽은 죄인이라고 생각했습니다. 그래서 저주받은 죄인 예수를 그리스도라고 믿고 전하는 사람들을 박해했습니다. 그랬던 바울이 '그리스도의 십자가'는 저주가 아니라 복음이라는 것을 깨닫게 되었습니다.

"그리스도께서 우리를 위하여 저주를 받은 바 되사 율법의 저주에서 우리를 속량하셨으니 기록된 바 나무에 달린 자마다 저

주 아래에 있는 자라 하였음이라"(갈 3:13)

바울은 그리스도의 십자가는 우리를 율법의 저주에서 속량하기 위한 것임을 알게 되었습니다. 이는 학문적 연구를 통해 깨달은 것이 아닙니다. 다메섹 도상에서 살아계신 예수님을 만났기 때문입니다. 그리스도의 십자가와 부활은 이처럼 이성과 학문으로는 결코 알 수 없습니다. 성령께서 알려주실 때만 그것이 허황된 사설이 아니라 진리의 복음이라는 것을 알 수 있습니다.

예수님을 만난 사도 바울에게 십자가는 자신을 위해 저주받으신 그리스도의 능력이었습니다. 이 진리를 깨달은 사도 바울은 성령의 인도하심에 따라 "내게는 우리 주 예수 그리스도의 십자가 외에 결코 자랑할 것이 없으니 그리스도로 말미암아 세상이 나를 대하여 십자가에 못 박히고 내가 또한 세상을 대하여 그러하니라"(갈 6:14)고 고백했습니다. 새 생명을 얻은 사도 바울에게 세상은 아무 가치가 없는 것이 되었고, 사도 바울 자신도 또한 세상에 대하여 못 박힌 자가 되었습니다. 세상에 대하여 죽고 그리스도께 대하여 산 자로 거듭난 것입니다.

"하나님의 지혜에 있어서는 이 세상이 자기 지혜로 하나님을 알지 못하므로 하나님께서 전도의 미련한 것으로 믿는 자들을 구원하시기를 기뻐하셨도다"(고전 1:21)

세상이 지혜롭다고 칭송하는 것들로는 세상을 지으신 하나님을 알 수 없습니다. 이성과 학문으로는 하나님께서 정하신 이 세상의 질서를 조금 알 수 있을 뿐입니다. 그래서 하나님께서는 "전도의 미련한 것으로 믿는 자들을 구원하시기를 기뻐하셨다"고 말씀하십니다. 하나님께서는 "모든 사람이 구원을 받으며 진리를 아는 데에 이르기를"(딤전 2:4) 원하십니다.

19세기 자유주의 신학자들은 성경의 기록 가운데 인간의 이성으로 이해할 수 있는 것만을 신학의 대상으로 삼았습니다. 그들은 예수 그리스도를 하나님 나라를 선포하여 그 나라가 임하게 하였고 고차원의 의와 사랑을 명령한 훌륭한 윤리 선생으로만 여겼습니다. 부활하신 하나님의 아들 예수 그리스도에 대한 신앙고백은 사라졌습니다. 그리스도의 부활은 실제로 일어난 역사적 사건이 아니라 전설이나 신화 또는 신앙적 의미만을 지니는 상징적 사건으로 간주하였고, 부활 신앙에 입각한 복음 전파와 설교의 중요성은 희미해지고 말았습니다. 그들은 신앙을 이성과 학문으로 접근하다가 기독교 신앙의 핵심을 잃어버리게 되었습니다.

"내가 그리스도와 그 부활의 권능과 그 고난에 참여함을 알고자 하여 그의 죽으심을 본받아 어떻게 해서든지 죽은 자 가운데서 부활에 이르려 하노니 내가 이미 얻었다 함도 아니요 온전히 이루었다 함도 아니라 오직 내가 그리스도 예수께 잡힌 바 된 그것을 잡으려고 달려가노라"(빌 3:10-12)

하나님께서는 사도 바울의 입을 통해 부활 소망이 우리 신앙의 핵심이라는 것을 분명하게 말씀하고 계십니다. 신앙과 신학의 중심을 다른 데서 찾으려 하는 것은 기독교의 진리를 왜곡하는 것입니다.

그리스도의 십자가와 부활은 인간의 이성과 학문으로는 알 수 없습니다. 오직 믿음으로만 알 수 있고, 우리의 믿음 위에 베푸시는 성령의 역사하심을 체험함으로써만 이해할 수 있습니다. 부활의 첫 증인이 된 예수님의 제자들도 예수님께서 직접 알려 주시기 전에는 예수님이 부활하셨다고는 생각하지 못했습니다. 처음에 무덤이 빈 것을 발견했던 여인들도 '시신이 옮겨졌다'고 생각했지 예수님이 부활하셨다고는 생각하지 못했고(요 20:2), 이 소식을 듣고 무덤으로 뛰어 들어갔던 베드로와 요한도 부활을 깨닫지 못한 채 빈 무덤을 놀랍게 여기면서 집으로 돌아갔습니다(눅 24:12). 엠마오로 가던 두 제자는 부활하신 예수님과 함께 길을 가면서도 그분을 알아보지 못했습니다(눅 24:16).

인간의 이성이나 학문으로는 십자가와 부활을 알 수도 이해할 수도 없습니다. 더군다나 인간의 이성과 학문으로 십자가와 부활에 대한 신앙을 갖는 것은 더욱 불가능합니다. 그것은 하나님께서 우리의 영적인 눈을 열어주셔야만 가능한 일입니다. 다시 말해 우리가 하나님을 찾아가는 것이 아니라 하나님께서 우리를 찾아오셔야 가능한 일이 됩니다.

하나님은 계시인 성경을 통해 하나님을 드러내시고 우리를 찾아오셨습니다. 계시 가운데 가장 신비로운 계시가 바로 그리스도의 십자가와 부활입니다. 예수 그리스도께서는 인간이 가장 비천하게 여기는 십자가에서 죽으시고 부활하심으로써 하나님의 영광을 나타내셨습니다. 이것은 세상의 지식으로는 알 수 없는 복음의 신비입니다.

셋. 십자가와 부활의 신앙으로 돌아가야 합니다

현재 한국교회의 현실은 참으로 안타깝습니다. 강단에서는 십자가와 부활의 복음 대신 세상 지식이 전해지고 있습니다. 골로새서 3장 2절은 "위의 것을 생각하고 땅의 것을 생각하지 말라"고 했는데, 많은 경우 우리는 눈에 보이는 성공과 축복만을 강조하고 있습니다. 그러자 말씀의 능력이 상실되고 성령의 역사도 희미해지고 있습니다. 믿는다고 외치는 자는 많지만 "사랑으로써 역사하는 믿음"(갈 5:6)은 찾아보기 어렵습니다.

이러한 현실을 극복하고 한국교회가 회복되기 위해 가장 필요한 것은 '십자가와 부활의 신앙'입니다. 교회가 복음의 능력을 회복하는 길은 성도들이 날마다 자기 십자가를 지고 주님을 따르는 삶을 살아갈 때만 가능합니다. 그러기 위해서는 먼저 신학자와 목회자들이 십자가와 부활의 능력을 체험하고, 담대하게 복음을 선포할 수 있어야 할 것입니다.

이를 위해서는 신학교부터 변화가 일어나야 합니다. 신학교육의 핵심은 예수님께서 우리에게 허락하신 생명을 풍성히 경험하는 데 있습니다. 그럼으로써 우리가 받은 예수님의 생명을 전하는 거룩한 도구로 성장하는 데 있습니다.

신학은 단지 지식만을 가르치고 배우는 것이 아닙니다. 부활 생명의 역사와 능력이 신학교육의 현장에 나타나야 합니다. 신학생들이 신학 수련 과정을 마치고 교회로, 선교지로, 세상으로 나가면 그곳은 목숨을 걸고 싸워야 하는 영적 전쟁터입니다.

신학생은 무엇보다 예수 그리스도의 십자가 능력을 체험해야 합니다. 성경신학, 역사신학, 조직신학, 실천신학, 그 어떤 신학을 배우든지, 그것을 통해 십자가에 죽으심으로 사망 권세를 깨뜨리신 예수 그리스도의 능력을 체험해야 합니다. 십자가와 함께 죽고 그리스도 안에서 새로운 피조물로 다시 사는 부활의 능력을 체험해야 합니다. 성령의 인도하심을 따라 십자가와 부활을 날마다 경험하며 사는 경건 훈련을 해야 합니다.

육신에 져서 육신대로 살던 삶을 버리고 "영으로써 몸의 행실을 죽이고"(롬 8:13) "하나님의 영으로 인도함을 받는"(롬 8:14) 사람이 되어야 합니다. "그리스도 예수의 사람들은 육체와 함께 그 정욕과 탐심을 십자가에 못 박았느니라"(갈 5:24)는 말씀처럼 우리의 옛 자아를 십자가에 못 박고, 죄성과 육에 속한 것을 십자가의 능력으로 계속 소멸하는 훈련을 해야 합니다. 이렇게 육이 먼저 죽어야 우리 속에 예수 그리스도의 생명이 나타납니다. 이것이 부활의 기쁨과 생명을 누리는 참된 신학 훈련입니다.

부활하신 예수님은 승천하시기 전 제자들에게 "너희는 위로부터 능력으로 입혀질 때까지 이 성에 머물라"(눅 24:49)고 말씀하셨습니다. 주님을 위해 무엇을 하러 나가기 전에 성령 받기를 구해야 합니다. "오직 성령이 너희에게 임하시면 너희가 권능을 받고 예루살렘과 온 유대와 사마리아와 땅 끝까지 이르러 내 증인이 되리라"(행 1:8)는 말씀처럼 목회자로서의 능력은 학습을 통해 얻어지는 것이 아닙니다. 오직 성령께서 주시는 것입니다.

이처럼 십자가와 부활 신앙으로 무장하고 성령의 도우심을 받는 신학교육이 이루어질 때 "살아도 주를 위하여 살고 죽어도 주를 위하여 죽나니 그러므로 사나 죽으나 우리가 주의 것이로다"(롬 14:8)라고 고백하며 예수 그리스도를 따르는 목회자들이 나타나 한국교회를 생명력 있게 이끌어가게 될 것입니다.

지금 한국교회가 시급히 해야 할 가장 중요한 일은 바로 십자가 신앙으로 돌아가는 것입니다. 십자가는 기독교의 근본 진리이자 동시에 기독교의 전부입니다. 종교개혁자들이 "근원으로 돌아가자"(*ad fontes*)고 외치며 성경을 붙들고 종교개혁을 이루어 내었습니다. 우리도 십자가와 부활 신앙을 회복함으로써 신학교육을 바로 잡고 한국교회를 회복해야 합니다.

십자가와 부활의 신앙은 순교자의 삶을 사는 것입니다

하나. 십자가와 부활 신앙은 자기를 부인하는 신앙입니다

십자가와 부활을 믿고 구원을 얻은 성도들은 자기 십자가를 지고 주님을 따라야 합니다. 주님은 "아무든지 나를 따라오려거든 자기를 부인하고 날마다 제 십자가를 지고 나를 따를 것이니라"(눅 9:23)고 말씀하셨습니다. 예수님을 따르기 위해서는 무엇보다도 먼저 자기를 부인해야 합니다. 옛 자아가 죽고 새사람이 되어야 하는 것입니다.

바울은 "또한 모든 것을 해로 여김은 내 주 그리스도 예수를 아는 지식이 가장 고상하기 때문이라 내가 그를 위하여 모든 것을 잃어버리고 배설물로 여김은 그리스도를 얻고 그 안에서 발견되려 함이니"(빌 3:8-9)라고 빌립보 교인들에게 고백합니다. 우리도 그리스도를 얻기 위해서는 이전에 내게 유익하던 모든 것을 배설물처럼 버릴 수 있어야 합니다. 겟세마네 동산에서 예수님이 기도하신 것처럼 "나의 원대로 마시옵고 아버지의 원대로 하옵소서"(마 26:39)라고 구할 수 있어야 합니다.

우리가 예수 그리스도를 얻기 위해서는 내 뜻이 아니라 "하나님의 선하시고 기뻐하시고 온전하신 뜻"(롬 12:2)을 분별하여 자기 십자가를 져야만 합니다. 자기 뜻대로 살지 말고 말씀에 순종하는 삶을 살아야 합니다.

바울은 고린도 교회를 향하여 "형제들아 내가 그리스도 예수 우리 주 안에서 가진 바 너희에 대한 나의 자랑을 두고 단언하노니 나는 날마다 죽노라"(고전 15:31)고 말합니다. "나는 날마다 죽노라"는 바울의 이 고백이 우리의 고백이 되어야 합니다. 유대인들로부터 능욕을 받은 사도들이 "그 이름을 위하여 능욕 받는 일에 합당한 자로 여기심을 기뻐하면서"(행 5:41) 공회 앞을 떠났던 것처럼, 순종하기 위해 당해야 하는 고난이 있다면 피하려 하지 말고 기꺼이 감당해야 합니다.

오늘날 교회는 자기 부인의 교리를 선포하지 않고, 듣기 편한 설교를 합니다. 그 결과 교회는 십자가의 정신을 망각하였습니다. 예수님의 십자가 사랑에 대해 감사하고 환호하는 사람들은 많지만, 자기 십자가를 지고 예수님을 따르는 참된 제자의 모습은 찾아보기 어렵습니다.

예수님은 요한복음 12장 26절을 통해 "사람이 나를 섬기려면 나를 따르라 나 있는 곳에 나를 섬기는 자도 거기 있으리니"라고 말씀하셨습니다. 예수님을 따르는 자는 예수님이 계신 곳에 있습니다. 예수님이 계신 곳이라면 험한 곳이든 평탄한 곳이든, 깊은 산속이든 바다 끝이든 마다하지 않습니다. 어떤 대가를 치르더라도 자신을 내려놓고 예수님을 따르는 것이 바로 제자의 길이고 십자가의 신앙입니다.

이처럼 십자가와 부활 신앙은 자기를 부인하고 주님을 따르는 것입니다. 육신의 정욕과 탐욕을 십자가에 못 박는 것입니다. 특별히 영적 지도자는 육에 속한 모든 것을 십자가에 못 박은 사람입니다. 육에 속한 것을 추구하는 것이 아니라, 하나님의 나라와 그 뜻을 위해 사는 영적인 사람입니다.

이런 십자가와 부활 신앙은 배워서 얻을 수 있는 것이 아닙니다. 공부한다고 되는 것도 아닙니다. 하나님 아버지로 말미암아 사도로 세움을 받은 바울도 "내가 내 몸을 쳐 복종하게"(고전 9:27) 한다고 고백한 것처럼, 자기를 쳐 복종시키면서 순종하는 삶을 살 때 주어지는 것입니다. 즉 자기를 부인하고 자기를 버릴 줄 알아야 주님을 위한 진정한 영적 지도자가 될 수 있습니다.

주님은 "누구든지 자기 목숨을 구원하고자 하면 잃을 것이요 누구든지 나와 복음을 위하여 자기 목숨을 잃으면 구원하리라"(막 8:35)고 말씀하셨습니다. 진정으로 부활을 믿는 사람은 주님과 복음을 위해 희생하고, 주님의 몸 된 교회를 위해 어떤 고난이 와도 말없이 헌신합니다. 이것이 자기를 부인하고 자기 십자가를 지고 주님을 따르는 십자가 신앙입니다.

둘. 십자가와 부활의 신앙은 순교자의 신앙입니다

예수님의 제자들, 곧 사도들은 모두 목숨을 걸고 복음을 전하였습니다. 어떤 상황에서도 복음을 전해야 한다는 그들의 신앙은 순교로 이어지기도 했습니다. 초대교회는 64년 로마에서 박해가 시작된 이후 313년 기독교가 정식 종교로 공인받을 때까지 약 250년 동안 심한 고난을 받았고, 많은 순교자를 배출하였습니다. 놀라운 사실은 초대교회 교부들을 비롯해 많은 순교자가 예수 그리스도를 위해 순교하는 것을 가장 영광스러운 삶이라고 여겼다는 점입니다. 저는 이것이 바로 십자가와 부활의 신앙이라고 생각합니다.

마태복음 16장 24절은 "이에 예수께서 제자들에게 이르시되 누구든지 나를 따라오려거든 자기를 부인하고 자기 십자가를 지고 나를 따를 것이니라"고 말씀합니다. 예수님의 참된 제자가 되고, 사역을 감당하는 영적 지도자가 되기 위해서는 자기를 부인하고 자기 십자가를 지는 신앙이 있어야 합니다. 어떤 고통과 어려움 속에서도 자기를 부인하고 생명까지도 바치겠다는 굳건한 신앙이 필요합니다. 저는 이런 순교자의 신앙이야말로 십자가와 부활의 신앙이라고 확신합니다.

초대교회 교부 터툴리안(Tertullian, 160?-220?)은 "순교자의 피는 교회의 씨앗이다"라고 말했습니다. 순교자가 나온 곳마다 교회가 세워졌습니다. 유럽 여행을 가보면 어렵지 않게 그런 교회들을 볼 수 있습니다. 그들이 목숨을 바쳐 순교한 이유는 오직 예수 그리스도의 생명의 복음을 전하기 위함이었습니다.

고린도전서 1장 18절은 "십자가의 도가 멸망하는 자들에게는 미련한 것이요 구원을 받는 우리에게는 하나님의 능력이라"고 말씀합니다. 십자가는 세상 사람들에게는 패배의 상징이지만, 믿음의 눈으로 보면 온전한 능력이요 완전한 승리입니다. 순교 역시 세상적 시각으로 보면 저주이고 실패입니다. 그러나 신앙적으로 보면 면류관이요 영광입니다. 예수님의 십자가가 세상의 눈으로 볼 때에는 실패였지만, 하나님의 나라를 위해서는 '모든 것을 다 이루신' 최후의 승리였음을 우리는 기억해야 합니다. 하나님의 영광을 위해 끝까지 순종하신 가장 아름다운 모습이었음을 기억해야 합니다.

우리나라가 일제 식민지와 같은 모진 고통 속에서도 주기철 목사님과 같은 순교자를 배출한 것은 한국교회의 자랑이요 영광입니다. 수많은 목회자가 신사참배를 수용하고 신앙을 떠나 타협하거나 도피하였지만, 주기철 목사님은 십자가와 부활의 신앙으로 신사참배를 거부하고 스스로 고초를 겪으셨으며 결국 순교의 제단에 자신의 생명을 바치셨습니다. 개인적으로나 가정적으로나 교회적으로 참으로 견디기 힘든 시간이었지만, 한국교회 역사와 하나님 앞에서 생각해 볼 때 주기철 목사님의 순교는 한국교회에 십자가와 부활의 신앙이 살아 있음을 보여준 너무나 영광스러운 사건이었습니다.

제가 대한복음신학교를 설립하고 얼마 되지 않아 당시 정부에서 무인가 신학교를 정리하겠다며, 지금 재학 중인 학생들만 교육해서 졸업시키고 더 이상 신입생을 모집하지 말고 문을 닫으라는 위협이 있었습니다. 그때 저는 밤이 맞도록 기도하였습니다. "하나님, 이렇게 학교를 끝낼 수는 없지 않습니까? 하나님,

어떻게 하면 좋겠습니까?" 그렇게 기도하는 가운데 이런 마음이 들었습니다. "그래, 감옥에 가게 되면 가자. 주님을 위해 순교하는 사람들도 있는데…" 그래서 저는 다음날 일간지 돌출광고란에 학생 모집 공고를 냈습니다. 당시 학교에서 함께 일하던 목사님은 "장 목사, 미쳤느냐?"라고 반문하기도 했습니다.

주기철 목사님이 가졌던 마음, 그리고 제가 당시에 가졌던 마음 그것은 '일사각오'(一死覺悟)의 정신에서 나온 마음이라 할 수 있습니다. 일사각오란 죽기를 각오하고 어떤 일이나 행동을 실천에 옮길 때 사용하는 말인데, 저는 "한 번 사는 인생 사명을 위해 죽기를 각오하면 두려워할 것이 없다"라는 마음이었습니다. 일사각오의 정신은 십자가와 부활의 신앙에서 나옵니다. 주기철 목사님께서 교회를 지키기 위해 가지셨던 마음을 저는 학교를 지키기 위해 가졌던 것인데, 하나님께서 그 마음을 기쁘게 받으셨는지 물밀듯이 학생들을 보내주셨습니다.

"사랑하는 자들아 너희를 연단하려고 오는 불 시험을 이상한 일 당하는 것 같이 이상히 여기지 말고 오히려 너희가 그리스도의 고난에 참여하는 것으로 즐거워하라 이는 그의 영광을 나타내실 때에 너희로 즐거워하고 기뻐하게 하려 함이라 너희가 그리스도의 이름으로 치욕을 당하면 복 있는 자로다 영광의 영 곧 하나님의 영이 너희 위에 계심이라"(벧전 4:12-14)

지금 와서 생각해 보면, 하나님께서 저의 그 겨자씨 같은 믿음을 귀하게 여기신 것 같습니다. 고난을 피할 방법을 고민할 때는 마음이 힘들었지만, 하나님이 주신 사명을 위해 결단한 순간부터는 마음에 평강이 찾아왔습니다. 하나님을 위해 죽기를 각오한 그 시간이 십자가의 주님을 가장 많이 묵상한 시간이었습니다. 하나님께서는 그때 그 믿음을 보시고 오늘 우리 백석학원과 백석총회를 초자연적으로 축복해 주셨다고 믿습니다. 제가 바라본 것은 지금의 외형적 영광이 아니라, 오직 예수 그리스도였습니다. 저는 그리스도의 고난에 참여하는 것 자체를 기쁨으로 생각했습니다.

십자가를 두려워해서는 안 됩니다. 죽음마저도 두려워해서는 안 됩니다. 예수님은 "누구든지 제 목숨을 구원하고자 하면 잃을 것이요 누구든지 나를 위하여 제 목숨을 잃으면 찾으리라"(마 16:25)고 말씀하십니다. 신학자와 목회자에게는 주를 위해 생명까지도 아끼지 않는 믿음이 있어야 합니다.

사람을 두려워해서도 안 됩니다. 마태복음 10장 28절은 "몸은 죽여도 영혼은 능히 죽이지 못하는 자들을 두려워하지 말고 오직 몸과 영혼을 능히 지옥에 멸하실 수 있는 이를 두려워하라"고 말씀합니다. 우리가 정말 두려워해야 할 분은 하나님 한 분뿐입니다.

요한계시록 14장 13절은 "또 내가 들으니 하늘에서 음성이 나서 이르되 기록하라 지금 이후로 주 안에서 죽는 자들은 복이 있도다 하시매 성령이 이르시되 그러하다 그들이 수고를 그치고 쉬리니 이는 그들의 행한 일이 따름이라 하시더라"고 말씀합니다. 사람은 죽음을 두려워합니다. 죽음을 두려워하지 않는 사람은 아무도 없습니다. 죽음은 우리의 대적 마귀의 마지막 남은 무기입니다. 그러나 예수님께서는 자신의 십자가를 통해 마귀의 마지막 무기인 죽음을 무력화하셨습니다. 십자가는 죽음이 끝이 아니라 부활의 문이라는 사실을 보여주었습니다.

"자녀들은 혈과 육에 속하였으매 그도 또한 같은 모양으로 혈과 육을 함께 지니심은 죽음을 통하여 죽음의 세력을 잡은 자 곧 마귀를 멸하시며 또 죽기를 무서워하므로 한평생 매여 종 노릇 하는 모든 자들을 놓아 주려 하심이니"(히 2:14-15)

이 말씀을 믿는다면 우리는 죽음을 두려워하지 않을 수 있습니다. 죽음이 우리의 앞을 가로막을 수는 없습니다. 예수 그리스도의 십자가와 부활의 복음, 이 생명의 복음을 마음 중심에서부터 믿을 때 우리는 두려워하지 않게 됩니다. 지식이나 학문을 통해서는 불가능합니다. 학문으로는 어떤 고난과 박해도 이길 수 없으며, 순교자를 배출할 수도 없습니다.

셋. 십자가와 부활의 신앙은 조건 없는 희생과 섬김입니다

하나님의 사랑은 조건이 없습니다. 하나님께서 우리에게 독생자 예수 그리스도를 내어주실 때 어떤 조건도 붙이지 않으셨습니다. 저 역시 학교를 설립한 이후 49년 동안 하나님의 일이라면 계산하지 않고 조건을 두지 않았습니다. 때로는 큰 손해를 감수해야 했고, 실제로 큰 피해를 보기도 했지만, 절대 후회하지 않았습니다. 그러자 하나님께서 초자연적인 은혜로 모든 것을 갚아주셨습니다.

갈라디아서 6장 14절은 "그러나 내게는 우리 주 예수 그리스도의 십자가 외에 결코 자랑할 것이 없으니 그리스도로 말미암아 세상이 나를 대하여 십자가에 못 박히고 내가 또한 세상을 대하여 그러하니라"고 말씀합니다. 우리는 십자가를 자랑해야 합니다. 하나님께서 아낌없이 내어주신 사랑의 완성이 바로 십자가이기 때문입니다.

사랑에는 조건이 없습니다. 하나님의 일에는 어떠한 조건도 달아서는 안 됩니다. 하나님께서 맡기신 복음의 사명을 감당하기 위해서는 먼저 희생하고 봉사하며 섬기는 삶이 필요합니다. 남는 것을 드리는 것이 아니라, 가장 귀한 것을 먼저 하나님께 드려야 합니다. 그것이 나 자신일지라도 말입니다.

희생할 줄 모르는 신학자, 봉사할 줄 모르는 목회자에게는 십자가와 부활의 신앙이 나타날 수 없습니다. 십자가 신앙은 우리를 위해 자신을 내어주신 예수 그리스도의 십자가 사랑을 본받는 것입니다.

"그가 찔림은 우리의 허물 때문이요 그가 상함은 우리의 죄악 때문이라 그가 징계를 받으므로 우리는 평화를 누리고 그가 채찍에 맞으므로 우리는 나음을 받았도다"(사 53:5)

이러한 사랑의 실천이 없는 신학은 이론에 불과합니다. 아무리 세계적인 학자에게서 배운다 해도 학문으로서의 신학은 한계가 있습니다. 학문으로 신학을 배운 사람 중 순교자가 된 이는 없습니다. 초대교회부터 오늘에 이르기까지 교회를 지킨 분들은 학자가 아니라, 십자가와 부활의 신앙을 가진 신실한 목회자들과 성도들이었습니다. 생명조차 아끼지 않는 주의 종들이었음을 기억해야 합니다.

갈라디아서 2장 20절은 "내가 그리스도와 함께 십자가에 못 박혔나니 그런즉 이제는 내가 사는 것이 아니요 오직 내 안에 그리스도께서 사시는 것이라 이제 내가 육체 가운데 사는 것은 나를 사랑하사 나를 위하여 자기 자신을 버리신 하나님의 아들을 믿는 믿음 안에서 사는 것이라"고 말씀합니다.

우리는 이미 주와 함께 십자가에 못 박혔습니다. 죄에 대해서는 죽은 사람입니다. 이제 우리가 사는 것은 예수 그리스도 안에서 사는 것입니다. 진정으로 예수 그리스도가 내 안에, 내가 예수 그리스도 안에 있어서 목숨까지 내놓을 수 있는 신앙을 가져야 합니다. 이러한 십자가와 부활의 신앙이 없다면, 누구도 그리스도를 위해 희생하고 헌신할 수 없습니다.

제가 신학이 학문이 아니라고 주장하게 된 이유는 많이 공부하고 학문이 깊은 신학자들에게 당연히 희생과 봉사가 있을 줄 알았는데 그렇지 않다는 것을 알게 되었기 때문입니다. 신앙이 깊어질수록 더 많이 헌신하고, 더 많이 희생하고 봉사해야 합니다. 신학을 학문으로만 공부하면 순교는 고사하고, 희생과 봉사도 힘겨워합니다. 조그마한 어려움이 닥쳐도 쉽게 물러나게 됩니다.

"인자가 온 것은 섬김을 받으려 함이 아니라 도리어 섬기려 하고 자기 목숨을 많은 사람의 대속물로 주려 함이니라"(막 10:45)

예수님께서 이 땅에 오신 것은 섬김을 받으러 오신 것이 아닙니다. 오히려 섬기고 자신의 목숨을 내어주시기 위해 오셨습니다. 루터, 츠빙글리, 칼빈과 같은 종교개혁자들도 예수 그리스도의 생명의 복음을 회복하는 일에 목숨을 걸었습니다. 그들은 학문에 목숨을 건 것이 아니었습니다. 예수 그리스도의 복음을 위해 손해 보고 희생하며 헌신하고 순교하는 일도 마다하지 않았던 것입니다.

지금 우리는 예수 믿는 것 때문에 박해를 받거나 생명의 위협을 겪지는 않습니다. 우리 자유민주주의 대한민국은 종교의 자유가 보장되어 있어서 마음껏 신앙 생활하는 데 아무런 지장이 없습니다.

그러나 우리의 신앙은 어떻습니까? 주를 위해서 순교할 수 있는 사명자가 한국교회에 얼마나 있겠습니까!

신학을 학문으로 배워서는 결코 순교할 수 없습니다. 영적 지도자가 희생과 봉사의 삶을 살기 위해서는 영적 생명을 살리는 교육을 받아야 하며, 이는 오직 하나님의 말씀으로만 가능합니다. 성경을 하나님의 계시로 믿고 순종할 수 있는 사람이 목회자가 되어야 합니다. 죽으면 죽으리라는 각오로 사명을 감당하면, 하나님께서 반드시 책임져 주십니다. 십자가를 두려워하지 말고 자기 십자가를 지고 생명의 복음을 전하기 위해 힘쓰면, 하나님 나라가 확장되는 놀라운 은혜를 누리게 될 것입니다. 우리는 십자가와 부활의 신앙으로 사명을 감당하는 영적 지도자들이 되어야 합니다.

십자가와 부활의 신앙은 복음의 핵심입니다

기독교는 죽어야 사는 종교입니다. 예수님의 부활을 믿는 우리는 십자가를 두려워해서는 안 됩니다. 예수님께서는 죽기 위해 이 땅에 오셨고, 십자가는 예수님이 이루셔야 할 사명이었습니다. 우리가 하나님께 받은 사명의 길을 가는 것은 쉽지 않으며 많은 난관과 어려움이 있습니다. 예수님의 생애 가운데 가장 큰 시험과 유혹은 십자가가 아닌 다른 방법으로 메시아 노릇을 하라는 것이었습니다. 예수님은 이 모든 유혹을 이기시고 십자가의 길을 가셨습니다.

베드로는 예수님을 메시아로 고백했지만, 예수님의 고난과 죽으심에 대해서는 받아들이지 못했습니다. 예수님께서는 그런 베드로를 책망하시며, 하나님의 일을 생각하지 않고 사람의 일을 생각하는 것이라고 말씀하셨습니다(마 16:23).

예수님의 십자가는 복음의 핵심입니다. 우리는 "그리스도의 십자가의 원수"로 살아서는 안 됩니다(빌 3:18). 십자가를 평생의 자랑으로 삼아야 합니다. 주님의 십자가는 죄를 이기고, 대속하는 능력이 있습니다.

십자가 없는 부활은 없고 고난 없는 영광도 없습니다. 예수님의 죽으심과 부활은 결코 분리될 수 없습니다.

"자녀이면 또한 상속자 곧 하나님의 상속자요 그리스도와 함께 한 상속자니 우리가 그와 함께 영광을 받기 위하여 고난도 함께 받아야 할 것이니라"(롬 8:17)

이런 십자가와 부활의 복음을 믿는 신앙은 학문이나 머리로 얻는 것이 아닙니다. 신학은 학문이 아니라 예수 그리스도의 생명의 복음입니다. 십자가와 부활의 신앙은 하나님께서 우리 마음의 눈을 밝히 열어주실 때만 얻을 수 있습니다(고후 1:21-22; 엡 1:17-18).

오늘날 많은 신학자는 신학을 하나의 학문으로 여깁니다. 그러나 저는 단호히 말합니다. 신학은 결코 학문이 아닙니다. 그 이유는 명확합니다. 성경은 하나님의 진리의 말씀입니다. 성경은 인간의 이성이나 논리로 해석하고 연구하는 대상이 아니라, 하나님의 계시로서 우리에게 주어진 말씀입니다. 영이신 하나님을 어떻게 피조물인 인간의 이성과 학문으로 규정할 수 있겠습니까? 하나님을 연구의 대상으로 삼는 순간, 신학의 주체가 인간이 되어버리고 맙니다. 그러나 신학의 주체는 언제나 하나님이십니다. 하나님께서 말씀하시고, 우리는 그 말씀에 순종하는 것입니다.

학문이나 이성, 교리로는 결코 구원을 얻을 수 없습니다. 구원은 오직 하나님의 말씀과 예수 그리스도의 십자가와 부활을 믿는 신앙으로만 주어집니다. 학문으로 신학을 배운 사람 가운데 순교자가 없었다는 사실은 순교와 헌신, 희생과 봉사가 단지 이론이나 지식으로 되는 것이 아님을 분명하게 보여줍니다. 그런 고귀한 것들은 오직 십자가와 부활의 신앙으로 하나님의 말씀을 가슴으로 받아들이고 무릎으로 기도하며 살아갈 때만 가능합니다.

신학이 학문이 되면 사변화되고 머리로만 이해하는 이론이 되어버립니다. 그렇게 되면 신학자와 목회자들은 영적 생명력을 잃어버리고, 교회는 점점 세속화되고 침체합니다. 저는 실제로 많은 신학자들이 학문적으로는 뛰어나지만, 희생과 봉사, 헌신의 삶을 살지 못하는 모습을 보았습니다. 신학을 많이 공부하고도 교회를 개척하지 못하고, 사명을 감당하지 못하는 현실을 보며, 신학교육의 근본적인 방향을 다시 생각하게 되었습니다.

신학은 하나님의 말씀을 올바로 깨닫고, 그 말씀에 순종하는 삶을 살아가기 위한 도구입니다. 신학의 목적은 학문적 발전이 아니라, 예수 그리스도의 생명을 전하고, 십자가와 부활의 신앙을 실제 삶에서 실천하는 데 있습니다. 신학이 학문이 될 수 없는 가장 중요한 이유는 학문으로는 결코 십자가와 부활의 신앙을 가질 수 없기 때문입니다. 십자가와 부활의 신앙은 머리가 아니라 가슴과 무릎으로, 곧 체험과 순종으로만 얻을 수 있습니다.

저는 신학이 다시 말씀 중심, 예수 생명 중심으로 돌아가야 한다고 믿습니다. 신학은 학문이 아니라 하나님과의 인격적 만남, 예수 그리스도의 십자가와 부활을 믿는 신앙, 그리고 그 신앙을 삶으로 실천하는 복음의 길이어야 합니다. 십자가와 부활의 신앙이 학문으로는 가질 수 없는 것임을 생각할 때 결국 신학이 추구해야 할 진정한 목표는 지식이 아니라 하나님의 사랑을 깨닫고 실천하는 데 있음을 배우게 됩니다.

여섯 번째 결론

학문으로는 기독교 신앙의 핵심인 십자가와 부활의 신앙을 가질 수 없습니다. 그래서 신학은 학문일 수 없는 것입니다. 십자가와 부활은 인간의 이성이나 논리, 학문적 지식으로는 결코 이해하거나 믿을 수 없는 하나님의 신비이며, 오직 성령의 역사와 하나님의 계시를 통해서만 얻을 수 있는 영적 진리입니다. 이 신앙은 단순한 지적 동의를 넘어서 자기를 부인하고 날마다 십자가를 지는 순교자의 삶으로 나타나며, 조건 없는 희생과 섬김을 통해 실천됩니다. 역사적으로 학문으로 신학을 배운 사람 중에 순교자가 된 이가 없다는 사실이 이를 증명합니다.

참된 신학은 머리의 지식이 아닌 가슴과 무릎의 순종을 통해 얻는 예수 그리스도의 생명의 복음입니다. 따라서 신학은 학문적 지식의 축적이 아니라 십자가와 부활의 능력을 체험하고 실천하는 복음의 길이어야 합니다.

7

학문으로는 하나님의 사랑을 깨닫고 실천할 수 없습니다

　신학이 학문이 아닌 일곱 번째 이유는 학문으로는 하나님의 사랑을 깨달을 수도 없고 실천할 수도 없기 때문입니다. 하나님의 사랑은 조건이 없습니다. 학문으로 사랑의 개념을 설명하고 이해할 수는 있지만 사랑을 실천할 수는 없습니다. 자신의 필요와 목적을 위해 사랑하는 것은 진정한 사랑이라 할 수 없습니다. 하나님의 사랑은 조건이 없습니다. 아무런 가치가 없는 우리를 위해 독생자 아들까지 아낌없이 주신 그 참된 사랑만이 세상을 살리고 변화시킬 수 있습니다.

세상을 변화시키는 예수님의 사랑

　오래전부터 백석대학교 광고에서 사용되었던 문구가 있습니다.

"세상을 바꾸는 것은 지식이 아니라 예수님의 사랑입니다".

사실 이 광고는 학교를 홍보하기 위해서 만들었다기보다는 예수 그리스도의 복음을 전하기 위해서 만든 것입니다. 예수님의 사랑을 경험한 사람은 삶의 변화가 일어날 수밖에 없으며, 하나님과 인격적 만남을 지속적으로 갖기 위해서 기도로 하루를 시작해야 한다는 생각에서 광고를 만들게 되었습니다. 예수 그리스도의 사랑으로 세상을 변화시켜야 할 그리스도인들이 정말 예수님을 만났는데도 불구하고 삶이 변하지 않았다면 진정한 사랑을 체험하지 못한 것입니다.

한국교회가 분열하고 세속화된 이유가 무엇인지에 대해 오랫동안 고민해 왔습니다. 한국 기독교 140주년을 맞이하면서 선교사님들로부터 물려받은 거룩한 신앙의 유산 가운데 지키지 못한 것이 무엇인지에 대해서도 깊이 생각하게 되었습니다. 그리고 얻은 결론 가운데 가장 큰 것은 '복음의 생명력'이 우리에게 필요하다는 것이었습니다.

복음이 무엇입니까? 복음은 구원을 주시는 하나님의 능력입니다. 복음은 살리는 능력이요, 회복하는 능력이요, 사랑하게 하는 능력입니다. 하나님을 안다면 하나님을 사랑하며, 하나님의 사랑을 실천하는 사람이 됩니다.

예수 그리스도가 내 안에 내가 예수 그리스도 안에 사는 삶을 사셨던 선교사님들은 교파를 초월하여 복음을 전하는 일에 연합하였습니다. 그들은 성령 안에서 하나 되어 복음을 위해서라면 어떤 기득권도 내려놓는 사랑을 실천했습니다. 그 이유는 분명합니다. 그분들 안에 끓어오르는 복음의 열정이 있었기 때문입니다. 영적 생명을 소유한 자로서 영적 생명을 전하는 일을 최고의 가치로 삼았기 때문입니다.

왜 한국교회는 세계적으로 유례없는 부흥과 성장을 했음에도 불구하고 분열에 분열을 거듭하며 사회적 신뢰조차 잃어버렸을까요? 복음의 생명력 즉 하나님의 성품인 사랑을 잃어버렸기 때문입니다. 은혜로 구원받은 사람은 그 은혜를 헛되이 받지 말고 반드시 하나님의 사랑을 실천하는 일에 앞장서야 합니다. 그러나 한국교회는 겉으로는 사랑을 외치면서 실상은 탐욕과 명예욕에 사로잡혀 그리스도의 몸인 교회를 갈라놓는 잘못을 범했습니다. 입술로는 하나님의 사랑을 외쳤지만, 실제는 세상적인 욕심을 따랐던 것입니다. 눈에 보이는 세상의 원리를 따라 살다 보니 교회도 세속화되었습니다. 세상에서 인정받는 사람이 교회에서도 인정받고, 세상에서 사랑받는 사람이 교회에서도 사랑받게 되었습니다. 교회는 세상 안에 있으나 세상에 속하지 않아야 하는데, 어느새 세상 안에 속한 여러 단체 가운데 하나처럼 되었습니다.

인간의 학문은 오랜 역사 속에서 수많은 지식과 기술을 발전시켜 왔습니다. 철학, 과학, 역사학 등 다양한 분야가 인간의 이성적 탐구와 분석을 통해 발전해 왔고, 그 결과 우리의 삶은 물질적으로 풍요로워졌습니다. 그러나 이러한 학문의 발전에도 불구하고 인간은 여전히 삶의 궁극적인 문제들 앞에서 무력함을 느낍니다. 진정한 자유나 참된 사랑, 삶과 죽음, 구원과 같은 문제들은 인간의 이성과 학문만으로는 명확한 해답을 찾을 수 없기 때문입니다.

특별히 '하나님의 사랑'이라는 주제는 학문으로 접근하거나 해명하기 어려운 영역입니다. 하나님의 사랑은 인간이 스스로 도달할 수 없는 초월적이고 신적인 영역에 속하기 때문입니다. 성경은 이 한계를 분명히 지적합니다. 인간의 지혜와 지식으로는 하나님을 온전히 알 수 없습니다. 하나님의 사랑을 깨닫고 실천하는 것은 전적으로 하나님의 계시에 의존합니다.

하나. 사랑의 중심성: 사랑이 모든 것입니다

"내가 사람의 방언과 천사의 말을 할지라도 사랑이 없으면 소리 나는 구리와 울리는 꽹과리가 되고 내가 예언하는 능력이 있어 모든 비밀과 모든 지식을 알고 또 산을 옮길 만한 모든 믿음이 있을지라도 사랑이 없으면 내가 아무 것도 아니요 내가 내게 있는 모든 것으로 구제하고 또 내 몸을 불사르게 내줄지라도 사랑이 없으면 내게 아무 유익이 없느니라"(고전 13:1-3)

이 말씀은 사랑이 얼마나 중요한지를 잘 보여줍니다. 방언과 예언, 지식과 믿음, 구제와 희생 같은 귀한 덕목들도 사랑이 없으면 아무 유익이 없다고 말씀하십니다. 방언과 예언을 하는 성령의 사람이 되고, 지식과 믿음을 갖춘 선한 일꾼이 되어, 사람들을 위해 구제하고 희생하는 섬김의 사람이 되어도, 사랑이 없으면 아무것도 아니라는 것은 '사랑이 최고의 가치'라는 것입니다.

골로새서 3장 12-14절은 "그러므로 너희는 하나님이 택하사 거룩하고 사랑 받는 자처럼 긍휼과 자비와 겸손과 온유와 오래 참음을 옷 입고 누가 누구에게 불만이 있거든 서로 용납하여 피차 용서하되 주께서 너희를 용서하신 것 같이 너희도 그리하고 이 모든 것 위에 사랑을 더하라 이는 온전하게 매는 띠니라"고 말씀합니다. 긍휼과 자비, 겸손, 온유, 오래 참음, 용서와 같이 성경이 우리에게 권하는 덕목들도 사랑이 없이는 온전한 것일 수 없다는 말입니다.

사랑은 우리가 갖추어야 하는 덕목 가운데 하나가 아닙니다. 믿는 자들의 삶의 제1원리로서 모든 행위에 동반되어야 하는 것입니다. 사랑 때문에 방언하고, 사랑 때문에 예언하며, 사랑을 위해 희생하고 봉사해야 합니다. 사랑은 부족해도 믿음이나 능력만 있으면 된다는 식의 생각은 버려야 합니다. 믿음은 좋은데 사랑이 부족하다면, 그것은 믿음이 부족하다는 말이나 마찬가지입니다. 이처럼 하나님께서는 모든 행위가 사랑 안에서, 사랑을 위해 이루어져야 한다고 가르칩니다.

"사랑을 추구하며 신령한 것들을 사모하되 특별히 예언을 하려고 하라"(고전 14:1) 이 말씀은 사랑과 신령한 것들을 모두 추구하라는 말씀처럼 보이지만, 그렇지 않습니다. 여기서 "사랑을 추구하며"라는 표현은 신령한 것들을 사모하는 근본적인 동기가 사랑이어야 한다는 의미입니다. 그래서 개역개정 이전의 개역한글 성경에서는 이 구절을 "사랑을 따라 구하라"고 번역하고 있습니다. 신령한 것들을 구할 때도 사랑을 따라서, 사랑 때문에 구해야 한다는 것입니다.

고린도전서 14장 말씀은 흔히 '은사장'이라고 불리는 고린도전서 12장과 '사랑장'이라고 불리는 고린도전서 13장의 결론이기도 합니다. 고린도전서 12장은 신령한 것들 즉 성령의 은사에 대해 가르치고 있습니다. 고린도전서 12장 7절은 "각 사람에게 성령을 나타내심은 유익하게 하려 하심이라"고 말씀합니다. 성령의 은사는 그 은사를 받은 자를 높이기 위한 것이 아니라, 서로 다른 지체들이 모여 한 몸을 이룬 교회의 유익을 위한 것이라는 말씀입니다. 그러므로 성령의 은사를 받은 자들은 자신이 받은 은사를 다른 지체들에게 유익이 되도록 사용하고 섬겨야 합니다. 다시 말해 은사는 "서로 사랑하라"(요 13:34)는 예수님의 새 계명을 수행하는 수단이 되어야 합니다.

은사에 대해 말씀한 다음 곧바로 고린도전서 13장에서 사랑에 대해 가르치십니다. 사랑이 없으면 아무리 좋고 신령한 것들도 아무 것도 아니라고 가르칩니다. 그렇기 때문에 신령한 것들을 구할 때 사랑을 따라 구하라고 말씀하시는 것입니다.

둘. 사랑은 사람을 변화시킵니다

어거스틴은 『요한서신 강해』 제7강 8항에서 "사랑하십시오. 그리고 당신이 원하는 것을 하십시오"라고 말합니다. 이 말은 "사랑하기만 하면, 나머지는 마음대로 원하는 것을 해도 된다"는 의미가 아닙니다. 진정한 사랑을 하면, 그 사랑에 위배되는 것은 결코 원하지 않게 되기 때문에 무엇을 원해도 그것이 사랑 안에서 원하는 것이 된다는 의미입니다.

사랑을 한다는 것이 무엇입니까? 사랑은 그저 누군가를 향한 마음의 감정이 아닙니다. 믿음과 마찬가지로 사랑도 반드시 행위로 나타나게 됩니다. 누군가를 진정으로 사랑하게 되면, 자신이 사랑하는 자가 원하는 것을 하고 싶어 하고, 사랑하는 자가 원하지 않는 것은 삼가려 하기 마련입니다. 그가 잘되기를 바라고 잘못되는 일이 없기를 바라며 그에 따르는 행동을 합니다. 그렇게 하기 위해 필요하다면 자기가 원하는 것을 내려놓습니다. 이처럼 사랑은 사랑하는 자에게 매이는 것입니다.

예수님을 사랑하는 자는 예수님이 기뻐하는 것을 하려 하고, 싫어하는 것을 피하려고 노력합니다. 그래서 사랑을 한다는 것은 내가 원하던 것을 버리고 내가 사랑하는 자가 원하는 것을 나도 원하게 되는 사람으로 바뀌는 것입니다. 그래서 예수님께서는 "너희가 나를 사랑하면 나의 계명을 지키리라"(요 14:15)고 말씀하셨습니다. 예수님께서 우리에게 바라시는 것, 명하시는 것을 지키려 하지 않으면서 예수님을 사랑한다고 말할 수는 없습니다.

어거스틴이 말하는 것도 바로 그것입니다. 진정한 사랑을 하면, 그가 원하는 것은 모두 사랑 안에서 그리고 사랑 때문에 원하는 것이 되고, 그가 하려는 것은 모두 사랑으로 하는 것이 된다는 것입니다.

어거스틴은 바로 이어서 "침묵하려거든 사랑으로 침묵하십시오. 외치려거든 사랑으로 외치십시오. 바로잡아 주려거든 사랑으로 바로잡아 주십시오. 용서하려거든 사랑으로 용서하십시오"(『요한서신 강해』 제7강 8항)라고 말합니다. 침묵하거나 목소리를 높이는 것, 권징하거나 용서하는 것 모두 사랑을 위한 것 즉 사랑의 행위여야 한다는 것입니다. 자기가 원해서 침묵하는 것이 아니라 그를 위해 침묵해야 하고, 자기가 원해서 용서하는 것이 아니라, 싫더라도 그를 위한 것이면 용서해야 한다는 것입니다.

이처럼 참된 사랑을 하게 되면 삶의 중심이 자신에게서 사랑하는 자에게로 바뀌게 됩니다. 나를 위해 살던 삶이 그를 위한 삶으로 바뀌어 그에게 매이는 것입니다. "오직 사랑으로 서로 종 노릇 하라"는 갈라디아서 5장 13절의 말씀처럼, 사랑을 하게 되면 자기 자신보다 사랑하는 자를 위하게 되고, 가장 좋은 것을 아낌없이 그에게 주려고 합니다.

하나님께서는 가장 좋은 것을 아낌없이 베푸는 사랑의 특징을 잘 보여주십니다. 요한복음 3장 16절은 "하나님이 세상을 이처럼 사랑하사 독생자를 주셨으니 이는 그를 믿는 자마다 멸망하지 않고 영생을 얻게 하려 하심이라"고 말씀하십니다. 하나님께서도 우리를 사랑하셨기 때문에, 우리를 나쁜 것 즉 멸망에서 건지시고 좋은 것, 즉 영생을 주시기 위해 가장 귀한 독생자를 내어주신 것입니다.

로마서 13장 10절은 "사랑은 이웃에게 악을 행하지 아니하나니 그러므로 사랑은 율법의 완성이니라"고 말씀합니다. 사랑은 사람들에게 악을 행하지 않습니다. 누군가에게 악을 행하지 않으려고 애쓰는 모습이 나타난다면, 그것은 소극적인 의미에서 사랑의 실천이라고 할 수 있습니다. "삼가 누가 누구에게든지 악으로 악을 갚지 말게 하고 서로 대하든지 모든 사람을 대하든지 항상 선을 따르라"는 데살로니가전서 5장 15절의 말씀이나 "악에서 떠나 선을 행하고 화평을 구하며 그것을 따르라"는 베드로전서 3장 11절의 말씀은 모두 서로 사랑하라는 명령입니다. "온 율법과 선지자의 강령"(마 22:40)인 하나님 사랑과 이웃 사랑으로 요약되는 모든 계명도 결국은 하나님 보시기에 악한 일을 하지 않고, 이웃에게 악을 행하지 않음으로써 사랑을 실천하라는 명령입니다. 그래서 "사랑은 율법의 완성"이라고 말씀하신 것이고 "남을 사랑하는 자는 율법을 다 이루었느니라"(롬 13:8)고 말씀하시는 것입니다.

사랑은 마음 중심이 변하는 것입니다. 그래서 사랑은 사람을 변화시킵니다. 예수님을 사랑하면 예수님의 계명을 지키게 되고, 예수님을 닮은 모습으로 변화되어 갑니다. 이렇게 변화된 사람들로 인해 교회가 말씀이 살아 있는 교회로 변화되고, 교회를 통해 예수 그리스도의 생명의 복음이 온 세상에 전해지게 됩니다.

셋. 사랑은 믿음의 외적 표현입니다

"사랑하는 자들아 우리가 서로 사랑하자 사랑은 하나님께 속한 것이니 사랑하는 자마다 하나님으로부터 나서 하나님을 알고"(요일 4:7)

사랑은 세상에 속한 것이 아니라 하나님께 속한 것입니다. 그렇기에 우리의 힘과 의지로는 진정한 사랑, 즉 사람을 변화시키고 교회를 변화시키는 사랑을 할 수 없습니다.

우리가 사랑할 수 있는 것은 우리에게 베푸신 하나님의 사랑 때문입니다. 요한일서 4장 19절은 "우리가 사랑함은 그가 먼저 우리를 사랑하셨음이라"고 말씀하고 있습니다. 우리를 향한 하나님의 사랑은 우리가 사랑할 수 있는 근거이자 원천일 뿐 아니라, 우리가 사랑을 지속해 나갈 수 있는 힘이기도 합니다.

성경이 가르치는 사랑을 하기 위해서는 반드시 하나님을 믿어야 합니다. 하나님께서 우리를 구원하시기 위해 독생자를 내어 주실 만큼 우리를 사랑하셨다는 것을 믿어야 합니다. 그 믿음은 반드시 사랑으로 나타납니다.

"그리스도 예수 안에서는 할례나 무할례나 효력이 없으되 사

랑으로써 역사하는 믿음뿐이니라"(갈 5:6)

여기서 '역사한다'는 말은 '일한다'는 말입니다. 믿음은 사랑을 통해 움직이고 드러난다는 말입니다.

"행함이 없는 믿음은 그 자체가 죽은 것"이라는 야고보서 2장 17절의 말씀처럼 진실된 믿음은 반드시 행위로 나타납니다. 믿음이 행위로 나타난 것이 바로 사랑입니다. 그러므로 행함 없는 믿음이 죽은 것처럼, 행함 없는 사랑도 죽은 것입니다. 사랑은 믿음이 드러나는 것, 즉 믿음의 외적 표현입니다.

이 말은 믿음이 없이는 성경이 가르치는 사랑이 불가능하다는 의미이기도 합니다. 성경이 가르치는 사랑은 세상이 가르치는 사랑과는 다릅니다. 믿음을 전제하기 때문입니다. 이는 기독교의 '사랑'이 합리적이고 계산 가능한 범위 안에서 이루어지는 행위가 아님을 의미합니다. 세상 사람들이 볼 때 기독교의 '사랑'은 무모하거나 비합리적인 행위로, '미련'하고 '거리끼는' 것으로 보일 수 있습니다.

"나를 사랑하사 나를 위하여 자기 자신을 버리신 하나님의 아들"(갈 2:20) 예수 그리스도의 사랑을 세상의 그 누가 이해할 수 있겠습니까? 말씀에 순종하여 자신의 외아들 이삭을 번제로 바치려고 했던 아브라함의 하나님 사랑을 세상의 어떤 사람이 칭찬할 수 있겠습니까? 양 아흔아홉 마리를 내버려 둔 채 잃어버린 한 마리를 찾아 나서는 목자의 비유를 말씀하시는 예수님께 누가 선뜻 동의할 수 있겠습니까?

넷, 학문으로는 사랑을 알 수 없습니다

그러하기에 학문으로는 성경이 말하는 하나님의 사랑을 알 수도 없고 실천할 수도 없습니다. 학문은 이성과 합리성을 기준으로 옳다고 인정되는 것만 지식으로 받아주기 때문입니다. 사랑을 말할 때도 학문은 자기 기준에 맞지 않는 것은 '옳지 않은' 것으로 단정하거나, 적어도 그것이 옳은지 여부를 '확인할 필요가 있다'라고 권고하기 마련입니다. 학문은 자신이 옳다고 알고 있는 범위의 것을 넘어서는 것들을 모두 '잘못'으로 간주하려는 성향이 있습니다. 그래서 합리성이 아니라 믿음이라는 기반 위에서만 성립하는 기독교의 사랑을 결코 이해할 수 없고, 실천할 수도 없습니다.

"믿음으로 말미암아 그리스도께서 너희 마음에 계시게 하시옵고 너희가 사랑 가운데서 뿌리가 박히고 터가 굳어져서 능히 모든 성도와 함께 지식에 넘치는 그리스도의 사랑을 알고"(엡 3:17-18)

학문으로는 결코 그리스도의 사랑을 알 수 없습니다. 그리스도의 사랑을 알게 하는 것은 학문이 아니라 믿음입니다.

고린도전서 8장 1절은 "지식은 교만하게 하며 사랑은 덕을 세우나니"라고 말씀합니다. 학문은 교만하게 합니다. 학문 자체의 특성이 그렇습니다. 학문은 올바른 지식을 추구하기 때문에 옳고 그름을 분별하는 것을 중요하게 여깁니다. 학문은 자신의 지식이 옳다고 생각하기 때문에 자기와 다른 것은, 그것이 왜 다른지를 살펴보기도 전에, 모두 틀렸다고 생각하기 쉽습니다. 그래서 남들이 가지지 못한 지식을 소유하고 있다고 생각하는 학자들은 자신을 남들보다 우월하게 여기면서 자신을 신뢰합니다. 그러나 학문적 지식이 전부가 아니라면, 자기가 아는 것만을 신뢰하는 학문에 대한 자기 신뢰는 교만입니다.

이어지는 고린도전서 8장 2절은 "만일 누구든지 무엇을 아는 줄로 생각하면 아직도 마땅히 알 것을 알지 못하는 것이요"라고 말씀합니다. 학문으로는 우리가 마땅히 알아야 할 것을 알지 못한다는 말이기도 합니다. 우리가 알지 못하는 것은 어떤 것들일까요?

학문으로는 우리가 "마땅히 기도할 바"를 알지 못합니다(롬 8:26). 학문으로는 삶의 상황에서 사람들에게 "마땅히 대답할 것"

을 알 수도 없습니다(골 4:6). 곤고한 사람들을 말로 도와줄 수 있게 해주는 '학자의 혀'도 학문으로 얻는 것이 아니라 여호와 하나님께서 주시는 것입니다.

"주 여호와께서 학자들의 혀를 내게 주사 나로 곤고한 자를 말로 어떻게 도와 줄 줄을 알게 하시고 아침마다 깨우치시되 나의 귀를 깨우치사 학자들 같이 알아듣게 하시도다"(사 50:4)

고린도전서 8장 13절은 "그러므로 만일 음식이 내 형제를 실족하게 한다면 나는 영원히 고기를 먹지 아니하여 내 형제를 실족하지 않게 하리라"고 말합니다. 우상에게 바친 제물을 먹는 것이 율법에 비추어 학문적으로는 아무 문제가 되지 않지만, 그럼에도 불구하고 그것이 믿음이 약한 누군가를 실족하게 한다면 (그 음식 먹는 것이 마치 율법으로 금지된 것처럼) 영원히 그 음식을 먹지 않음으로써 그를 실족하지 않게 하겠다는 것입니다. 이 결단은 믿음이 약한 자가 실족하지 않기를 바라는 마음에서 비롯된 사랑의 결단입니다. 학문과 지식으로는 결코 이런 결단에 이를 수도 없고 그것을 실천할 수도 없습니다.

한국교회가 힘을 잃어가고 있는 근본적인 원인은 하나님의 사랑을 온전히 실천하지 못하고 있는 데에 있습니다. 그 배후에는 하나님의 사랑을 본받고 실천하려 하기보다, 하나님의 사랑마저도 학문으로 접근하여 이해하고 논의하는 데 더 치중했던 신학 교육에 문제가 있습니다. 신학이 일반적인 학문과 교류하면서 학문적으로 더 깊고 다채로워지기는 했으나 막상 신학교나 교회 안에 하나님의 사랑이 넘치도록 하는 일에는 도움을 주지 못했습니다. 하나님의 사랑을 아는 것은 오직 믿음으로만 가능한데, 믿음보다 학문을 앞세우는 잘못을 범했던 것입니다.

하나님의 사랑 '아가페'

우리는 신앙의 여정 속에서 하나님의 사랑을 더 깊이 알고 싶어 합니다. 때로는 책을 읽고, 공부하고, 토론을 통해 그 사랑을 이해하려고 애씁니다. 물론 학문은 유익한 도구입니다. 성경을 체계적으로 이해하게 하고, 신앙의 토대를 단단하게 세우는 데 도움을 줍니다. 하지만 분명한 한계도 존재합니다. 학문이 제아무리 하나님의 사랑을 정성껏 깊이 연구하더라도, 학문으로는 하나님의 사랑을 제대로 알 수도 없고 실천할 수도 없습니다. 왜 학문으로는 하나님의 사랑을 깨닫고 실천할 수 없습니까?

하나. 하나님의 사랑은 지식을 넘어서는 영적 실재입니다

에베소서 3장 17-18절은 "믿음으로 말미암아 그리스도께서 너희 마음에 계시게 하시옵고 너희가 사랑 가운데서 뿌리가 박히고 터가 굳어져서 능히 모든 성도와 함께 지식에 넘치는 그리스도의 사랑을 알고"라고 말씀하고 있습니다. 여기서 '지식에 넘치는'이라는 말은 '지식으로 알 수 있는 범위를 넘어선다'라는 의미입니다. 하나님의 사랑은 원래부터 인간이 자신의 힘으로 알 수 있는 것이 아니라고 분명히 말씀하시는 것입니다.

하나님의 사랑은 인간의 지성이 게으르거나 무지해서 알지 못하는 것이 아닙니다. 책이나 인터넷, 다른 사람들을 통해 얻을 수 있는 정보나 이론을 통해 깨달아 알 수 있는 것도 아닙니다. 경험을 정밀하게 해석하고 이성적으로 분석한다고 해서 이해할 수 있는 것 또한 아닙니다. 하나님의 사랑은 오직 믿음으로 성령의 조명을 통해 우리 마음 안에 들어오신 그리스도와의 인격적인 만남을 통해 체험적으로 알게 되는 초월적이고 영적인 실재입니다. 그렇기 때문에 이성과 합리성을 기준으로 하는 학문으로는 하나님의 사랑을 온전하게 깨달을 수 없습니다.

둘. 학문의 기반인 인간의 이성은 한계가 있습니다

고린도전서 2장 14절은 "육에 속한 사람은 하나님의 성령의 일들을 받지 아니하나니 이는 그것들이 그에게는 어리석게 보임이요, 또 그는 그것들을 알 수도 없나니 그러한 일은 영적으로 분별되기 때문이라"고 말씀하고 있습니다. 하나님의 사랑은 영적인 분별로만 깨달아 알 수 있는 진리입니다. 아무리 많은 책을 읽고 연구를 해도 성령의 도우심이 없이는 참된 깨달음에 이를 수 없습니다.

영적인 깨달음을 주시는 것은 오직 영이신 하나님, 즉 성령의 역사하심입니다. 우리는 오직 기도와 말씀 가운데 성령의 도우심을 구할 수 있을 뿐, 우리가 원하는 때와 장소에서 성령이 우리를 도우시도록 할 수는 없습니다.

반면에 학문은 육적인 것입니다. 인간의 이성과 경험을 기반으로 합니다. 그러므로 학문이 시간과 공간 안에 있는 가시적이고 물질적인 대상들을 다루는 데는 적합할지 모르지만, 시간과 공간을 초월하는 영적인 대상들을 다루기에는 적합하지 않습니다. 학문으로는 영적 분별이 필요한 하나님의 사랑을 깨달아 알 수 없습니다.

셋. 사랑은 반드시 실천으로 나타납니다

요한일서 3장 18절은 "자녀들아 우리가 말과 혀로만 사랑하지 말고 행함과 진실함으로 하자"라고 권면합니다. 학문은 사랑을 이론적으로 정의하고 정리하여 말할 수 있지만, 실제로 사랑을 행하게 만들지는 못합니다. 말로 가르치는 사랑이 실제 삶으로 드러나기 위해서는 학문이나 이론만으로는 충분하지 않습니다. 어떤 사람이 사랑에 대해 심오한 이론을 펼치지만 실제로 사랑의 실천이 없다면 그는 사랑을 진짜 아는 것이 아닙니다.

마찬가지로 학문이 매우 세련되고 정교하게 하나님의 사랑에 대해 말할 수 있지만, 그 사랑이 삶으로 드러나지 않는다면, 하나님의 사랑을 깨달았다고 할 수 없습니다. 진정으로 하나님의 사랑을 깨달았다면 그것은 반드시 우리의 말과 행동으로 나타나야 합니다. 그러므로 학문은 하나님의 사랑을 이해하는 데 보조적인 역할을 할 수 있을 뿐입니다.

학문은 하나님의 사랑을 알기에 충분한 통로가 결코 아닙니다. 우리는 성령의 인도하심 아래 하나님의 사랑을 '지식 너머'로 체험하고, 그것을 삶 속에서 실천하는 존재로 부름받았습니다. 그러므로 우리는 머리로만이 아니라, 마음과 삶 전체로 하나님의 사랑을 배우고 실천해야 합니다.

고린도전서 13장 1-2절은 "내가 사람의 방언과 천사의 말을 할지라도 사랑이 없으면 소리 나는 구리와 울리는 꽹과리가 되고 내가 예언하는 능력이 있어 모든 비밀과 모든 지식을 알고 또 산을 옮길 만한 모든 믿음이 있을지라도 사랑이 없으면 내가 아무 것도 아니요"라고 말씀합니다.

아무리 위대한 능력과 탁월한 지식을 가지며, 세계적으로 인정받는 신학자와 목회자가 되었다고 할지라도 사랑이 없으면 아무것도 아닙니다. 사랑이 없이는 희생도 봉사도 결국은 이웃을 위한 것이 아니라 자기를 위한 것으로 끝나기 때문입니다. 이해할 수 없는 것을 이해하고, 용서할 수 없는 것을 용서하고, 사랑할 수 없는 사람을 사랑해야 합니다. 세상을 바꾸는 것은 지식이 아니라 예수 그리스도의 사랑입니다.

마태복음 5장 44, 46절은 "나는 너희에게 이르노니 너희 원수를 사랑하며 너희를 박해하는 자를 위하여 기도하라 … 너희가 너희를 사랑하는 자를 사랑하면 무슨 상이 있으리요 세리도 이 같이 아니하느냐"라고 말씀하십니다. 사랑할 만한 사람을 사랑하는 것은 불신자들도 하는 사랑입니다. 그러나 하나님의 사랑은 사랑할 수 없는 사람, 즉 원수까지도 사랑하는 사랑입니다.

원수도 사랑하라는 하나님의 사랑은 인간에게는 '이해할 수 없는 사랑'입니다. 그를 사랑해야 하는 이유를 찾을 수 없거나, 그러한 사랑이 너무 어렵기 때문입니다. 그래서 "저런 사람을 도대체 왜 사랑해야 하느냐"고 묻는다면, 하나님께서는 아마도 "그냥"이라고 대답하실 수 있습니다. 사랑해야 할 이유를 묻지도 찾지도 말고, 하나님의 명령이니 그에 따라 무조건 사랑하라는 뜻도 될 것입니다.

넷. 하나님의 사랑은 조건 없는 사랑입니다

실제로 하나님은 우리를 그렇게 사랑하셨습니다. 사랑할 만한 이유가 하나도 없는데 우리를 사랑하셨습니다.

하나님께서 이스라엘 민족을 선택하셔서 애굽에서 구원하신 이유에 대해 신명기 7장 7-8절은 다음과 같이 말씀하고 있습니다.

"여호와께서 너희를 기뻐하시고 너희를 택하심은 너희가 다른 민족보다 수효가 많기 때문이 아니니라 너희는 오히려 모든 민족 중에 가장 적으니라 여호와께서 다만 너희를 사랑하심으로 말미암아, 또는 너희의 조상들에게 하신 맹세를 지키려 하심으로 말미암아 자기의 권능의 손으로 너희를 인도하여 내시되 너희를 그 종 되었던 집에서 애굽 왕 바로의 손에서 속량하셨나니"

다른 이유가 없습니다. 다만 우리를 사랑하셔서 자격 없는 우리에게 구원의 은혜를 허락하신 것입니다. 로마서 5장 8절은 "우리가 아직 죄인 되었을 때에 그리스도께서 우리를 위하여 죽으심으로 하나님께서 우리에 대한 자기의 사랑을 확증하셨느니라"고 말씀합니다. 하나님은 우리가 죄인일 때 우리를 사랑하셨습니다. 사랑할 만해서 사랑하신 것이 아닙니다.

"하나님이 세상을 이처럼 사랑하사 독생자를 주셨으니 이는 그를 믿는 자마다 멸망하지 않고 영생을 얻게 하려 하심이라"(요 3:16)

이 말씀은 하나님께서 독생자를 내어주시기까지 사랑한 자들은 그냥 두면 멸망할 자들, 영생을 얻지 못할 자들이었음을 알려주고 있습니다.

우리를 향한 하나님의 사랑에는 아무런 이유나 조건이 없습니다. 하나님께서 우리에게 있는 무엇인가를 보고 우리를 사랑하신 것이 아닙니다. 하나님의 사랑에 우리가 어떻게 반응할 것인가도 전혀 고려되지 않습니다. 단지 하나님께서 우리를 사랑하기를 원하셨고 그래서 사랑하기로 결정하셨다고 밖에는 말할 수 있는 것이 없습니다.

이처럼 아무런 조건 없이 오직 상대방을 긍휼히 여기시는 하나님의 마음에서 우러나는 값없는 사랑을 우리는 아가페($\alpha\gamma\acute{\alpha}\pi\eta$)라고 부릅니다. 인간의 사랑은 '대상의 가치에 근거한 사랑'인데 반해, 아가페는 '대상의 가치와 무관한 사랑'이자 '대상을 가치 있게 만드는 사랑'입니다.

학문으로는 하나님의 사랑을 알 수 없습니다. 하나님의 깊은 것까지 통달하시는 성령만이 하나님의 사랑을 알고, 그 하나님의 사랑을 우리에게 알려줄 수 있습니다.

"오직 하나님이 성령으로 이것을 우리에게 보이셨으니 성령은 모든 것 곧 하나님의 깊은 것까지도 통달하시느니라"(고전 2:10)

예수 그리스도의 사랑: 예수님의 인격을 닮은 사람

제 집무실에 '해불양수'(海不讓水)라고 쓴 붓글씨 액자가 걸려 있습니다. 바다는 물을 가려 받지 않는다는 뜻입니다. 원래 이 말은 중국 춘추전국시대 제나라의 환공과 그의 명재상이었던 관중의 이야기에서 유래된 고사성어이지만, 저는 이 액자를 보며 하나님의 크고 무한하신 사랑을 생각하곤 합니다. 시골 농부의 아들이던 저를 부르셔서 일꾼 삼으시고, 백석대학교를 하나님이 함께하시는 기독교대학으로 축복해 주신 그리스도의 사랑을 생각하곤 합니다. 그러면서 저도 그 사랑을 본받아 넓은 마음으로 사람들을 사랑으로 품어보겠다고 다짐하곤 합니다.

요한복음 13장 34-35절은 "새 계명을 너희에게 주노니 서로 사랑하라 내가 너희를 사랑한 것 같이 너희도 서로 사랑하라 너희가 서로 사랑하면 이로써 모든 사람이 너희가 내 제자인 줄 알리라"고 말씀합니다.

우리는 예수 그리스도를 따르는 제자들이어야 합니다. 제자로서 가장 먼저 해야 할 일은 서로 사랑하는 것입니다. 예수님을 닮은 사랑의 사람이 되라는 것, 그것이 바로 새 계명입니다.

오늘날 신학을 한다고 하면서, 그것도 보수 정통신학을 한다고 하면서 서로 사랑하지 못하는 사람들이 적지 않습니다. 탐욕의 죄를 짓고, 서로 용서하지 못하고, 시기와 다툼으로 세상의 비방거리가 되는 일이 너무나 많습니다. 이 모든 것은 우리 자신의 부덕이요 우리의 죄악입니다. 다른 사람을 용서하지 못하고 사랑하지 못하는 우리 자신의 죄를 먼저 회개하고, 서로 사랑하고 섬기라는 하나님의 말씀에 순복하여 우리 잘못에서 돌이킨다면 한국교회는 반드시 다시 살아날 것입니다.

서기관들과 바리새인들은 지식에 밝았습니다. 그들은 간음하다 현장에서 잡힌 여인을 놓고 율법의 지식을 꺼냈습니다. 율법에 따라 그 여인은 돌에 맞아 죽어야 했습니다. 그러나 예수님께서는 그 여인을 살리셨습니다. 요한복음 8장 11절에서 예수님은 "나도 너를 정죄하지 아니하노니 가서 다시는 죄를 범하지 말라"고 말씀하셨습니다.

예수님이 지식이 없으셨습니까? 율법을 어기자고 하셨습니까? 아닙니다. 예수님은 율법의 문자에 갇혀 있던 사람들에게 율법의 완성은 사랑이라는 것을 보여주신 것입니다.

"사랑은 이웃에게 악을 행하지 아니하나니 그러므로 사랑은 율법의 완성이니라"(롬 13:10)

다른 사람의 죄를 정죄하여 공의를 시행하는 것보다 다시는 죄짓지 않는 자가 되기를 바라는 사랑의 마음으로 용서하신 것입니다. 예수님은 그 사랑을 보여주시기 위해 스스로 십자가에 달리셔서 우리의 죄를 대신 지고 죽으셨습니다. 이 사랑을 안다면 우리는 사랑으로 살고 사랑으로 행할 수밖에 없습니다.

사랑의 본질과 지식의 한계

"사랑하는 자들아 우리가 서로 사랑하자 사랑은 하나님께 속한 것이니 사랑하는 자마다 하나님으로부터 나서 하나님을 알고 사랑하지 아니하는 자는 하나님을 알지 못하나니 이는 하나님은 사랑이심이라"(요일 4:7-8)

여기서 "사랑은 하나님께 속한 것"이라는 표현은 사랑의 기원(origin)과 근원(source)이 하나님 자신임을 선언합니다. 하나님은 단순히 사랑을 베푸시는 분이 아니라, 사랑 그 자체이십니다. 사랑은 하나님이 창조 전에 삼위일체 내에서 이미 누리고 계셨던 내적 교제의 성품이며, 피조물의 창조 이후에 생겨난 개념이 아닙니다.

또한 "사랑하는 자마다 하나님으로부터 나서"라는 표현은 하나님께 속한 신적 생명, 즉 거듭남을 가리키는 것입니다. 이는 진정한 사랑이 인간의 타고난 자연적 능력이 아니라, 하나님의 생명으로부터 나오는 영적 실재임을 보여줍니다. 이 사랑이 그처럼 고유한 사랑이라는 것을 알려주는 또 다른 말씀이 있습니다.

"아버지여 내게 주신 자도 나 있는 곳에 나와 함께 있어 아버지께서 창세 전부터 나를 사랑하시므로 내게 주신 나의 영광을 그들로 보게 하시기를 원하옵나이다"(요 17:24)

예수 그리스도께서 언급하신 창세 전부터의 사랑은 영원 전부터 성부와 성자, 성령 사이에 완전한 사랑의 교제가 있었음을 의미합니다. 우리 예수님은 삼위 하나님의 사랑의 관계 속에 성도들도 참여하기를 간구하고 계십니다. 이렇듯 삼위 하나님의 사랑은 교회가 사랑의 공동체가 되어야 함을 보여주며, 성도들의 소망의 근거가 되기도 합니다.

하나님의 사랑은 조건 없는 사랑이며, 죄인인 우리에게 먼저 다가온 사랑입니다. 이 사랑은 이론이나 사변이 아니라, 그리스도의 죽음을 통해 입증된 역사적 사실입니다. 인간의 공로나 자격과 무관하게 베풀어진 이 사랑은 도덕철학이나 윤리학 같은 인간의 학문으로는 설명할 수 없는 초월적 차원의 사랑입니다.

이러한 사랑을 어떻게 인간의 이성과 학문으로 이해할 수 있단 말입니까? 우리는 여기서 신학과 일반 학문의 근본적인 차이를 다시 생각해 볼 필요가 있습니다. 신학의 본질은 단순한 지적 탐구가 아니라 체험을 통해 하나님의 사랑을 알고 실천하는 삶의 방식에 있습니다. 인간의 학문은 지식과 기술을 발전시켜 삶을 풍요롭게 하였지만, 사랑과 같은 초월적이고 신적인 주제 앞에서는 여전히 다음과 같은 본질적 한계를 드러내 보입니다.

첫째, 인식론적 한계입니다. 사랑은 인간의 이성이나 분석만으로는 해명할 수 없는 신적 계시의 영역입니다. 성경은 인간의 지혜로 하나님을 온전히 알 수 없으며, 오직 하나님의 자기 계시를 통해서만 그 사랑을 알 수 있다고 명확히 가르칩니다(요일 4:7-16).

둘째, 방법론적 한계입니다. 일반 학문은 객관적이고 검증 가능한 대상을 다루지만, 신학은 살아계시고 자신을 스스로 계시하시는 하나님과의 인격적 관계를 다룹니다. 하나님은 연구의 대상이 아니라 관계의 주체이십니다.

셋째, 존재론적 한계입니다. 하나님의 사랑은 창조 이전부터 삼위일체 하나님의 본질적 속성으로 존재해 왔으며, 피조물인 인간의 경험이나 개념으로는 이해할 수 없는 초월적이고 영적인 실재입니다.

　하나님의 사랑이 결정적으로 드러난 것이 바로 그리스도의 성육신과 십자가 사건입니다. 성육신과 십자가는 오직 믿음과 체험을 통해서만 하나님의 사랑을 깨달을 수 있음을 알려주는 결정적 계시입니다. 하나님의 사랑을 깨달아 알게 되면 그 사랑에 감격하여 우리의 삶을 하나님께 드릴 수밖에 없습니다.

　신학의 참된 목적은 하나님의 사랑을 알고 그 사랑을 실천하는 것입니다. 마가복음 12장 33절은 "또 마음을 다하고 지혜를 다하고 힘을 다하여 하나님을 사랑하는 것과 또 이웃을 자기 자신과 같이 사랑하는 것이 전체로 드리는 모든 번제물과 기타 제물보다 나으니이다"라고 말씀합니다.

　우리는 마음과 지혜, 힘을 다해 하나님을 사랑해야 합니다. 하나님 사랑의 힘으로 이웃을 우리 자신과 같이 사랑해야 합니다. 그리고 그리스도의 사랑을 겸손하게 온 세상에 전해야 합니다. 이러한 사랑이 나타나지 않는다면 신학교에서 배운 지식이 무슨 소용이 있겠습니까? 학자들의 지식을 배우고 앵무새처럼 되풀이할 뿐, 사람을 구하지 못하고 영혼을 살리지 못한다면 그것이 어떻게 신학일 수 있겠습니까? 이것은 우리의 힘으로도 능으로도 할 수 없습니다.

"그가 내게 대답하여 이르되 여호와께서 스룹바벨에게 하신 말씀이 이러하니라 만군의 여호와께서 말씀하시되 이는 힘으로 되지 아니하며 능력으로 되지 아니하고 오직 나의 영으로 되느니라 큰 산아 네가 무엇이냐 네가 스룹바벨 앞에서 평지가 되리라 그가 머릿돌을 내놓을 때에 무리가 외치기를 은총, 은총이 그에게 있을지어다 하리라 하셨고"(슥 4:6-7)

포로에서 귀환한 공동체에게 성전 재건의 사명은 불가능한 일입니다. 마치 그것은 스룹바벨 앞에 있는 큰 산과도 같습니다. 인간의 힘과 능력으로 감당할 수 없는 일입니다. 하지만 하나님의 영이 함께 하시면 가능한 일입니다. 영혼을 살리는 신학은 무릎 꿇고 간절히 기도하면서 성령의 지배를 받을 때만 가능합니다. 무엇보다 성경을 하나님의 완전한 계시로 믿고, 예수 그리스도의 생명의 복음을 선포하여 죽어가는 영혼을 구원하는 능력 있는 주의 종들이 되어야 합니다.

신학의 결론은 사랑입니다. 하나님을 알아가는 일이 신학인데, 하나님은 사랑이시기 때문입니다(요일 4:8). 하나님의 사랑은 우리 인간의 이성으로 분석하고 파악할 수 없습니다. 오직 그리스도 안에서 지식에까지 새롭게 함을 입은 사람(골 3:10), 성령의 인도하심에 따르는 사람이 아니면 하나님의 사랑을 깨달을 수도, 실천할 수도 없습니다.

신학은 학문일 수 없습니다. 학문이란 그 출발점이 인간의 이성이며, 유한한 인간의 이성으로는 무한하시고 영원하신 창조주 하나님, 죄인들을 살리기 위해 독생자를 내어주신 하나님의 사랑을 이해할 수 없기 때문입니다.

하나님의 사랑이 가장 선명하게 나타난 곳이 어디입니까? 주님이 달리신 십자가입니다. 다른 사람의 죄를 대신 지고 죽는다는 것은 인간의 상식과 법리로는 성립할 수 없는 사건입니다. 아무리 책을 읽고 연구해 보아도 이 사랑을 이해할 수는 없습니다. 오직 그리스도를 주님으로 모셔들이고 자기 마음의 보좌를 주님께 내어드린 사람이라야 이 사랑을 이해하게 되는 것입니다.

신학의 결과는 지식이 아니라 사랑입니다. 지식은 판단하고 율법은 정죄하지만, 그리스도의 사랑은 세상을 변화시킵니다. 아무리 위대한 능력과 탁월한 지식을 가지며, 세계적으로 인정받는 신학자와 목회자가 되었다고 할지라도 사랑이 없으면 아무것도 아닙니다. 사랑이 없이는 모든 것이 자기를 위한 것으로 끝나기 때문입니다. 그러므로 하나님의 사랑을 알고 그 사랑을 실천하기 위해서는 신학자와 목회자 이전에 예수 그리스도를 따르는 제자가 되어야 합니다. 제자로서 가장 먼저 해야 할 일은 서로 사랑하는 것입니다.

"새 계명을 너희에게 주노니 서로 사랑하라 내가 너희를 사랑한 것 같이 너희도 서로 사랑하라 너희가 서로 사랑하면 이로써 모든 사람이 너희가 내 제자인 줄 알리라"(요 13:34-35)

신학을 아무리 열심히 해도 마음에 욕심이 가득하고 서로 미워하고 비방하는 사람들은 하나님의 일을 감당할 수 없습니다. 다른 사람을 용서하지 못하고 사랑하지 못하는 우리 자신의 죄를 먼저 회개하고, 서로 사랑하고 섬기라는 하나님의 말씀에 순복하여 우리 잘못에서 돌이킨다면 한국교회는 반드시 다시 살아날 것입니다.

일곱 번째 결론

학문으로는 하나님의 사랑을 깨닫고 실천할 수 없습니다. 신학이 학문이 될 수 없는 가장 명확한 이유입니다. 하나님의 사랑은 조건 없는 아가페로서 에베소서 3장이 말하는 '지식에 넘치는' 영적 실재이며, 인간의 이성과 합리성을 초월하여 오직 믿음과 성령의 조명을 통해서만 체험할 수 있습니다. 학문은 사랑을 이론적으로 설명할 수 있지만 원수까지도 사랑하라는 하나님의 사랑을 실제로 실천하게 만들지는 못합니다. 지식은 교만하게 하지만, 사랑은 덕을 세웁니다. 하나님의 사랑은 십자가를 통해 가장 분명하게 계시되었으며, 이는 인간의 학문적 접근으로는 이해할 수 없는 초월적 진리입니다. 참된 신학의 목적은 지식의 축적이 아니라 하나님의 사랑을 알고 서로 사랑하는 그리스도의 제자가 되는 것입니다. 신학은 학문이 아니라 예수 그리스도의 생명의 복음입니다. 따라서 세상을 변화시키는 것은 지식이 아니라 예수님의 사랑입니다. 이것이 신학이 학문이 아닌 근본적 이유입니다.

신학이 학문이 아닌 일곱 가지 이유를 요약하면 다음과 같습니다. 첫째, 성경의 저자는 하나님이시기에 인간의 학문적 해석을 초월합니다. 둘째, 영이신 하나님은 인간의 이성이나 학문적 방법으로 온전히 파악할 수 없는 분이십니다. 셋째, 학문만으로는 인간이 구원에 이를 수 없습니다. 넷째, 목회는 기도와 성령의 도우심 없이는 이루어질 수 없습니다. 다섯째, 학문적 노력만으로는 교회의 생명력을 회복할 수 없습니다. 여섯째, 십자가와 부활의 신앙은 학문적 연구를 넘어서는 영적 체험입니다. 일곱째, 하나님의 사랑을 깨닫고 실천하는 것도 학문으로는 불가능합니다.

제 III 부

성경과 성령의 인도를 받아
영생을 주는 신학

저는 시간이 있을 때마다 조용기 목사님, 옥한흠 목사님, 하용조 목사님의 설교를 듣습니다. 세 분께서는 이미 이 세상을 떠나 천국에 계시지만, 한 시대 한국교회를 이끌었던 큰 영적 지도자들이었습니다. 이 목사님들의 메시지는 지금도 우리의 심령을 울려주고 변화를 일으키는 능력이 있습니다. 세 분은 기독교대한하나님의성회, 대한예수교장로회(합동), 대한예수교장로회(통합) 등 활동한 교단이 서로 다릅니다. 또 목회하게 된 배경도 각각 다릅니다. 하지만 이분들께는 하나의 커다란 공통점이 있습니다. 평생 성령 충만하여 목회하셨고, 오직 성경만을 생명의 복음으로 선포하신 '성령의 사람'이었다는 사실입니다.

하나님께서는 왜 이분들을 한 시대를 이끌어가는 영적 지도자로 사용하셨을까요? 저는 세 분 모두 각자 본인들의 신학, 교리,

교파를 초월하여 성령의 인도하심을 받았으며 한 영혼을 온 천하보다 귀하게 여기는 마음과 자세로 겸손히 목회하셨기 때문이라고 생각합니다.

자신이 배우고 아는 것만 최고라고 생각하는 목회자는 오순절 성령 운동에 대해 잠시 스쳐 지나가는 뜨거움 같은 것이라고 무시하거나 심지어 거부하기도 합니다. 이것은 성령의 뜨거움을 체험하지 못한 사람이 자신의 학문과 지식만을 의지하는 교만한 모습이라고 저는 생각합니다.

온누리교회 담임목사님이었던 하용조 목사님께서는 장로교 목사로서 성공적인 목회를 하고 계셨음에도 성령충만을 경험하신 후에야 비로소 제대로 목회하게 되었다고 고백하였습니다. 하용조 목사님은 온누리교회 성도들이 성령충만을 매우 사모하고 있었음을 자신만 몰랐었다고 인정하면서, 성령충만한 사도행전 교회를 세우기 위해 일생 헌신적으로 사역하셨습니다. 하용조 목사님은 성령의 역사를 사모하며 날마다 기도하셨고, 많은 기적과 능력을 행하셨습니다. 비록 본인 자신의 병은 고치지 못하였지만, 병든 성도들을 위해 날마다 기도하며, 질병을 치유하고, 귀신을 쫓는 사역을 통해 성도들의 삶을 변화시키셨습니다. 하용조 목사님은 성령 충만한 사역을 통해 한국교회는 물론 세계 교회에도 큰 영향을 끼쳤습니다.

사랑의교회 담임목사님이었던 옥한흠 목사님도 제자훈련 프로그램을 통해 한국교회에 큰 공헌을 하신 분입니다. 옥한흠 목사님은 모든 열정을 다해 체계적으로 성경을 가르쳐 평신도를 깨우고 그들을 일하는 사역자로 세우셨습니다. 그러나 어느 순간 제자훈련만으로는 목회가 한계에 부딪히고 있음을 깨닫게 되었고, 이를 극복하기 위해 여의도순복음교회 담임목사였던 조용기 목사님과 강단 교류를 하셨습니다. 그런 후 옥한흠 목사님은 성령의 뜨거운 역사를 체험하며 목회에 새로운 힘을 얻게 되었다고 고백하였습니다. 세 분 목사님은 모두 성령의 사람으로서, 교단과 교파, 신학적 배경을 뛰어넘어 오직 복음과 성령의 능력으로 한국교회와 세계 교회에 큰 유산을 남긴 분들입니다.

백석대학교(구 백석신학교) 출신 가운데 연세중앙교회 담임목사이신 윤석전 목사님이 계십니다. 목사님은 신학교 재학 시절부터 방배동 뒷산에서 기도하며 성령 충만을 간절히 사모하던 학생이었습니다. 지금은 교단을 바꾸어 침례교단에 속해 계시지만, 백석학원에서 배운 개혁주의신학을 바탕으로 예수 그리스도의 정신을 실천하며 평생 예수님의 보혈의 능력을 의지하여 '기도성령운동'으로 하나님 나라와 천국 복음을 전하는 주의 종입니다. 실제로 대한민국에서 가장 큰 교회를 목회하고 계신 분이 우리 백석대학교 출신의 윤석전 목사님이라는 사실은 제게 큰 자랑입니다.

윤석전 목사님은 평소 성경을 깊이 읽고 묵상하는 분으로서 '기도성령운동'을 통해 수많은 사람에게 치유와 회복의 역사가 일어나는 것을 직접 목도하고 계십니다. 한 시대를 이끌어가는 영적 지도자로서 윤석전 목사님이 이토록 오랫동안 귀하게 쓰임 받는 이유는 그가 오직 말씀과 기도에 전념하는 성령 충만한 목회자이기 때문이라고 저는 생각합니다. 목사님 본인도 백석대학교에서 공부한 것을 큰 자랑으로 여기시며, "백석대학교와 백석 교단이 없었다면 오늘의 윤석전 목사도 없었을 것"이라고 고백하였습니다. 백석학원의 설립자인 저로서는 이루 말할 수 없는 감사와 기쁨, 그리고 자부심을 느낍니다. 모든 것이 하나님의 크신 은혜임을 고백하지 않을 수 없습니다.

윤석전 목사님은 이미 신학은 학문이 아니라는 사실을 진심으로 받아들이셨고, 본인이 우리 학교에서 배운 신학이 바로 그런 신학이었기에 목회를 잘할 수 있었다고 고백합니다. 이처럼 기도와 말씀에 혼신을 다하며, 하나님의 말씀인 성경을 통해 하나님의 세미한 음성을 듣고자 애쓰는 목회자에게 신학은 당연히 이론적 학문에 머물 수 없을 것입니다. 말씀과 기도로 하나님께 나아가고, 성령의 인도하심을 따라 사역하는 목회자의 삶이야말로 오늘날 한국교회와 세계 교회에 커다란 영향력을 끼치고 있음을 다시 한번 더 확인하게 됩니다.

1

신학은 성령의 인도하심을 따라 생명의 복음을 증언하는 것입니다

'신학이 학문이 아니다'라는 말은 신학과 신학자의 존재를 부정하는 말이 아닙니다. 더 나아가 학문이 필요 없다는 반지성주의를 주장하는 것은 더더욱 아닙니다. 도리어 신학교와 신학자가 존재하는 가장 중요한 이유를 강조하고자 하는 것입니다. 우리가 성령의 인도하심을 따라 참된 신학을 회복할 때, 아직도 복음을 듣지 못한 수많은 영혼이 생명을 얻고, 교회들이 살아나며, 한국교회가 새로워지리라고 저는 확신합니다.

한국교회의 침체 원인에 대해서는 여러 가지로 진단할 수 있습니다. 종교사회학적인 분석을 통해서 다양한 원인을 찾아볼 수도 있을 것입니다. 인구통계학적인 분석을 통해 미래 교회를 예측할 수도 있을 것입니다. 이런저런 학적인 분석을 통한 한국교회 침체의 원인에 대한 연구도 필요할 것입니다. 하지만 저는 신학교를 운영하는 사람입니다. 그런 면에서 제가 한국교회의 침체가 신학교수들에게 책임이 있다고 이야기하는 것은 어떤 학문적인 분석을 통하여 도달하게 된 결론이 아닙니다. 신학교를 설립하여 운영하는 사람으로서 자기반성이 담긴 말이라고 할 수 있습니다. 한국교회를 바라보면서 과연 하나님 앞에서 바른 목회자 양성을 해왔는가에 대한 성찰에서 비롯된 것입니다. 하나님의 뜻을 이루는 영적 지도자를 배출했다면 현재의 상황처럼 교회가 생명력을 잃지는 않았을 것이라는 탄식과 아픔을 담은 고백이기도 합니다.

우리나라는 국운이 쇠퇴하고 한반도를 침탈하는 일제의 위협이 점점 노골화하고 있던 시기에 복음을 받았습니다. 엄혹한 일제강점기 시절에 기독교는 우리 민족과 고난을 함께 하였습니다. 이승만 박사와 김구 선생을 비롯한 독립운동가들의 대다수는 기독교인이었습니다. 우리나라는 해방 이후 동족상잔의 6.25 한국전쟁을 거치며 어려운 보릿고개를 지나 한강의 기적을 이루었습니다. 그런 과정에서 교회가 전하는 그리스도의 십자가의 복음은 고난과 역경 가운데 있던 우리 민족을 위로하였고 수많은 사람이 그리스도의 복음에 반응하여 교회 안으로 몰려들어 왔습니다. 1970년과 1980년대에 하나님께서는 놀라운 부흥을 한국교회에 허락하신 것입니다.

　1976년 대한복음신학교를 시작할 당시는 한국교회가 부흥하고 성장하던 시기였습니다. 그래서 어떤 분은 제가 부흥과 성장에 힘입어 신학교를 세운 것이라고 생각하기도 합니다. 그러나 제가 신학교를 설립한 것은 부흥과 성장의 이면을 바라보았기 때문입니다. 당시 한국교회의 부흥과 성장 속에 많은 신학교가 생겨났습니다. 하지만 복음을 접하기 어려운 농촌과 어촌을 비롯한 도서산간지역은 예외였습니다. 그런 지역에서는 목회자가 없어서 제대로 성경을 배울 수 없었습니다. 권사님과 장로님들이 목회자를 대신하는 경우가 허다했고, 교회가 있어도 사역자가 없어서 예배를 드릴 수 없는 곳들이 많았습니다. 저는 그런 곳에서 사명감에 불타 사역할 사람들과 사명에 목말라 복음을 전하고 싶어도 제대로 신학을 공부할 여건이 안 되는 사람에게 복음을 전할 기회가 있어야 한다고 생각했기에 신학교를 설립했습니다. 특별히 지금까지 야간 신학교와 신학대학원을 운영해 온 것은 하나님께서 주신 처음 사명과 비전을 잊지 않기 위해서입니다. 세상에 많은 신학교가 있는데 또 하나의 신학교가 세워진다면 무슨 의미가 있겠습니까? 저는 다른 사람들이 할 수 없는 일을 해야겠다고 생각했었습니다. 18년의 무인가 신학교 시절은 고난과 역경이 많았습니다. 고난 가운데서도 변치 않았던 한 가지는 하나님의 일이라면 절대로 계산하지 않겠다는 저의 믿음의 고백입니다. 그러다가 1994년 정식으로 교육부 인가를 받게 되었습니다. 하나님의 은혜였습니다.

참으로 귀한 것은 18년의 무인가 신학교 시절 배출된 목회자들은 학교를 다니면서부터 개척을 했다는 사실입니다. 그리고 대부분의 졸업생들이 목회에 뛰어들었습니다. 그런데 안타깝게도 학교가 정식으로 교육부 인가를 받은 다음부터는 상황이 바뀌었습니다. 그래서 제 마음에 '제대로 된 신학교육을 받게 되었으면 목회를 더 잘해야지, 왜 그렇지 못할까?'하는 생각이 들었습니다. 그때 제 마음에 교회의 문제는 결국 목회자의 문제이기 때문에 한국교회가 어두워져 가는 것은 목회자들의 문제이고 목회자들의 문제는 결국 그런 목회자를 길러낸 신학교의 문제라는 생각이 들었습니다. 그리고 신학교의 문제는 결국 신학교에서 학생들을 가르치는 신학교수들의 문제이고 신학교수들의 문제는 신학교를 운영하는 저와 같은 신학교 운영자들의 문제라는 결론에 이르게 된 것입니다.

제가 한국교회의 침체 원인이 신학교에서 신학을 학문으로 가르치는 신학교수들에게 있다고 하자 왜 신학교 교수들만 탓하느냐는 반응도 있습니다. 물론 한국교회가 이렇게 된 것은 누구 하나만의 잘못은 아닙니다. 성도들이 구별된 삶을 통해 빛과 소금의 사명을 다해야 했는데 그러지 못한 것입니다. 목회자들이 세속적인 욕심을 버리고 목양의 일념으로 달려와야 했는데 그렇지 못한 것입니다. 한국교회 전체가 성공에 도취되어 세상 영광을 구한 것입니다. 누가 잘못되었다고 돌을 던지고 회개하라고 외칠 것이 아니라 자신이 먼저 회개해야 합니다. 그런 면에서 신학교 운영자인 저와 같은 사람이 가장 먼저 회개해야 합니다. 교수님들의 이력서만 보고 그들을 뽑아 신학교 강단에 세운 것부터 문제였습니다. 이력서의 화려함에 현혹된 것입니다. 학문과 영성을 겸비한 분들을 신학교 강단에 세웠어야 하는데 그렇게 하지 못한 것입니다. 십자가의 흔적이 있는 분들을 신학교 강단에 세웠어야 하는데 그러지 못한 것입니다.

그래서 이 부분을 바로잡기 위해 비록 조금 늦은 감이 있기는 하지만 20여 년 전부터 우리 학교에서는 신학을 가르치는 교수님들을 임용할 때 10일간 금식기도를 요구하게 되었습니다. 자존심이 상한다며 금식을 그만두고 포기하는 사람들도 있었습니다. 하지만 대부분은 금식하는 가운데 하나님의 은혜를 경험하고 부르심의 소명을 새롭게 하였다고 고백하고 있습니다. 복음을 위한 열정을 다시 한번 새롭게 하는 시간을 가져보라는 의미에서 요구하게 된 것입니다. 도저히 10일 금식을 할 수 없는 사람이라면 할 수 있는 데까지 최선을 다해 하나님께 매달려보라고 권하고 있습니다.

한국교회가 이렇게 어두워진 이유는 신학교에서 가르치는 교수들이 신학을 학문으로만 가르친 데 있다는 말은 그만큼 신학교 교수들이 중요하다는 이야기입니다. 사람은 보고 배운 대로 하게 되어 있습니다. 신학을 학문으로 배워놓으면 지식으로 사람을 가르치려고 합니다. 그러면 생명의 역사가 일어나지 않습니다. 신학을 예수 그리스도의 생명의 복음으로 배우면 열정 있게 목회 사역을 감당하게 됩니다. 그래서 신학교 강단은 학문적인 것과 동시에 교수님들의 복음에 대한 열정이 묻어나야 합니다. 그래야 목회를 준비하는 신학생들이 복음의 열정을 가지고 바르게 목회할 수 있게 됩니다. 그렇게 배운 자들이 생명을 살리는 영적 지도자가 되는 것입니다.

'신학은 학문이 아니다'라는 주장을 처음 듣는 분들 중에 반지성주의를 주장하는 것 아니냐는 반응을 보이는 분들이 있었습니다. 하지만 저의 의도를 이해하고는 그런 오해를 버리곤 합니다. 제가 '신학은 학문이 아니다'라고 주장하는 것은 반지성주의를 주장하기 위함이 전혀 아닙니다. 반지성주의는 기독교 내에서 이성과 합리적 사고, 지성적 탐구를 경시하거나 배척하고, 오직 신앙이나 전통, 감정, 권위에 의존하는 태도를 말합니다. 이러한 태도는 "불합리하기 때문에 믿자" 혹은 "질문하지 말고 일단 믿으라"는 식으로 나타납니다. 하지만 저는 이 입장에 동의하지 않습니다. 학문은 필요합니다. 신학교의 설립자가 학문으로서의 신학이 전면적으로 불필요하다고 주장하는 것은 신학교의 존재를 부정하는 것이니 신학교 문을 닫아야 마땅할 것입니다.

신학은 필요합니다. 신학자도, 신학교도 필요합니다. 그것들은 일정 부분 한국교회에 중요한 역할을 하고 있습니다. 신학자와 신학교는 하나님께서 맡기신 사명을 잘 감당해야 합니다.

중요한 것은 신학의 자리는 성경 말씀 아래여야 한다는 것입니다. 신학자는 자신의 주장이나 다른 사람의 신학을 위해 부름 받은 사람들이 아니라 하나님의 말씀을 잘 수종 들고 그리스도의 몸된 교회를 위해 부름받은 사람들입니다. 신학교도 마찬가지입니다. 하나님의 말씀을 바르게 가르쳐야 합니다. 그래서 미래 교회를 책임질 신학생들이 바른 진리의 말씀으로 무장하게 하여야 합니다.

학문으로서의 신학도 필요합니다. 역사와 교리와 전통, 성경 원어를 배워야 합니다. 성경의 지리나 배경에 대해서도 배워야 합니다. 신학이 학문이 아니라고 주장한다고 해서 신학생들이 공부를 게을리하는 것은 잘못된 것입니다. 신학생 시절에는 열심히 공부해야 합니다. 하지만 그렇다고 해서 공부가 핑계가 되어 기도하고 말씀보는 것을 게을리한다면 그것은 주객이 전도된 것입니다. 목회자에게 있어 기도와 말씀보다 우선되는 것은 없습니다. 미래의 한국교회를 이끌어갈 영적 지도자가 될 신학생들은 사도행전에서 사도들의 정신을 이어받아야 합니다. "우리는 오로지 기도하는 일과 말씀 사역에 힘쓰리라 하니"(행 6:4)

'신학이 학문이 아니다'라는 말은 학문으로서만의 신학이 아니라 전인격을 담은 신학을 하라는 의미입니다. 그저 머리로만 하는 학문으로서의 신학이 아니라, 헌신적으로 삶의 모든 것을 드리는 신학이어야 한다는 뜻입니다. 그리스도 안에서 새롭게 지으심을 받은 사람으로서(고후 5:17) 철저히 우리와 함께하시는 성령의 인도를 받는 기도의 신학, 그로 인해 목회자와 목회가 달라지는 신학, 그래서 한국교회를 영적으로 깨우는 신학이 되어야합니다. 그렇게 할 때 한국교회가 새로워지고 개혁과 부흥이 일어나리라 확신합니다.

디모데후서 2장 9절은 "복음으로 말미암아 내가 죄인과 같이 매이는 데까지 고난을 받았으나 하나님의 말씀은 매이지 아니하니라"고 말씀합니다. 하나님의 말씀은 절대로 매이지 않습니다. 하나님의 말씀이 성령의 역사하심을 통해 예수 그리스도의 생명의 복음으로 선포될 때 역사가 일어납니다. 신학은 학문이 아닙니다. 예수 그리스도의 생명의 복음입니다. 우리는 성령의 역사하심을 체험하면서 목회해야 합니다. 예수님을 알고, 예수님을 통해 더 풍성한 생명을 얻어야 합니다(요 10:10). 이것이 예수님께서 이 땅에 오신 목적입니다. 우리는 생명을 얻게 하는 목회, 생명을 주어 살리는 목회를 해야 합니다. 예수님께서는 요한복음 14장 6절을 통하여 친히 "내가 곧 길이요 진리요 생명이니 나로 말미암지 않고는 아버지께로 올 자가 없느니라"고 선언하셨으며, 요한복음 11장 25-26절에서도 "나는 부활이요 생명이니 나를 믿는 자는 죽어도 살겠고 무릇 살아서 나를 믿는 자는 영원히 죽지 아니하리니"라고 말씀하셨습니다.

로마서 5장 18절은 "그런즉 한 범죄로 많은 사람이 정죄에 이른 것 같이 한 의로운 행위로 말미암아 많은 사람이 의롭다 하심을 받아 생명에 이르렀느니라"고 말합니다. 성경은 예수 그리스도를 통해 영원한 생명에 이르는 구원의 복음을 기록하고 있습니다. 하나님께서 죄인인 인간을 사랑하셔서 그의 아들 예수님을 보내어 십자가에 죽게 하심으로써 우리를 사망으로부터 구원하셨다는 사실이 '복음'입니다. 고린도전서 2장 1-2절은 "형제들아 내가 너희에게 나아가 하나님의 증거를 전할 때에 말과 지혜의 아름다운 것으로 아니하였나니 내가 너희 중에서 예수 그리스도와 그가 십자가에 못 박히신 것 외에는 아무 것도 알지 아니하기로 작정하였음이라"고 말씀하고 있습니다. 이 구원의 복음이 사람에게는 미련한 것이었기에 "성령의 나타남과 능력"으로 증언하였습니다. 성령의 능력으로 전하였다는 말씀의 의미는 복음을 가르쳐 주시는 성령을 의존하였다는 뜻입니다.

사도행전 1장 8절은 "오직 성령이 너희에게 임하시면 너희가 권능을 받고 예루살렘과 온 유대와 사마리아와 땅 끝까지 이르러 내 증인이 되리라 하시니라"고 말씀합니다. 그리스도인은 반드시 복음의 증인이 되어야 합니다. 목회자는 복음을 자랑하는 사역자가 되어야 합니다. 구원을 주시는 하나님의 능력을 의지하여 교회를 개척하고, 다음 세대를 믿음으로 세워야 합니다. 신학을 단지 학문으로 하는 것이 아니라 성령의 인도를 받아 영적 생명이 충만한 신학도의 길을 걸어가야 합니다. 성경을 하나님의 완전한 계시로 믿고, 그 말씀과 기도에 전념하여 영혼을 살리는 영적 지도자가 되어야 합니다. 영적 지도자가 되어 민족과 세계를 살리는 참된 목회자가 되기 위해서는 무엇보다 믿음이 있어야 합니다.

믿음에 대해 히브리서는 이렇게 설명하고 있습니다. "믿음은 바라는 것들의 실상이요 보이지 않는 것들의 증거니"(히 11:1) 여기서 '실상'이란 확인할 수 있는 실체를 의미합니다. 즉, 보이지 않는 것을 믿는 것이 믿음입니다. 더 나아가 자기를 부정하고, 오직 예수 그리스도만을 의지하는 것이 참된 믿음입니다. 눈으로 볼 수 없는 것을 보는 것이 믿음입니다. 2,000년 전에 예수님께서 우리를 위하여 십자가에서 돌아가셨음을 믿는 것이 바로 믿음입니다. 믿음은 우리를 향한 하나님의 약속이 성경대로 이루어짐을 신뢰하는 것입니다. 창조, 구원, 성육신, 죽으심, 부활, 승천, 재림을 믿는 것입니다. 보이지 않는 하나님과 성경을 그분의 말씀으로 신뢰하고, 그 말씀에 순종하는 삶을 살아가는 것이 믿음입니다.

그렇다면 "보이지 않는 것들의 증거"라는 표현은 무엇일까요? 믿음이란 우리가 눈으로 직접 볼 수 없고 현재 경험하지 못하는 하나님의 약속과 영원한 실재를 신뢰하고 확신하는 태도를 의미합니다. 즉, 믿음은 하나님께서 약속하신 일들이 지금은 비록 우리의 감각으로 확인되지 않더라도 반드시 이루어질 것임을 내적으로 확신하고 살아가는 근거가 됩니다. 다시 말해 믿음은 보이지 않는 하나님의 약속과 실재가 실제로 존재한다는 것을 우리 마음에 증거해 주는 역할을 합니다. 눈에 보이지 않는 하나님, 천국, 영생, 그리고 하나님이 약속하신 축복들이 믿음을 통해 우리 삶 속에서 실재가 되며, 믿음이 바로 그것을 붙잡고 살아가게 하는 힘이 되는 것입니다.

우리가 영적 지도자로서 살아간다는 것은 누가복음 9장 23절의 말씀처럼 자기를 부인하고 날마다 자기 십자가를 지는 삶을 사는 것입니다. 이러한 삶은 믿음이 있을 때만 가능합니다.

데살로니가전서 5장 13-18절은 "너희끼리 화목하라 또 형제들아 너희를 권면하노니 게으른 자들을 권계하며 마음이 약한 자들을 격려하고 힘이 없는 자들을 붙들어 주며 모든 사람에게 오래 참으라 삼가 누가 누구에게든지 악으로 악을 갚지 말게 하고 서로 대하든지 모든 사람을 대하든지 항상 선을 따르라 항상 기뻐하라 쉬지 말고 기도하라 범사에 감사하라 이것이 그리스도 예수 안에서 너희를 향하신 하나님의 뜻이니라"고 말씀합니다. 기뻐할 수 없는 상황에서도 기뻐하고, 감사할 수 없을 때도 감사하며, 그러기 위해서 쉬지 않고 기도하는 삶, 이것이 바로 우리를 향하신 하나님의 뜻입니다.

개혁주의생명신학은 새로운 신학이 아닙니다. 개혁주의신학을 실천하자는 것이 개혁주의생명신학이요 개혁주의신학에 생명을 불어넣자는 것이 바로 개혁주의생명신학입니다. 개혁주의신학은 중세 가톨릭교회의 부정과 부패에 항거하였던 16세기 종교개혁자들의 신학입니다.

루터와 츠빙글리 그리고 칼빈 등의 개혁자들은 성경보다 전통을 중시하였던 중세신학에 맞서 타락한 인간은 하나님의 은혜의 복음인 예수 그리스도의 십자가와 부활을 믿음으로써 구원 받는다고 주장하였으며, 오직 하나님께만 돌아가야 할 영광을 인간이 가로채서는 안 된다고 주장하였던 것입니다.

개혁주의생명신학은 백석총회와 백석학원의 신학적 정체성입니다. 개혁주의생명신학은 종교개혁자들의 '5대 솔라'인 오직 성경, 오직 그리스도, 오직 믿음, 오직 은혜, 오직 하나님께 영광을 개혁주의신학으로 이해하고 있습니다. 물론 종교개혁자들의 주장을 개혁주의생명신학에서 그대로 반복하지는 않습니다. 그들의 기본적인 주장을 받아들이면서도 '5대 솔라'를 우리의 시대에 맞게 새롭게 해석하고 있으며, 이를 실천하기 위한 구체적인 방법으로 개혁주의생명신학 7대 실천운동인 신앙운동, 신학회복운동, 회개용서운동, 영적생명운동, 하나님나라운동, 나눔운동, 기도성령운동을 제시하고 있습니다.

이 7대 실천운동 가운데 신학회복운동에 대하여 일반 성도들은 우리와 관계없다고 생각할 수도 있습니다. 하지만 그렇지 않습니다. 신앙운동이 '성경이 답이다!'라는 구호를 통해 성경의 권위를 강조하는 실천운동이라고 한다면 신학회복운동은 '신학은 학문이 아니다!'라는 외침을 통해 신학의 원래적인 자리를 회복하자는 실천운동이라고 할 수 있습니다. 개혁주의생명신학 선언문은 "사변화된 신학을 반성하고 하나님의 말씀으로 돌아가기 위하여 신학은 학문이 아니라 예수 그리스도의 생명의 복음임을 고백하는 신학회복운동이다"라고 말하고 있습니다. 신학이 원래 있어야 할 자리는 성경 아래입니다. 신학은 성경의 진리를 밝히 드러내 주는 도구여야 합니다. 이 신학회복운동을 신학반대운동이나 신학무용론을 주장하는 것으로 오해하면 안 됩니다. 신학은 필요합니다. 하지만 신학을 절대시하면 안 됩니다. 늘 성경에 귀 기울이며 성경에 비추어 잘못된 것이 있으면 바꾸는 것이 바른 자세입니다.

신학은 필요합니다. 대부분의 경우에 공식적인 신학교육을 받고 목회자가 되는 것이 맞습니다. 그러나 역사 속의 유명한 목회자들 가운데는 신학교육을 받지 않은 사람도 있었습니다. 종교개혁자 존 칼빈이 그 대표적 인물이라고 할 수 있습니다. 칼빈은 원래 법학도였습니다. 공식적인 신학교육을 받지 않았고 목사안수도 받은 적이 없습니다. 종교개혁자로서의 사역을 시작한 이듬해 제네바 목사회에 허입되는 절차를 밟았을 뿐입니다. 찰스 스펄전(Charles Spurgeon, 1834-1892)도 신학교육을 받은 적이 없으며 마틴 로이드 존스(Martyn Lloyd-Jones, 1899-1981)도 공식적인 신학교육을 받지 않은 사람입니다. 스펄전은 15세가 되던 1850년 평신도 설교자의 설교를 통해 회심하였고 1851년 침례를 받고 17세의 나이에 워터비치의 작은 교회를 담임하게 되었습니다. 로이드 존스도 의사로 활동하던 중 공식적인 신학교육을 받지 않은 채 웨일즈의 한 교회에 목회자로 청빙을 받았고 그 다음 해에 목사 안수를 받았습니다. 그런 면에서 자신은 제대로 된 신학교육을 받았다고 자부하며 그렇지 못한 사람들을 무시하는 것은 잘못입니다. 신학 공부를 하지 않고도 능력있게 하나님의 일을 감당하는 사람들이 많이 있습니다.

지금은 많이 위축이 되었지만 대학 캠퍼스에서 대학생 선교에 헌신하는 수많은 젊은이들이 있습니다. 공식적인 신학교육을 받지 않고도 복음에 대한 열정으로 헌신하고 있습니다. 그분들의 수고를 통해 우리 주님은 수많은 열매를 거두고 계십니다. 물론 이분들 중의 일부는 나중에 신학 공부의 필요성을 깨닫고 신학대학원의 문을 두드립니다. 사역의 현장에서 해결하지 못하던 질문에 대한 해답을 신학 공부를 통해 얻기도 합니다.

제가 왜 '신학은 학문이 아니다'라는 주장을 하게 되었습니까? 저는 2003년 10월 25일 한국복음주의신학회 국제학술대회 폐회 예배 때 처음으로 '신학은 학문이 아니다'를 주장하였습니다. 그런 주장을 하게 된 이유는 한 마디로 제 주변에 있는 신학자들이 자신의 지식만을 뽐내고 자랑할 뿐 봉사와 희생의 삶은 살지 않았기 때문입니다. 새벽에 논문을 쓰는 것도 새벽기도라는 궤변을 늘어놓기도 하고 십자가를 아는 사람으로서 희생하고 봉사하는 모습이 보이지 않았기 때문입니다. 우리 한국교회의 선배 목회자들은 변변한 주석도 없이 성경 하나만을 붙들고 기도하는 가운데 성령께서 들려주시는 세미한 음성을 들었고 그렇게 받은 말씀을 강단에서 전하였습니다. 그럴 때 한국교회는 불일 듯 일어났고 부흥하고 성장하였습니다.

하지만 1980년에 목회학 석사과정이 도입되고 외국에서 공부한 신학자들이 대거 우리나라 신학교 강단에 서게 되면서 신학을 학문으로 가르치게 되었고, 그때부터 한국교회가 어두워지기 시작했습니다. 학문적으로는 풍성해졌을지 모르지만, 십자가 능력, 부활의 능력, 복음의 능력을 상실한 것입니다.

제가 주변에 있는 신학자들의 부정적인 면을 보고 '신학은 학문이 아니다'라는 주장을 하게 되었다고 했는데 그렇다고 제가 그분들의 역할이나 긍정적 기여를 부정하는 것은 아닙니다. 신학자가 필요합니다. 제대로 공부한 신학자가 있어야 교회가 이단 사설에 흔들리지 않게 됩니다. 성경의 바른 의미를 이해하기 위해 이분들의 도움을 받아야 합니다. 제가 그런 분들의 부정적인 모습 때문에 '신학은 학문이 아니다'라고 외쳤지만 그렇다고 그분들이 도무지 아무런 도움도 되지 않는다고 주장하는 것은 절대 아닙니다. 그래서 '신학은 학문이 아니다'라는 말을 신학무용론이나 신학반대운동으로 이해하는 것은 제가 말하고자 하는 본래의 의도를 놓치는 것입니다.

저는 신학이 단순한 이론적 학문이 아니라, 성령의 인도하심을 따라 복음을 증언하는 삶이어야 한다고 확신합니다. 신학은 머리로만 하는 공부나 지식의 축적이 아닙니다. 신학은 하나님의 말씀을 온 마음과 인격으로 받아들이고, 성령의 역사 안에서 예수 그리스도의 생명의 복음을 증언하는 것입니다.

신학이 사변화되고 학문화될수록 우리는 성경을 인간이 쓴 책으로 여기고 비평에만 몰두하는 오류에 빠지기 쉽습니다. 그러나 신학의 본질은 오직 성경을 기준으로 성령의 인도하심을 받아 하나님의 뜻에 순종하는 데 있습니다. 신학의 결과는 단순한 지식이 아니라, 예수 그리스도의 사랑과 인격, 그리고 실천적 순종으로 나타나야 합니다. 신학을 깊이 공부할수록 더욱 겸손해지고, 이해할 수 없는 사람을 이해해 주며, 용서할 수 없는 사람을 용서하고, 사랑할 수 없는 이를 사랑하는 예수님의 인격을 닮아가야 합니다. 이러한 변화는 오직 무릎 꿇고 간절히 기도하며, 성령의 지배를 받을 때만 가능합니다.

저는 "신학은 학문이 아니라 예수 그리스도의 생명의 복음이다"라고 분명히 말씀드립니다. 신학자는 성령으로 살고 성령으로 행하는 자여야 합니다. 신학은 단순한 깨달음이나 지식이 아니라, 인간의 총체적 삶을 변화시키는 거룩한 삶이 되어야 합니다. 신학자는 말씀과 기도에 전념하는 영적 지도자가 되어야 합니다.

성령의 인도하심과 기도의 역사 없이는 참된 신앙 고백도, 복음의 증언도 불가능합니다. 신학자는 항상 무릎 꿇고 기도하며 성령의 인도하심을 구해야 합니다.

저는 신학이란 성령의 인도하심 아래 예수 그리스도의 복음을 온전히 증언하는 삶이라고 믿습니다. 신학자는 단순한 지식인이 아니라, 영적 생명을 나누는 복음의 증인입니다. 신학의 목적은 교회를 살리고, 사회를 변화시키며, 온 세상에 복음을 전하는 데 있습니다. 그러므로 저는 신학이 성령의 인도하심을 따라 복음을 증언하는 거룩한 사명임을 다시 한번 강조합니다.

2

신학은 영생을 주시는 하나님을 아는 것입니다

"내 백성이 지식이 없으므로 망하는도다 네가 지식을 버렸으니 나도 너를 버려 내 제사장이 되지 못하게 할 것이요 네가 네 하나님의 율법을 잊었으니 나도 네 자녀들을 잊어버리리라"(호 4:6)

여기에서 말하는 지식은 학문적인 지식이 아니라 예수님께서 말씀하신 영생을 가져다주는 지식, 곧 참된 신학을 가리킵니다. 다시 말하면, 신학이라는 이름은 난무하지만 참된 신학이 없어서 내 백성이 망한다는 절규입니다. 따라서 오늘 우리에게 진정 필요한 신학은 학문으로서의 신학이 아니라, 하나님께 대한 믿음과 사랑으로서의 신학, 곧 경건의 신학, 영생의 신학, 생명의 신학입니다.

요한복음 17장 3절은 "영생은 곧 유일하신 참 하나님과 그가 보내신 자 예수 그리스도를 아는 것이니이다"라고 말씀합니다. 그리스도인인 우리는 모두 하나님과 그 아들 예수 그리스도를 알기를 원합니다. 그런데 어떻게 예수 그리스도를 아는가를 묻는다면, 그 답은 결코 간단하지 않습니다.

요한복음 17장은 이른바 예수 그리스도의 '대제사장적 기도'입니다. 이 기도는 예수님께서 길게 기도하신 특별한 기도입니다. 우리는 열왕기상 8장에 나오는 솔로몬의 기도, 창세기 18장의 아브라함의 기도, 출애굽기 32장의 모세의 기도를 성경에 나오는 인상 깊은 기도로 기억합니다. 예수님이 가르치신 마태복음 6장의 주기도문도 특별합니다. 그런데 요한복음 17장의 이 대제사장적 기도는 성경 전체를 통틀어 가장 위대한 기도라고 할 수 있습니다. 기도를 이루는 문장들은 이해하기 쉽고 단순하지만, 이 기도가 제시하는 사상은 매우 깊고 감동적이며 의미심장합니다. 내용은 예수님의 제자들과 그들을 통해 예수님을 믿게 될, 오고 오는 세대의 그리스도인들을 위한 대제사장적 기도입니다. 예수님께서는 그를 따르는 자들을 세상에서 지켜주시고, 그들이 서로 하나 되게 해달라고 아버지 하나님께 기도하십니다. 요한복음 17장은 예수님과 하나님 사이가 얼마나 긴밀한지, 믿음을 위한 기도가 무엇을 의미하는지, 믿는 자들 사이의 친교인 성도의 교제가 무엇을 뜻하는지를 보여줍니다.

하나님을 알아가는 것이 신학입니다. 참된 신학은 성경을 상고하고 기도하면서 영적으로 하나님의 뜻을 깨닫고, 그 뜻에 순종함으로써 하나님과의 사귐을 갖는 것입니다. 이러한 하나님과의 사귐을 통해 하나님을 더 깊이 알아가는 것이 곧 그리스도의 생명이요, 복음입니다. 하나님을 알아야 영생을 얻을 수 있고, 그 영생을 누리며 살 수 있습니다. 그런데 어떻게 하나님을 알 수 있습니까? 성령께서 성경을 통하여 우리에게 말씀하실 때 우리는 하나님을 알 수 있습니다.

"그러나 진리의 성령이 오시면 그가 너희를 모든 진리 가운데로 인도하시리니 그가 스스로 말하지 않고 오직 들은 것을 말하며 장래 일을 너희에게 알리시리라"(요 16:13)

칼빈은 『기독교강요』에서 "성령은 '스스로 말하지 않고'(요 16:13) 말씀으로 전해 받은 것을 제자들의 마음에 알리시는 분"이라고 말했습니다. 진리의 성령이 오셔서 우리를 모든 진리 가운데로 인도하시므로 우리는 진리이신 하나님을 알게 됩니다. 이사야 59장 21절은 "네 위에 있는 나의 영과 네 입에 둔 나의 말이 이제부터 영원하도록 네 입에서와 네 후손의 입에서와 네 후손의 후손의 입에서 떠나지 아니하리라"고 말씀합니다. 이 말씀은 "그리스도의 통치를 받는 새 교회가 성령으로 다스림을 받는 것은 물론 동시에 하나님의 말씀으로 다스림을 받는 데서 참되고 완전한 복을 누리게 될 것임을 가르치고 있다"(『기독교강요』, 1권 9장 1절)라고 해석할 수 있습니다. 하나님의 말씀을 통해서만 하나님을 경험하고 체험하며 교제할 수 있습니다. 무한하신 하나님의 깊고 오묘한 말씀을 유한한 인간의 머리로 어찌 다 알 수 있겠습니까?

"네가 하나님의 오묘함을 어찌 능히 측량하며 전능자를 어찌 능히 완전히 알겠느냐"(욥 11:7)

"보혜사 곧 아버지께서 내 이름으로 보내실 성령 그가 너희에게 모든 것을 가르치고 내가 너희에게 말한 모든 것을 생각나게 하리라"(요 14:26)

하나님을 아는 것은 오직 하나님께서 성령을 통하여 자신을 나타내실 때, 곧 계시하실 때만 가능합니다. 성령께서 우리에게 모든 것을 가르치고 생각나게 하실 때 우리는 하나님을 알 수 있습니다. 에베소서 1장 17절은 "우리 주 예수 그리스도의 하나님, 영광의 아버지께서 지혜와 계시의 영을 너희에게 주사 하나님을 알게 하시고"라고 말씀합니다. 지혜와 계시의 영이신 성령께서 우리에게 하나님을 알게 해주실 때 비로소 우리는 하나님을 조금이나마 알 수 있습니다. 성령의 인도를 받지 않고 하나님의 말씀을 사사로이 해석하면 진리에서 떠나 멸망하게 됩니다. 고린도전서 2장 11절은 "사람의 일을 사람의 속에 있는 영 외에 누가 알리요 이와 같이 하나님의 일도 하나님의 영 외에는 아무도 알지 못하느니라"고 말씀합니다.

영적인 일은 오직 영적인 것으로 분별할 수 있습니다. 육에 속한 사람은 성령의 일을 분별할 수 없습니다. 하나님의 영, 곧 성령의 지배를 받지 않는 신학자는 절대로 바른 신학을 할 수 없습니다. 성령이 없으면 신학을 단순한 학문으로 하게 되고, 결국 육에 속한 사람이 될 뿐입니다.

"사람의 속에는 영이 있고 전능자의 숨결이 사람에게 깨달음을 주시나니"(욥 32:8)

말씀을 연구하는 분들의 영혼에 전능자의 숨결이 임해야 합니다. 사람의 힘과 노력으로 되는 것이 아니라, 전능자의 숨결이 깨달음을 주시는 것입니다. 창조주 하나님께서 피조물인 우리에게 하나님의 뜻을 나타내실 때에만 하나님을 알 수 있습니다. 하나님께서 알려주시고 깨닫게 하시는 만큼만 하나님과 하나님의 뜻을 알 수 있습니다.

신학은 결국 "하나님께서 말씀하신다"라는 특별 계시, 곧 성경에 기초할 때 구원을 주는 신학, 영생을 주는 신학이 됩니다. 신학에서 학문적 연구는 필요한 것이지만, 그것만으로는 하나님을 찾을 수도, 만날 수도 없습니다. 하나님께서 우리를 찾아오셔야 비로소 우리는 하나님을 알 수 있습니다.

"그 말씀이 너희 속에 거하지 아니하니 이는 그가 보내신 이를 믿지 아니함이라"(요 5:38)

하나님의 말씀이 우리 안에 거할 때, 그 말씀은 반드시 우리로 하여금 하나님께서 보내신 아들 예수님을 메시아로 고백할 수 있게 역사합니다. 만일 그 말씀이 우리 마음 가운데 거한다면, 성경이 증거하고 있는 그분을 반드시 인정할 수밖에 없습니다.

"너희가 성경에서 영생을 얻는 줄 생각하고 성경을 연구하거니와"(요 5:39a)라는 말씀에서 보듯, 서기관들이 성경을 연구한 목적은 진리이신 예수 그리스도를 믿고 따르기 위함이 아니라, 율법의 세세한 사상들을 학적으로 분석하기 위해서였습니다. 말씀을 학문적으로 분석하는 것은 그 나름의 의미가 있는 일입니다. 그러나 그것보다 우선적으로 요구되는 것은 그 말씀을 분석하고 이해한 후, 그 말씀대로 순종하고 실천하는 삶입니다. 그런데 학자들은 그렇게 연구함으로써 영생을 얻는 줄로 착각하였습니다. 예수님께서 그것을 지적하셨습니다. 우리가 성경책을 소유한다고 해서 구원을 얻는 것도 아니며, 성경 연구로 생명을 얻는 것도 아닙니다. 분명한 것은 성령의 인도와 조명을 받아 성경을 연구할 때만 생명의 근원이신 하나님의 아들 예수 그리스도를 만날 수 있다는 사실입니다.

예수님께서는 "이 성경이 곧 내게 대하여 증거하는 것이니라"(요 5:39b)고 말씀하셨습니다. 만일 우리가 예수님에 대한 이 증거를 깨닫지 못한다면, 성경이 존재하는 목적 자체를 놓치게 됩니다. 성경의 가치는 성경이 예수님에 대해 증거한다는 사실에 있습니다.

요한복음 20장 31절은 "오직 이것을 기록함은 너희로 예수께서 하나님의 아들 그리스도이심을 믿게 하려 함이요 또 너희로 믿고 그 이름을 힘입어 생명을 얻게 하려 함이니라"고 말씀합니다. 성경의 기록 목적은 예수님이 하나님의 아들이요 그리스도이심을 믿게 하려는 데 있습니다. 구약에 약속된 메시아가 바로 예수님이라고 고백하는 데 있습니다. 그 이름을 힘입어 구원받고 영생을 얻는 데 있습니다. 그러므로 신학은 생명의 복음이신 예수 그리스도로 말미암아 영생을 주는 것이 되어야 합니다. 이것이 종교개혁자들이 회복한 참된 신학입니다.

신학은 우리의 이성을 초월하는 영이신 하나님을 아는 지식입니다. 성경에서 '하나님을 아는 지식'은 하나님에 대한 정보를 아는 것뿐 아니라, 하나님을 사랑하고 경외하는 경건을 포함합니다. 철학자들이 말하는 신(神)은 추상적이고 이론적인 하나님이지만, 성경의 하나님은 아브라함과 이삭과 야곱의 하나님, 곧 살아계신 하나님, 영적인 하나님, 인격적 하나님이십니다. 잠언 9장 10절은 "여호와를 경외하는 것이 지혜의 근본이요 거룩하신 자를 아는 것이 명철이니라"고 말씀합니다. '하나님을 아는 지식'에서 '아는 것'은 결코 이성의 분석과 판단으로 얻는 지식이 아닙니다. 신앙에 입각한 만남과 체험, 교제와 사랑의 지식을 가리키는 것입니다. 신학은 하나님과의 인격적 교제 없이 개념 차원의 연구로만 끝나서는 안 됩니다. 그런 신학에는 생명도 없고 구원도 없습니다.

"깊도다 하나님의 지혜와 지식의 풍성함이여, 그의 판단은 헤아리지 못할 것이며 그의 길은 찾지 못할 것이로다"(롬 11:33) 창조주 하나님, 그분의 판단은 피조물인 우리가 도저히 헤아릴 수 없습니다. 하나님의 지혜와 지식은 너무나도 풍성하고 깊습니다.

고린도전서 2장 10-11절은 "오직 하나님이 성령으로 이것을 우리에게 보이셨으니 성령은 모든 것 곧 하나님의 깊은 것까지도 통달하시느니라 사람의 일을 사람의 속에 있는 영 외에 누가 알리요 이와 같이 하나님의 일도 하나님의 영 외에는 아무도 알지 못하느니라"고 말씀합니다. 그러므로 신학 공부를 제대로 하기 위해서는 성령의 도우심이 반드시 있어야 합니다. 성령의 도우심이 있어야 하기에 신학자는 하나님 앞에서 늘 마음을 낮추고, 예배와 찬양과 기도의 경건한 자세를 가져야 합니다. 성령의 도우심 없이 인간의 이성만으로는 도저히 이해할 수 없는 것이 하나님의 계시의 말씀이며, 하나님의 역사하심입니다.

"우리가 세상의 영을 받지 아니하고 오직 하나님으로부터 온 영을 받았으니 이는 우리로 하여금 하나님께서 우리에게 은혜로 주신 것들을 알게 하려 하심이라 우리가 이것을 말하거니와 사람의 지혜가 가르친 말로 아니하고 오직 성령께서 가르치신 것으로 하니 영적인 일은 영적인 것으로 분별하느니라"(고전 2:12-13)

영이신 하나님의 뜻을 바르게 이해하고 전달하기 위해서는 오직 성령의 가르침을 따라야 합니다. 성령의 지혜와 능력이 나타나야 하나님의 계시를 바르게 이해할 수 있습니다. 성령의 지혜와 능력은 세상의 그 어떤 다른 원천에서 오는 것이 아니라 오직 하나님에게서 옵니다. '세상의 영'이라는 말은 이 시대 세상의 지혜, 곧 인간의 노력과 철학을 의미합니다. 하나님을 믿는 우리는 세상의 지혜를 의지하지 않아야 합니다. 하나님으로부터 온 성령을 받았기에 성령의 인도를 받아야 합니다. 예수님께서 하늘로 승천하신 후에 성령을 보내신 것은 "우리로 하여금 하나님께서 우리에게 은혜로 주신 것들을 알게 하려하심"(고전 2:12)입니다. 하나님이 '은혜로 주신 것'은 다름 아니라 성자의 죽음을 통해 주신 구원입니다. 구원이 예수님의 죽음을 통해서 완성되었다는 사실을 성령께서 가르쳐주실 때 우리는 그 사실을 깨닫게 됩니다. 구원은 세상의 철학과 인간의 노력으로 알 수 있는 것이 아니라, 성령께서 신자들에게 깨달음을 주실 때에만 믿고 구원을 얻게 됩니다.

"우리가 이것을 말하거니와 사람의 지혜가 가르친 말로 아니하고"(고전 2:13a) 우리는 이 말씀의 의미를 깨달아야 합니다. 사람을 변화시키고 구원으로 인도하는 것은 사람의 지혜, 사람이 가르친 말로 되는 것이 아닙니다. 사도 바울도 복음을 전할 때 세상의 철학과 학문으로 설명하지 않았습니다. 왜냐하면 복음의 메시지는 사람의 지혜와 사람이 가르친 말로 주어지지 않았기 때문입니다. 그 어떤 위대한 인간의 지혜로도 하나님의 지혜를 제대로 설명할 수 없습니다. 성령의 메시지인 성경을 제대로 전달하려면 오직 성령께서 가르치신 것으로 전해야 합니다. 신령한 일을 설명하기 위해서는 반드시 신령한 것을 사용해야만 합니다.

"오직 성령께서 가르치신 것으로 하니 영적인 일은 영적인 것으로 분별하느니라"(고전 2:13b) 이 말씀은 영적인 것은 오직 성령께서 가르쳐 주셔야만 분별할 수 있다는 의미입니다. 하나님의 말씀은 이 세상의 지혜로는 깨달을 수 없습니다. 성령의 도우심을 받아야만 깨달을 수 있습니다. 성경의 저자이신 성령의 조명을 간구해야 합니다. 하나님의 세미한 음성을 듣기 위해 겸손히 무릎을 꿇어야 합니다.

영생이 무엇입니까? 영생은 어느 특정한 곳에 있는 것이 아닙니다. 영생을 객관화해서 무엇이라고 간단하게 설명하기가 쉽지 않습니다. 수능시험처럼 정답을 답안지에 쓰면 영생을 받는 것일까요? 고시에 합격하듯이, 지식을 열거하면 영생을 얻는 것일까요? 영생은 놀랍게도 하나님과 그가 보내신 예수 그리스도를 아는 것입니다. 그런데 여기서 '안다'는 말은 일반적으로 사람들이 생각하는 그런 앎이나 지식이 아닙니다.

하나님과 성자 예수님은 우리의 이성으로 알 수 있는 지식의 객관적 대상이 아닙니다. 답안지에 써서 점수를 얻을 수 있는 것도 아닙니다. 하나님과 예수 그리스도는 인간적 지식의 대상이 될 수 없습니다. 인간의 탐구로 얻어지는 것도 아니며, 학문적 연구로 얻어지는 지식이 아닙니다. 어떤 사람들은 깊은 산속이나 사막의 수도원에 들어가 결혼하지 않은 수도사가 되어 금식하고, 밤새 깨어 묵상하면서 하나님을 알기 원합니다. 그러나 이 지식은 도를 닦아서 얻어지는 것이 아닙니다. 중세교회가 수도원 생활을 통해 이 지식을 얻으려 했던 것도 사실입니다. 또 어떤 이들은 오랜 시간 공부하고 외국에 유학을 가서 신학을 공부하며 하나님과 그가 보내신 예수 그리스도를 알기를 원합니다. 그러나 분명한 사실은 하나님과 예수 그리스도는 학문적 탐구의 대상이 아니라는 점입니다. 하나님과 그가 보내신 자 예수 그리스도를 그런 방식으로는 알 수 없습니다.

성경이 말하는 '하나님을 아는 지식'은 우리의 이성으로 얻는 지식의 한계를 넘어서고 있습니다. 하나님은 초월적이고 초자연적인 분이십니다. 그분은 만유의 주이시고, 만물의 창조자이시며, 세상을 구원하기 위해 독생자 예수 그리스도를 보내신 하나님이십니다. 지금도 만유의 주관자이시며, 우리를 다스리시고 당신의 뜻대로 일하고 계시는 분이십니다.

성경이 말하는 하나님을 아는 지식은 알고 보면 결코 고차원적이거나 깊은 연구를 통해서만 깨달아지는 것이 아닙니다. 작은 자에서 큰 자에 이르기까지 모두가 하나님의 은혜로 얻는 것입니다. 예수 그리스도를 우리의 구원자로 영접하는 그 순간, 우리는 영생에 이르게 됩니다. 하나님께서는 우리에게 "그가 보내신 자 예수 그리스도"(요 17:3)안에서 하나님 자신과의 만남을 은혜의 선물로 주십니다. 예수 그리스도를 통해 우리는 하나님을 알게 됩니다. 그 생명의 지식은 하나님께서 인간에게 특별한 은혜로 주시는 것입니다. 그후 믿는 자는 하나님과의 교제에 이르게 됩니다. 그 교제 가운데 믿는 자는 하나님을 알게 됩니다. 우리가 하나님과 그리스도 예수를 알고자 한다면, 그 은혜를 사모해야 합니다. 책상에 앉아 책을 펴기 전에 먼저 무릎을 꿇고 기도로 시작해야 합니다. 하나님을 알기 원하는 사람은 기도의 사람이 되어야 합니다. 이 지식은 전적으로 하나님의 은혜를 구하는 기도로만 가능한 것입니다. 하나님께서 자신을 내어 보여주실 때만 우리는 하나님과 그 아들 예수 그리스도를 알게 됩니다.

하나님을 아는 지식은 전적으로 기도 가운데 시작되고, 기도 가운데 이루어지는 영생에 이르는 생명입니다. 하나님을 향해 인간의 보이지 않는 눈과 들리지 않는 귀가 하나님 자신에 의해 그분의 말씀과 구원 사역을 향해 열리게 됩니다. 그러므로 우리의 기도는 "내 눈을 열어서 주의 율법에서 놀라운 것을 보게 하소서"(시 119:18)가 되어야 합니다. 이는 곧 성령 하나님의 일입니다.

칼빈은 하나님에 관한 지식, 곧 신지식을 두 가지로 설명합니다. 첫째는 하나님이 존재하신다는 사실을 아는 것이고, 둘째는 하나님의 영광을 위해 인간이 해야 할 일을 아는 것입니다. 곧 인간이 영광과 찬양을 드려야 할 하나님이 존재하신다는 사실을 아는 것입니다. 하나님은 창조주이시며, 그리스도 안에서 구세주로 나타나십니다. 사람은 그분께 감사해야 합니다. 하나님의 권세와 선하심을 알 때, 사람은 이에 맞는 경건의 교사가 되고, 이로부터 하나님을 예배하게 됩니다. 하나님을 안다는 것은 객관적이고 사변적인 지식이 아닙니다. 하나님과 그를 아는 사람 사이에 관계가 형성되는 지식입니다. 하나님을 아는 지식은 하나님 앞에 경외로 무릎을 꿇게 합니다.

칼빈이 말한 것처럼 인간의 메마른 이성과 죄에 빠진 인간의 노력으로는 하나님과 그 아들 예수 그리스도를 결코 알 수 없습니다. 하나님이 주시는 영생에 이르는 지식에 나아갈 수 없습니다. 오직 성령의 인도와 가르침으로만 가능합니다. 기도하는 자, 하나님의 말씀을 사모하는 자, 그 말씀을 묵상하는 자가 되어야만 합니다.

앞에서 살핀 바와 같이, 종교개혁자 루터가 말하는 세 가지를 우리는 기억해야 합니다. 기도(oratio), 말씀 묵상(meditatio), 시련(tentatio)입니다. 기도하십시오, 묵상하십시오, 그리고 우리의 삶의 현장에서 오는 시련을 성령의 능력으로 이겨내는 자가 되어야 합니다. 진정한 성도의 삶은 오늘 우리에게 닥치는 도전들 가운데서 하나님과 예수 그리스도를 아는 지식과 성령의 능력으로 승리하는 것입니다.

하나님을 알고 그가 보내신 예수 그리스도를 앎으로 주어지는 영생이 무엇입니까? 영생은 죽은 후에 찾아오는 생명을 의미하지 않습니다. 이 땅에서의 삶도 포함합니다. 물론 이 땅의 삶은 유한하고, 영원하지 않습니다. 예수 그리스도를 앎으로써 우리가 누리게 되는 것은 예수 그리스도와 하나 될 때 참여하고 누리는 영생입니다. 그러기에 영생은 관계로 얻어지는 열매입니다. 영생은 생명 그 자체입니다. 그리스도 안의 실질적 생명입니다. 스스로 생명이신 그분과 긴밀한 관계를 맺을 때, 나 그리고 우리는 비로소 살아 있는 사람, 지금 이 순간도 영생을 살아가는 사람이 됩니다. 그 누구도, 그 무엇도 그 영원한 생명을 망가뜨릴 수 없습니다. 영생에 이르는 지식이 우리를 영원한 하나님 나라로 들어가게 합니다. 이 지식이 우리로 하여금 영생을 누리는 자가 되게 합니다. 이 사실을 알 때, 그 영원한 생명에 붙잡히게 됩니다. 그래서 초기 그리스도인들을 '살아 있는 자'라고 불렀던 것입니다.

성도들이 아들과 아버지와의 긴밀한 관계를 누리는 그것이 바로 영생입니다. 영생은 하나님과 그 아들 예수와의 교제가 이루어지는 그 현장에 있습니다. 하나님을 유일하신 참 하나님으로 아는 것이 영생입니다. 우리는 영생과 긴밀한 관계에 있는 것이 구원임을 알아야 합니다. 우리는 '구원'이라는 말에 익숙하지만, 그 깊은 뜻을 망각하고 있는지도 모릅니다. 다르게 말하면, 그것은 죄로부터의 자유입니다. 그것은 심오하고 참된 행복입니다. 그것은 우리 인생 가운데 일어날 수 있는 최고의 선입니다. 천국을 미리 맛보는 삶입니다.

신학은 영생을 주시는 하나님을 아는 것입니다. 이 진리는 단순한 이론이나 사변적 명제가 아니라, 우리의 신앙과 삶의 근본이 되어야 할 가장 본질적인 명제입니다. 신학이란 결코 인간의 이성이나 학문적 탐구만으로 도달할 수 있는 영역이 아닙니다. 참된 신학은 오직 하나님을 인격적으로 만나고 그분과 깊은 교제를 나누는 가운데 이루어집니다. 참된 신학은 하나님을 아는 것입니다. 예수 그리스도를 통해 계시된 하나님을 인격적으로 경험하고, 그분의 사랑과 은혜를 삶 속에서 누릴 때 우리는 비로소 영생에 참여하게 됩니다.

오늘날 많은 사람들이 신학을 단지 지식의 축적이나 학문적 연구로 오해하고 있습니다. 그러나 신학의 본질은 하나님을 아는 데 있습니다. 하나님을 아는 지식은 단순히 머리로 이해하는 정보가 아니라, 마음과 영혼으로 체험하는 생명의 지식입니다. 성경은 "영생은 곧 유일하신 참 하나님과 그가 보내신 자 예수 그리스도를 아는 것"(요 17:3)이라고 분명히 말씀합니다. 이 앎은 단순한 인식이 아니라, 하나님과의 인격적인 교제, 말씀과 기도를 통한 깊은 만남, 그리고 성령의 도우심으로만 가능한 신비로운 체험입니다.

저는 신학은 기도로 시작해야 한다고 늘 강조해 왔습니다. 기도 없이, 성령의 인도하심 없이 결코 바른 신학의 길을 갈 수 없습니다. 우리가 하나님을 아는 지식에 이르기 위해서는 먼저 무릎을 꿇고, 하나님의 은혜를 구하며, 그분의 말씀 앞에 겸손히 나아가야 합니다. 신학은 하나님 앞에서 자신을 낮추고, 오직 그분의 계시와 성령의 조명하심을 구하는 경건한 자세에서 출발해야 합니다. 신학이란 하나님께서 우리에게 자신을 드러내시고, 우리가 그분을 인격적으로 만나는 은혜의 자리입니다.

참된 신학은 우리를 변화시킵니다. 하나님을 아는 지식은 우리를 죄와 죽음에서 해방시키고, 새로운 생명으로 이끌어 줍니다. 이 지식은 단순한 정보가 아니라, 우리 존재 전체를 새롭게 하는 능력입니다. 하나님을 아는 자는 그분을 사랑하고, 그분의 뜻에 순종하며, 이웃을 섬기고 세상을 변화시키는 삶을 살아가게 됩니다. 신학은 곧 삶이고 실천이며, 예배입니다.

신학은 영생을 주시는 하나님을 아는 것입니다. 이 진리를 붙들고 날마다 기도와 말씀 속에서 하나님을 깊이 알아가야 합니다. 신학을 통해 하나님을 만나고, 예수 그리스도 안에서 주어지는 영생의 복을 누리며, 성령의 충만함 가운데 살아가야 합니다.

이것이 바로 하나님께서 우리에게 주신 신학의 길이며, 우리 모두가 걸어가야 할 영생의 길입니다.

3

영적 지도자는
학문과 영성을 겸비해야 합니다

사도 바울은 당대 최고의 지식인이자 학자였음에도 불구하고, 하나님의 말씀을 전할 때 개인적인 사상이나 소견을 덧붙이지 않았습니다. 그는 성령의 영감을 받아 하나님의 사상과 말씀을 정확하게 전달하였습니다. 신령한 진리를 전하기 위해 바울은 전적으로 하나님의 영, 즉 성령을 의지하였습니다.

종교개혁은 성령의 역사로 일어난 영적 사건으로 사람의 지혜가 아니라 성령께서 가르치신 것을 따라 교회를 개혁한 거룩한 역사입니다. 우리는 16세기 종교개혁의 후예들이자 계승자들입니다. 종교개혁자들은 영성과 학문을 겸비하였기에 교회를 살리는 신학을 실천할 수 있었습니다. 그분들은 목회자이면서 동시에 신학자였으며, 성도들과 교회를 위해 말씀을 선포할 때 영적 생명력을 전달하기 위해 끊임없이 기도한 기도의 사람들이었습니다. 우리는 무엇보다 먼저 그분들의 기도와 영성을 본받아야 합니다. 또한 종교개혁자들의 영적 분별력을 배워야 할 것입니다.

"여호와의 영이 나를 통하여 말씀하심이여 그의 말씀이 내 혀에 있도다"(삼하 23:2) 우리는 하나님의 말씀을 전하는 도구가 되어야 합니다. 목회자 본인의 뜻을 전달하는 것이 아니라 성경에 나타난 하나님의 뜻을 전해야 합니다. 한국교회 초기 선배 목사님들은 성경학교와 무인가 신학교에서 공부하셨습니다. 그분들은 오직 성경 말씀을 붙잡고, 하나님의 세미한 음성을 듣기 위해 기도원에서 금식하며, 차디찬 골방과 강단에서 밤을 새워 기도하면서 말씀을 깨달아 순수하게 전하였습니다. 이렇게 귀한 선배 목사님들의 기도와 헌신이 있었기에 한국교회가 부흥하고 성장하게 된 것입니다.

하지만 지금의 한국교회는 경건의 능력을 잃어버렸습니다. 하나님을 두려워하지 않습니다. 디모데후서 3장 4-5절은 "배신하며 조급하며 자만하며 쾌락을 사랑하기를 하나님 사랑하는 것보다 더하며 경건의 모양은 있으나 경건의 능력은 부인하니 이같은 자들에게서 네가 돌아서라"고 말씀합니다. 지금 한국교회는 서로 신뢰하지 못하고 하나님보다 돈을 더 사랑하며 스스로 경건한 척은 하지만 경건의 능력이 없습니다. 경건의 모양은 가지고 있지만 생명의 능력은 없습니다. 우리는 경건의 능력을 회복해야 합니다. 거룩한 삶을 살아야 합니다. 교회는 예수 그리스도의 생명이 풍성히 넘치도록 해야 합니다. 생명의 복음이신 예수 그리스도를 믿고, 믿게 하며, 진리 안에서 죄로부터 자유하여 구원을 받게 해야 합니다.

목회자들이 말씀을 선포할 때는 "하나님께서 말씀하셨다"라고 해야 합니다. 이것이 구약을 기록한 선지자들의 확신이었습니다. "여호와의 말씀이 임하니라"(렘 1:4; 욘 1:1), "여호와의 말씀이니라"(렘 2:19), "여호와의 입의 말씀이니라"(사 1:20; 미 4:4)와 같은 말씀들은 인간 저자들이 하나님의 말씀을 전한 도구일 뿐임을 증거하고 있습니다.

기독교의 역사에서 신학은 하나님을 향한 경배, 곧 경건 그 자체를 의미합니다. 성령님의 역사하심을 통해 경건한 삶을 추구하는 영적 지도자들의 신앙과 삶을 드러내는 말입니다. 하나님을 알고, 하나님을 사랑하여 하나님을 즐거워하고, 하나님께 순종하여 하나님 안에서 사는 것, 그것이 참된 신학입니다. 삶에 영적인 변화가 있고, 하나님과 깊은 사귐이 있는 것이 바로 신학입니다.

또한 신학은 하나님의 생명, 영원한 생명을 주는 것이어야 합니다. 요한복음 1장 1-4절은 "태초에 말씀이 계시니라 이 말씀이 하나님과 함께 계셨으니 이 말씀은 곧 하나님이시라 그가 태초에 하나님과 함께 계셨고 만물이 그로 말미암아 지은 바 되었으니 지은 것이 하나도 그가 없이는 된 것이 없느니라 그 안에 생명이 있었으니 이 생명은 사람들의 빛이라"고 말씀합니다. 예수님은 태초부터 계신 하나님의 말씀입니다. 그리고 말씀인 예수님 안에 생명이 있습니다. 생명이 어디에 있습니까? 참된 생명, 영원한 생명이 어디에 있습니까? 예수 그리스도 안에 있습니다. 예수 그리스도께서 바로 '영원한 생명'이십니다.

하나님의 말씀을 배우고 가르치는 목적은 생명이신 예수 그리스도를 믿고 구원받아 영생을 누리게 하는 데 있습니다. 신학은 반드시 생명, 곧 예수 그리스도의 생명을 전해야 합니다. 복음은 생명을 살립니다. 예수 그리스도를 우리의 구주로 고백하고 전하는 신학이 아니라면, 생명을 살리는 신학이 될 수 없습니다. 고린도후서 3장 6절은 "율법 조문은 죽이는 것이요 영은 살리는 것이니라"고 말씀합니다. 표준새번역은 "문자는 사람을 죽이지만, 영은 사람을 살립니다"라고 번역합니다. 율법은 하나님의 말씀이요 계명입니다. 율법 자체는 선하고 좋은 것입니다. 하지만 이 세상에서 율법을 스스로 온전히 지킬 수 있는 사람은 한 사람도 없습니다. 우리는 율법을 지킴으로 구원을 받는 것이 아니라,

예수 그리스도를 메시아로 믿을 때 구원을 받습니다. 그래서 문자는 죽이는 것이요, 영은 살리는 것입니다.

"예수께서 대답하시되 진실로 진실로 네게 이르노니 사람이 물과 성령으로 나지 아니하면 하나님의 나라에 들어갈 수 없느니라 육으로 난 것은 육이요 영으로 난 것은 영이니"(요 3:5-6)

예수님께서는 바리새인으로서 성경 지식이 많았던 니고데모에게 아주 놀라운 말씀을 하셨습니다. 물과 성령으로 거듭나야 한다는 거듭남의 진리를 말씀하신 것입니다. 다른 사람들의 눈을 피해 밤에 예수님을 찾아왔던 니고데모에게는 이해하기 어려운 진리였습니다. 그러나 니고데모는 육신의 눈이 아니라 영적인 눈으로 예수님을 바라볼 수 있게 되었습니다. 예수님을 만난 후 거듭남을 얻고 삶이 변화되었습니다.

육으로 난 것은 육입니다. 영으로 난 것은 영입니다. 신학은 영으로 난 것이어야 합니다. 영적으로 살아 있는 신학이어야 합니다. 신학교육도 영적으로 살아 있어야 합니다. 육을 가지고는 하나님 나라에 들어갈 수 없습니다. 하나님 나라를 볼 수도 없고, 누릴 수도 없습니다. 영적으로 거듭나야 한국교회가 하나님의 뜻을 이룰 수 있습니다. 하나님의 기뻐하시는 뜻을 이루는 사명을 감당할 수 있습니다.

"내가 하늘에서 내려온 것은 내 뜻을 행하려 함이 아니요 나를 보내신 이의 뜻을 행하려 함이니라"(요 6:38) 예수님께서도 자신의 뜻이 아니라 하나님의 뜻을 이루기 위해 일하셨습니다. 우리도 하나님의 뜻을 이루기 위해 일해야 합니다. 하나님의 뜻을 이루기 위해서는 무엇보다 하나님의 말씀인 성경을 잘 알아야 합니다. 성경은 하나님의 뜻을 기록한 책입니다. 성경의 중요한 가치는 하나님의 뜻을 이루는 데 있습니다.

"사람이 하나님의 뜻을 행하려 하면 이 교훈이 하나님께로부터 왔는지 내가 스스로 말함인지 알리라 스스로 말하는 자는 자기 영광만 구하되 보내신 이의 영광을 구하는 자는 참되니 그 속에 불의가 없느니라"(요 7:17-18)

예수님의 가르침, 교훈이 권위가 있었던 것은 그 교훈이 그분 자신에게서가 아니라 하나님께로부터 왔기 때문입니다. 하나님을 알고 하나님의 뜻을 행하기를 구하는 사람들은 이 교훈이 하나님께로부터 왔는지 그분 자신의 것인지 압니다. 스스로 말하는 자는 자기의 영광을 구하지만, 예수님께서는 보내신 이의 영광을 구하셨습니다. 내게는 그리스도의 영이 있습니까? 나는 그리스도께 속해 있습니까? 이 두 질문을 끊임없이 묻고 답할 수 있어야 합니다. 로마서 8장 9절은 "만일 너희 속에 하나님의 영이 거하시면 너희가 육신에 있지 아니하고 영에 있나니 누구든지 그리스도의 영이 없으면 그리스도의 사람이 아니라"고 말씀합니다. 그리스도의 영이 없으면 그리스도의 사람이 아닙니다.

요한복음 4장 24절은 "하나님은 영이시니 예배하는 자가 영과 진리로 예배할지니라"고 말씀합니다. 영이신 하나님은 우리의 찬양과 경배를 받으실 분이십니다. 영이신 하나님은 우리가 연구 대상으로 삼아 마음대로 판단할 수 있는 분이 아닙니다. 예배하는 자들은 성령과 진리로, 예수 그리스도로 예배해야 합니다. 로마서 8장 5-6절은 "육신을 따르는 자는 육신의 일을, 영을 따르는 자는 영의 일을 생각하나니 육신의 생각은 사망이요 영의 생각은 생명과 평안이니라"고 말씀합니다. 또한 로마서 8장 14절은 "무릇 하나님의 영으로 인도함을 받는 사람은 곧 하나님의 아들이라"고 말씀합니다. 육체를 따라 사는 사람은 육신의 일을 생각하고, 성령의 지배를 받는 사람은 영의 일을 생각합니다. 하나님의 영으로 인도함을 받는 사람은 하나님의 아들입니다. 육신에서 영이 떠나면 육신은 쓸모없는 흙으로 돌아갑니다.

"하나님께서 말씀하신다"라는 계시 중심의 신학에서 출발하지 않고 "하나님에 대해서 말한다"라는 이성 중심의 신학을 하게 되면, 신학자 자신이 신학의 주체가 되어 영적 생명이 없는 지식을 말하기 쉽습니다. '신학'이라는 말은 "하나님께서 말씀하신다"와 "하나님에 대해 말한다"라는 두 가지 의미로 해석이 가능합니다.

"하나님께서 말씀하신다"라는 의미로 신학을 하게 되면, 신학의 주체가 하나님이 되어 영적 지식이 됩니다. 하지만 "하나님에 대해 말한다"라는 의미로 신학을 하게 되면, 신학의 주체가 인간이 되고 하나님은 객체가 되며, 신학은 학문적 지식이 됩니다. "하나님께서 말씀하신다"라는 성경 중심의 신학을 해야 하나님의 능력이 나타납니다. "하나님에 대해 말한다"라는 인간이 주체가 되는 신학을 하게 되면 하나님의 능력이 나타나지 않습니다. "하나님께서 말씀하신다"라는 계시 중심의 신학을 하게 되면, 하나님과의 인격적인 사귐을 통해 하나님을 영적으로 아는 참된 신학이 이루어집니다. 반면에 "하나님에 대해 말한다"라는 신학은 인간이 주체가 되어 하나님을 인격적으로 아는 것이 아니라 하나님에 대한 이론적인 지식을 말하게 되어 생명 없는 지식이 될 위험성이 있다고 생각합니다.

디모데전서 6장 20절은 "디모데야 망령되고 헛된 말과 거짓된 지식의 반론을 피함으로 네게 부탁한 것을 지키라"고 말씀합니다. 이 말씀에 순종하기 위해서는 무한하신 창조주 하나님을 나누어 분석하여 자신의 틀에 가두려는 학문적 교만을 버려야 합니다. 골로새서 2장 8절은 "누가 철학과 헛된 속임수로 너희를 사로잡을까 주의하라 이것은 사람의 전통과 세상의 초등학문을 따름이요 그리스도를 따름이 아니니라"고 말씀합니다. 하나님 말씀 자체를 연구하지 않고, 신학자들의 이론만을 연구하는 것은 사람의 전통과 세상의 초등학문을 따르는 것이지 그리스도를 따르는 것이 아닙니다.

오늘날 신학자와 목회자들은 영이신 하나님보다는 헛된 철학과 학문을 더 의지하고 있습니다. 그래서 자신이 전수받은 학문을 연구하고 가르치는 것을 자신의 사명을 다하는 것으로 착각합니다. 자신의 학문을 우상처럼 숭배하고 있다는 것을 깨닫지 못하고 있습니다. 신학이 주로 이성에 의한 학문 활동을 뜻하게 되면서 신학은 본래의 경건함과 영성을 잃어버리게 되었습니다. 종종 신학이 번창하는 곳에서 오히려 교회의 퇴조와 몰락이 일어났습니다. 이것은 헬라 사상을 따라 신학을 이성의 활동에 의한 이론적 학문으로 변질시킴으로써 '하나님께 대한 경건으로서의 신학'을 잃어버렸기 때문입니다. 오늘 우리는 이론적인 학문이 아니라 경건의 신학, 곧 영혼을 살리는 생명의 신학을 회복해야 합니다.

"살리는 것은 영이니 육은 무익하니라 내가 너희에게 이른 말은 영이요 생명이라"(요 6:63) 살리는 것은 영입니다. 예수 그리스도의 영, 곧 성령은 또한 하나님의 영이십니다.

"이는 그리스도 예수 안에 있는 생명의 성령의 법이 죄와 사망의 법에서 너를 해방하였음이라"(롬 8:2)

"만일 너희 속에 하나님의 영이 거하시면 너희가 육신에 있지 아니하고 영에 있나니 누구든지 그리스도의 영이 없으면 그리스도의 사람이 아니라"(롬 8:9)

우리 안에 계신 예수 그리스도의 영, 곧 '생명의 성령'은 살리는 분이십니다. 우리를 죽음과 죄악에서 건져 참된 생명과 영생을 주시는 분은 바로 예수 그리스도의 영, 곧 성령 하나님이십니다. 살리는 것은 영이지, 글자가 아닙니다. 책이 아닙니다. 문자가 아닙니다. 우리 입의 말이 아닙니다. 우리의 열심이나 행동도 아닙니다. 학문이 아닙니다. 살리는 분은 오직 예수 그리스도의 영이신 성령이십니다. 우리 속에 성령 하나님, 곧 예수 그리스도의 영이 살아계시고 우리의 심령이 예수 그리스도의 영에게 온전히 붙잡힐 때, 비로소 우리는 예수 그리스도의 생명으로 우리 자신도 살고, 다른 사람도 살리고, 세상도 살리는 사람이 될 수 있습니다. 죄를 이기는 것은 오직 성령의 능력입니다. 악을 버리고 선을 택하며, 하나님의 뜻에 순종할 수 있게 하는 능력도 오직 성령의 능력입니다.

신학자들부터, 목회자들부터, 아니 우리 자신부터 무릎을 꿇고 회개하여, 하나님의 말씀 앞에서 깨어지고 부서져야 합니다. 경건의 모양은 있지만 경건의 능력이 없는 자가 되지 말고, 우리 속에 있는 예수 그리스도의 생명력을 넘치도록 풍성하게 회복해야 합니다. 우리는 이러한 영적인 생명력을 회복해야 합니다. 어떻게 그 영적인 생명력을 회복할 수 있을까요? 그것은 하나님의 말씀을 바로 아는 것입니다. '영이요, 생명인 하나님의 말씀'을 회복해야 합니다.

하나님의 말씀을 안다는 것은 단순한 지식이 아닙니다. 우리가 하나님을 안다고 할 때 그것은 단순히 지식으로 아는 것이 아닙니다. 하나님을 아는 지식이 우리의 가슴 속으로 내려와서 우리의 심령을 뒤집어엎고, 심령과 골수를 쪼개고 부수어서 우리 속이 온전히 하나님의 영으로 지배를 받아야 합니다. 우리가 하나님을 안다는 것은 이처럼 어려운 일인데, 어떻게 그러한 일이 단순한 학문이 될 수 있겠습니까? 하나님을 아는 지식은 그 자체로 생명입니다.

영이신 하나님의 말씀을 떠나서 학문 활동을 하는 것은 단지 육의 활동일 뿐입니다. 육으로는 생명을 살릴 수 없습니다. 영이 살아야 육도 삽니다.

왜 육이 중요하지 않겠습니까? 육도 필요하고, 지식도 필요합니다. 교리도 알아야 하고, 교회 역사도 알아야 합니다. 히브리어, 헬라어도 알아야 합니다. 인문학도 중요합니다. 그러니 배움이 중요합니다. 많이 알아야 하고, 많은 것을 배워야 합니다. 그런 의미에서 본다면, 신학도 하나의 지식이요 학문이라고 할 수 있습니다. 성경의 문화나 역사적 배경이나 문학적 방법을 이해하는 일에는 학문적 요소가 분명히 포함되어 있습니다.

하지만 제가 걱정하는 것은 신학이 이렇게 이성적인 학문, 이론적인 학문으로만 끝난다면 절대로 생명을 줄 수 없다는 사실입니다. 이 모든 것은 복음을 깨닫고 증거하며 생명을 살리는 하나의 수단이나 도구가 되어야 합니다. 그래서 저는 "신학은 학문이 아니라 예수 그리스도 생명의 복음이다"라고 외쳐온 것입니다. 사도행전 17장 21절을 보면 아테네 사람들은 "가장 새로운 것을 말하고 듣는 것 이외에는" 달리 시간을 쓰지 않았습니다. 신학을 연구하는 신학자들이나 목회자들도 성경에서 새롭고 독창적인 것만을 찾아내려 한다면, 결국 신학은 사변적으로 될 수밖에 없습니다. 자신의 학문적 업적과 성과를 드러내기 위한 연구에 머문다면 자기 자랑을 위한 도구는 될 수 있겠지만, 영적 생명을 살릴 수는 없습니다.

"화 있을진저 외식하는 서기관들과 바리새인들이여 잔과 대접의 겉은 깨끗이 하되 그 안에는 탐욕과 방탕으로 가득하게 하는도다 눈 먼 바리새인이여 너는 먼저 안을 깨끗이 하라 그리하면 겉도 깨끗하리라"(마 23:25-26)

하나님께서는 당시 지도자였던 서기관들과 바리새인들을 책망하셨습니다. 그들은 겉은 그럴듯하고 괜찮아 보였지만, 속은 탐욕과 방탕으로 부패해 있었습니다. 겉으로는 거룩한 척하면서 학문적 지식을 전달하지만 속은 영적 생명이 없는 상태였습니다. 성경에 관한 지식이 많다고 해서 속이 깨끗한 것은 아닙니다. 학문적 지식은 풍부하지만 그 속에 예수 그리스도의 생명이 없다면 그것은 죽은 것입니다.

신학자들이 성경 말씀을 묵상하고 연구하기보다 신학자의 이론에 대한 글을 논평하면서 시간을 보낸다면, 매일 새로운 것을 추구했지만 참된 진리를 알지 못했던 아테네 사람들의 태도와 같습니다. 신학을 연구하는 신학자들이나 목회자들도 성경에서 새롭고 독창적인 것만을 찾아내려 한다면, 결국 신학은 사변적으로 흐를 수밖에 없습니다. 자신의 학문적 업적과 성과를 드러내기 위한 연구에 머문다면, 자기 자랑을 위한 도구는 될 수 있겠지만 영적 생명을 살릴 수는 없습니다. 진리는 새롭고 독창적인 것만을 추구하는 학문적 노력만으로 찾을 수 있는 것이 아니라, 사도들로부터 계승되어 온 건전한 신앙과 성령의 인도를 받는 성경 해석에서 재발견할 수 있습니다. 학문적 노력은 복음을 깨닫고 그 복음을 전하기 위한 도구가 되어야 합니다. 우리가 성경과 기독교에 대한 학문적 지식을 아무리 많이 알고 있다고 해도 하나님을 아는 실제적인 체험이 없다면 그 지식은 아무 소용이 없는 것입니다.

오늘날 신학적 지식은 차고 넘치지만 영적 생명의 능력이 교회 강단에서 점점 사라지고 있습니다. 목회자는 강단에서 지식을 자랑하지 말고 하나님의 말씀을 선포해야 합니다. 그래야 사람들이 회개하고 돌이켜 예수 그리스도의 생명을 회복할 수 있습니다. 목회자가 영적 능력이 없으면, 교회는 세상의 물결 속으로 휩쓸려 들어가게 됩니다. 목회자가 기도의 능력, 말씀의 능력이 없으면, 성령의 역사가 일어나지 않기 때문입니다. 우리는 기도와 말씀 가운데 하나님을 인격적으로 만나 하나님을 사랑하고 하나님께 순종함으로써, 그리스도의 피 값으로 사신 교회를 살리고 교회를 섬겨야 하겠습니다.

"영혼 없는 몸이 죽은 것 같이 행함이 없는 믿음은 죽은 것이니라"(약 2:26) 행함이 없는 믿음은 죽은 것입니다. 목회자가 말씀을 가르치기 전에, 먼저 말씀에 순종하지 않으면 생명의 역사가 일어날 수 없습니다. 요한복음 14장 21절은 "나의 계명을 지키는 자라야 나를 사랑하는 자니 나를 사랑하는 자는 내 아버지께 사랑을 받을 것이요 나도 그를 사랑하여 그에게 나를 나타내리라"고 말씀합니다.

목회자는 말씀을 듣기만 할 것이 아니라 삶으로 실천해야 합니다. 요한일서 5장 3절은 "하나님을 사랑하는 것은 이것이니 우리가 그의 계명들을 지키는 것이라"고 말씀합니다. 신학을 가장 잘 배우는 방법은 하나님의 말씀을 믿고 순종하는 것입니다. 하나님을 아는 사람은 하나님을 사랑하고, 그를 경외하고 두려워하며, 또한 그의 말씀에 순종하는 사람입니다. 하나님을 뜨겁게 사랑한다고 말로만 하지 말고, 자기 십자가를 지고, 하나님께 날마다 순종하기 위해 몸부림치는 사람이 되어야 합니다.

"아무든지 나를 따라오려거든 자기를 부인하고 날마다 제 십자가를 지고 나를 따를 것이니라"(눅 9:23) 영적 지도자가 되려면, 날마다 예수 그리스도의 십자가를 지는 훈련이 있어야 합니다. 목회자가 자신이 가르치는 대로 살지 않으면 즉 삶 속에서 진실로 예수님을 따르는 희생적인 삶이 이루어지지 않으면 성도들에게도 예수님의 부활의 생명이 나타나지 않습니다. 먼저 목회자 자신이 하나님의 말씀에 부딪혀 깨지고 부서져야 합니다. 하나님의 말씀 속에 있는 생명의 성령의 법으로 완전히 깨어지고 해방되어 말씀에 순종하는 주의 종들이 되어야 하겠습니다.

십자가를 진다는 것은 인간의 힘으로는 불가능합니다. 인간의 힘으로는 자기를 부인할 수 없습니다. 인간의 힘이 아니라, 성령의 지배를 받을 때 가능합니다. 성령의 지배를 온전히 받는 삶, 그것이 바로 성령 충만입니다. 영적 지도자들은 성령의 충만함을 받아야 합니다. 성령 충만해야 하나님의 권능을 받고, 권능을 받은 자라야 하나님 말씀의 증인이 되어 죽어가는 생명을 살릴 수 있습니다.

무엇보다 한국교회가 쇠퇴하게 된 가장 큰 원인은 하나님의 완전한 계시, 곧 성경의 권위가 약화된 데 있습니다. 설교하는 사람마다 "모세가 말했다", "다윗이 말했다", "바울이 말했다"라고 말하는 것은 자신도 모르는 사이에 인간 기록자를 저자로 앞세우는 것입니다. 성경은 사람을 통하여 하나님께서 하신 말씀입니다. "하나님께서 모세를 통하여 말씀하셨다", "하나님께서 다윗을 통하여 말씀하셨다", "하나님께서 바울을 통하여 말씀하셨다"라고 말해야 바른 표현입니다. 무엇보다 성경은 하나님의 말씀이며, 성경의 저자는 하나님이시기 때문입니다.

"예언은 언제든지 사람의 뜻으로 낸 것이 아니요 오직 성령의 감동하심을 받은 사람들이 하나님께 받아 말한 것임이라"(벧후 1:21)

성경 66권은 사람의 뜻으로 낸 것이 아니라, 성령의 감동을 받은 사람들이 하나님께서 우리에게 하신 말씀을 받아 기록한 것입니다. 디모데후서 3장 16절은 "모든 성경은 하나님의 감동으로 된 것으로 교훈과 책망과 바르게 함과 의로 교육하기에 유익하니"라고 말씀합니다. 모든 성경은 하나님의 감동으로 기록된 것입니다. 성경의 원 저자는 성령이십니다. 오직 성령께서 풀어주실 때 성경을 바르게 이해할 수 있습니다. 목회자는 무엇보다 성령을 의지해야 합니다. 성경을 상고하고 그 말씀에서 하나님의 세미한 음성을 듣기 위해 기도해야 합니다. 목회자는 세상 욕망을 버려야 합니다. 목회자라면 적어도 돈과 권력, 그리고 명예로부터 자유로워야 합니다.

디모데후서 2장 23-24절은 "어리석고 무식한 변론을 버리라 이에서 다툼이 나는 줄 앎이라 주의 종은 마땅히 다투지 아니하고 모든 사람에 대하여 온유하며 가르치기를 잘하며 참으며"라고 말씀합니다. 다윗은 당연한 결정도 하나님께 묻고 응답받은 대로 순종하였습니다. 시편 16편 8절은 "내가 여호와를 항상 내 앞에 모심이여 그가 나의 오른쪽에 계시므로 내가 흔들리지 아니하리로다"라고 말씀합니다. 다윗이 이러한 순종을 할 수 있었던 이유는 하나님이 항상 자기 앞에 계신다는 코람데오(coram Deo)의 신앙을 가지고 있었기 때문입니다. 종교개혁자들 역시 생명의 위협 앞에서도 코람데오의 신앙으로 '하나님 앞에' 굳건히 서 있었습니다.

우리는 하나님의 말씀을 전하는 도구가 되어야 합니다. 본인의 뜻을 전달하는 것이 아니라 성경에 나타난 하나님의 뜻을 전해야 합니다. 그래서 설교를 하나님의 말씀이라고 하는 것입니다. 설교를 준비할 때 설교집이나 성경 주석은 1시간 정도 읽었다면, 성경을 2시간 읽고, 기도는 3시간 이상 해야 할 것입니다.

이는 내가 생각하고 연구하는 시간보다 하나님의 말씀을 듣고 읽는 시간이 더 많아야 한다는 의미입니다. 성경을 읽는 것도 중요하지만, 하나님께 매달려 기도하면서 더 깊이 말씀을 묵상하고, 하나님의 세미한 음성을 듣는 시간이 더 많아야 합니다. 이것이 바로 내 생각을 내려놓고 오직 하나님의 생각을 따르는 자세입니다. 그렇게 할 때 설교자가 학문의 지배를 받지 않고 성령의 지배를 받을 수 있습니다. 반대로 성경 주석을 5시간 보면서 성경 읽기와 기도를 1시간만 한다면, 우리는 학문의 지배를 받을 수밖에 없습니다.

설교자는 강단에서 지식을 자랑하지 말고, 하나님의 말씀인 생명의 복음을 선포해야 합니다. 그래야 사람들이 회개하고 돌이켜 예수 그리스도의 생명을 회복할 수 있습니다. 목회자에게 기도의 능력, 말씀의 능력이 없으면 성령의 역사가 일어나지 않습니다. 하나님께서는 우리가 참된 신학을 통해 하나님을 인격적으로 만나기를 원하십니다. 그렇게 될 때, 목회자가 하나님을 사랑하고 하나님께 순종함으로써 교회를 살리고 영혼을 살리는 주의 종이 될 수 있습니다.

"너희는 말씀을 행하는 자가 되고 듣기만 하여 자신을 속이는 자가 되지 말라"(약 1:22) 신학을 가장 잘 배우는 방법은 하나님의 말씀을 계시로 믿고 순종하는 것입니다. 하나님을 뜨겁게 사랑한다고 말로만 하지 않고, 자기 십자가를 지고 하나님께 날마다 순종하기 위해 몸부림치는 사람이 되어야 합니다. 썩어질 육신을 위해 살지 말고, 영원한 생명을 바라보며 살아가는 사람들이 되어야 합니다. 신학 그 자체에 목적을 두는 것이 아니라, 신학을 할수록 성령을 통하여 살아계신 하나님을 인생의 주인으로 고백하여 영적 생명이 충만한 사람이 되어야 합니다.

설교자는 순수하고 진실해야 하며, 말씀대로 살기 위해 최선을 다해야 합니다. 그러기 위해서 먼저 하나님의 말씀을 들어야 합니다. 말씀을 듣고 순종해야 합니다. 하나님의 말씀이 머리에만 머무르지 않고 가슴으로 내려와 무릎의 기도로 이어질 때, 성도들의 가슴과 영혼에 생명의 역사가 일어날 것입니다.

신학은 학문이 아닙니다. 신학은 생명의 주이신 예수 그리스도의 복음이며, 궁극적으로 하나님을 향한 경배요 찬양입니다. 성경을 하나님의 완전한 계시로 믿고, 말씀과 기도에 전념하여 영혼을 살리는 성령 충만한 사람들로, 영적 지도자로 우리는 성장해야 합니다.

영적 지도자는 학문과 영성을 겸비해야 합니다. 경건한 삶을 통해 하나님께 영광을 돌려야 합니다. 이것은 단순한 구호가 아니라, 오늘날 한국교회와 우리 시대가 직면한 위기와 요청 앞에서 반드시 붙들어야 할 진리입니다. 하나님께서 우리에게 맡기신 사명은 단순히 지식을 전달하는 것, 혹은 외형적인 경건의 모양을 갖추는 데 머무르는 것이 아닙니다. 영적 지도자는 먼저 하나님 앞에 무릎 꿇고, 말씀과 기도로 자기 내면을 다듬어야 하며, 동시에 하나님의 말씀을 바르게 해석하고 전하기 위해 부단히 연구하고 배워야 합니다.

학문과 영성은 결코 서로 대립되는 것이 아닙니다. 오히려 참된 신학은 경건에서 시작되어 경건으로 완성됩니다. 하나님의 말씀을 깊이 묵상하고, 성령의 인도하심을 따라 살아가는 삶이 없다면, 아무리 많은 신학적 지식과 학문적 성취가 있다 할지라도 그것은 생명이 없는 껍데기에 불과합니다. 반대로 경건만을 강조하며 학문을 소홀히 한다면 우리는 시대와 소통하지 못하고 복음을 바르게 전할 수 있는 지적 토대를 잃게 됩니다. 그러므로 영적 지도자는 학문과 영성의 균형을 반드시 이루어야 합니다.

목회자는 자신의 생각이나 경험을 전하는 사람이 아니라, 오직 하나님의 말씀을 대언하는 자입니다. 설교를 준비할 때, 성경을 읽고 묵상하는 시간, 그리고 하나님 앞에 무릎 꿇고 기도하는 시간이 학문적 연구보다 더 많아야 합니다. 성경 주석이나 설교집을 참고하는 것도 필요하지만, 그보다 더 중요한 것은 하나님께서 내게 주시는 세미한 음성을 듣는 것입니다. 내 생각과 내 뜻을 내려놓고, 오직 하나님의 뜻을 구할 때 우리는 성령의 지배를 받는 참된 설교자가 될 수 있습니다.

오늘날 한국교회가 쇠퇴하고 영적 생명력이 약화된 것은 무엇보다도 경건의 능력을 잃어버렸기 때문입니다. 신학적 지식은 넘쳐나지만 실제로 하나님을 인격적으로 만나고, 그분의 뜻에 순종하는 영적 지도자가 점점 줄어들고 있습니다. 목회자와 신학자가 먼저 말씀 앞에 부서지고 기도의 자리에서 하나님과 깊은 교제를 나눌 때 비로소 교회에 생명의 역사가 일어날 것입니다. 교회의 부흥과 영적 각성은 바로 학문과 영성의 균형에서 시작됩니다. 성령에 대한 열망과 사모함이 있어야 학문도 살아납니다.

저는 신학이 단순한 학문이 아니라 예수 그리스도의 생명의 복음임을 거듭 강조합니다. 신학은 하나님을 향한 경배요, 찬양이어야 하며, 우리의 삶 전체가 하나님께 드려지는 거룩한 제사여야 합니다. 그러기 위해 우리는 성경을 하나님의 완전한 계시로 믿고 말씀과 기도에 전념하는 영적 지도자가 되어야 합니다. 학문적 연구와 더불어 끊임없이 자신을 돌아보고 하나님의 뜻에 순종하는 경건한 삶을 살아야 합니다.

오늘 이 시대가 필요로 하는 영적 지도자는 바로 학문과 영성을 겸비한 사람입니다. 하나님 앞에서 늘 자신을 낮추고 말씀과 성령의 인도하심을 따라 살아가는 영적 지도자, 그리고 부단한 연구와 배움을 통해 복음을 바르게 전하는 지성적 지도자, 이 두 측면이 균형을 이룰 때 우리는 교회를 살리고 세상을 변화시키는 하나님의 도구가 될 수 있습니다. 이것이 바로 하나님께서 오늘 우리에게 요구하시는 영적 지도자의 길임을 저는 확신합니다. 우리 모두 이 길을 따라, 한국교회와 세계 교회를 살리는 귀한 영적 지도자로 살아가기를 기대합니다. 그런 삶을 살게 해달라는 것이 우리 모두의 기도가 되어야 할 것입니다.

제 IV 부

생명을 살리는
신학교육을 위한 과제와 전망

『신학은 학문이 아닙니다』의 출간에 이어 『왜 신학은 학문이 아닙니까?』를 출간하면서 신학의 사변화를 통해 발생한 현대신학의 문제점과 영적 생명력을 상실한 한국교회와 목회자들에 대한 문제까지 성경을 기준으로 살펴보았습니다. 이는 신학교를 설립한 운영자이자 백석총회를 설립한 목회자의 입장에서 우리가 극복해야 할 여러 과제를 제시한 것입니다. 이제는 문제를 제기하는 것을 넘어서 생명을 살리는 신학 교육을 위한 과제와 전망을 제안해 보고자 합니다. 이는 신학교육 현장에서 신학의 본질이 회복되고 그 결과 언젠가는 한국교회의 개혁을 완수하기 위한 고민에서 비롯된 것입니다. 물론 이것이 근본적인 해법이 될 수는 없겠지만 하나님의 유일하고 완전한 계시인 성경의 권위를 회복하고 성령의 인도를 받는 신학을 해야 한다는 전제로 어떤 노력이 더 필요한지 정리해 보도록 하겠습니다.

1
성경에 기초한 신학의 지속적 발전: 성경이 답이다!

신학은 성경을 받쳐주는 도구로서의 역할을 지속해서 감당해야 합니다. 신학은 하나님을 대상으로 삼아 개인의 학문적 연구를 위해 노력하는 것이 아니라 하나님께서 말씀하신 계시 중심으로 하나님의 뜻을 분명히 밝히는 일에 일조해야 합니다. 하나님의 나라와 뜻을 위해서 성경신학, 역사신학, 조직신학, 실천신학은 전체가 상호 협력하면서 다양한 분야의 발전을 통해 학문적 기여를 넓혀가야 합니다. 주님 다시 오실 때까지 신학의 발전은 이루어져야 하며, 그 발전은 성경의 권위를 인정하고, 성경이 신앙과 삶의 유일한 표준이라는 확고한 믿음 위에서 하나님의 뜻을 더욱 밝히 드러내는 방향으로 이루어져야 한다는 것입니다. 성경은 시대와 문화를 초월하여 우리 인생의 모든 문제에 해답을 제시해 줍니다. 삶의 문제를 궁극적으로 해결하는 답이 바로 성경에 기록되어 있습니다. 성경이 답입니다!

신학자들은 먼저 겸손한 자세로 성경을 하나님의 완전한 계시로 믿고 선포하는 일에 앞장서야 합니다. 성경은 하나님의 유일하고 완전한 계시이며, 신앙과 삶의 궁극적 지침으로서 그 자체로 완전한 권위를 갖습니다. 학문의 역할도 중요합니다. 학문은 인간적인 노력이라는 한계를 가지고 있지만, 그럼에도 학문은 성경의 권위를 강화하고, 성경의 의미를 깊이 탐구하며, 이를 현대인의 삶 속에서 적용하도록 돕는 중요한 도구가 될 수 있습니다. 성경을 밝히 깨달아 알고 적용하는 일에 중요한 역할을 하는 것입니다. 학문이 성경을 뒷받침하는 도구로서 그 의미를 강화하기 위해서는 다음과 같은 노력이 요구됩니다.

성경 본문의 철저한 연구와 해석

성경은 하나님의 영감으로 기록된 계시이기에 성령의 인도를 받을 때 비로소 참된 뜻을 깨달을 수 있습니다. 하나님께서 찾아오셔서 깨달음을 주실 때 바른 해석이 가능합니다. 같은 본문이라 할지라도 우리가 처한 상황과 여건에 따라 성경의 저자이신 성령께서 다른 깊은 깨달음을 주실 수 있습니다. 말씀해 주시는 성령의 세미한 음성을 듣기 위해서는 성경 본문을 깊이 묵상하기 위한 기도가 선행되어야 합니다. 하나님과의 친밀한 영적 교제 위에서 성경을 해석하기 위한 준비가 이루어져야 하는 것입니다. 성경을 뒷받침하는 학문의 첫 번째 역할은 성경 본문에 대한 철저한 연구와 해석을 통해 성경의 본래 의미를 올바르게 드러내는 것입니다. 이를 위해 다음과 같은 구체적 노력이 필요합니다.

① 언어적 연구: 히브리어, 아람어, 헬라어로 기록된 성경 원문 언어에 대한 깊은 이해를 통해 본문이 전달하려는 정확한 의미를 파악해야 합니다. 신학자들이 정확한 번역을 통해 목회자들에게 원문의 의미를 밝히 드러낼 수 있도록 언어적 연구를 지원하는 것이 필요합니다. 성경의 번역판들을 서로 대조하면서 읽는 훈련도 요구됩니다. 원문을 읽는 것이 어려운 경우라면 적어도 개역개정, 개역한글, 표준새번역, 새한글성경과 같은 여러 번역본 성경을 비교 대조하면서 본래 의미를 찾기 위해 노력해야 할 것입니다. 이러한 언어적 연구는 성경의 본문이 시대와 문화적 배경에 따라 어떻게 쓰였는지를 이해하는 데 필수적입니다. 그러나 당시 시대에만 국한된 내용으로 한정하려는 잘못을 범하지 않도록 성령의 인도하심을 받는 훈련이 동반되어야 할 것입니다.

② 문맥과 역사적 배경 연구: 본문이 기록된 역사적·사회적 맥락을 분석하여 성경이 특정 시대와 환경 속에서 어떤 의미를

지녔는지 밝혀야 합니다. 물론 성경이 특정 시대에만 국한하여 하신 말씀이라고 생각해서는 안 됩니다. 성령께서는 지금도 성경을 통해 말씀하시기 때문입니다. 그러나 성경에 기록된 시대적 상황에 대한 이해가 본문을 말씀하신 하나님의 뜻을 밝히 아는 데 도움이 될 수 있으며, 거울로 비추어 보듯 현재의 상황에 적용할 수 있는 토대가 될 수 있다는 점에서 분명한 연구가 이루어져야 할 것입니다.

③ 해석학적 원리 적용: 성경 해석에서 발생할 수 있는 오류를 방지하기 위해 철저한 해석학적 원리를 적용하고, 성경은 성경으로 해석한다는 원리를 고수해야 합니다. 성경을 성경으로 연결하여 해석하고 이해할 때 언약의 성취를 이루신 하나님의 뜻을 깨달을 수 있고, 이러한 성경적 연결을 제대로 이해할 때 하나님의 신실하심과 자비하심을 더욱 경험하게 되기 때문입니다. 자신이 가진 해석의 원리만을 고집하기보다 다양한 방식의 해석학적 연구 방법을 인정하면서 말씀 속에 감추어진 하나님의 의도를 발견하기 위해서 다각적인 노력을 하려는 열린 마음이 필요합니다. 이러한 노력을 통해 학문은 성경의 의미를 왜곡하거나 제한하지 않고, 오히려 성경 본문의 깊이를 풍성하게 드러내는 도구로서 역할을 다할 수 있습니다.

신학적 통합을 통한 성경의 교훈 체계화

학문은 성경의 방대한 내용과 다양한 주제를 체계화하고 통합하는 역할을 수행해야 합니다. 성경은 하나님께서 택하신 사람들을 통하여 기록하게 하신 것으로 여러 책, 다양한 문학 장르, 여러 시대의 기록으로 구성되어 있습니다. 오랜 시간에 걸쳐 기록된 성경이 하나님의 완전한 계시로서 통일성을 갖고 있다는 사실에 기반하여 학문적 체계화를 이뤄내야 합니다. 그러면서도 사도들로부터 계승되어 온 건전한 전통인 신조와 신앙고백, 그리고 성경 해석을 적용하려는 노력이 병행될 때 역사적 교회와 단절됨이 없이 바른 신앙을 전수할 수 있을 것입니다.

① 신학적 통합

성경을 기반으로 출발한 신학은 본래 현대신학이 추구하는 분과적인 신학 체계와는 다른 모습이었습니다. 모든 신학의 목표는 하나님께서 성경을 통해 전달하시려는 뜻을 분명히 드러내는 것이었습니다. 따라서 성경신학, 역사신학, 조직신학, 실천신학은 성경의 다양한 교훈을 종합하여 일관된 신학적 체계를 세우기 위해 통합하는 노력을 해야 합니다. 한 주제에 국한된 논리를 개발하여 자신의 신학을 드러내기보다는 성경이 분명히 제시하는 원리들을 어떻게 찾아서 적용할 것인지 숙고해야 합니다. 예를 들어, 창조와 구속, 성화와 종말에 관한 교훈들을 체계적으로 조직함으로써 성경의 메시지를 더 쉽게 전달하고 교회를 생명력 있게 하는 일에 도구가 될 수 있도록 상호 협력해야 할 것입니다.

② 교리적 정립

모든 교리의 근거와 원천은 성경입니다. 특별히 기독교 교리는 타종교와 달리 유일하고 완전한 계시인 성경에 기초하여 믿고 따라야 할 신앙의 원리로 형성되어 왔습니다. 기독교 교리는 초대교회부터 삼위일체론과 기독론을 중심으로 형성되어 왔고 오랜 시간에 걸쳐 이단들의 저항을 물리치고 신앙고백을 통해 확립되었습니다. 교리를 명확히 정립하여 신앙 공동체가 흔들리지 않는 믿음의 기준을 갖도록 한 것입니다. 이러한 교리적 정립은 시대적 도전과 변화를 직면하는 데 중요한 역할을 합니다. 단순히 교리를 새롭게 만들려는 시도를 하기보다는 초대교회 때부터 사도들에 의해 전수되고 확립된 교리들이 성경을 통해 자연스럽게 성도들에게 복음으로 선포될 수 있도록 교리적으로 정립해야 할 것입니다. 학문은 이러한 체계화를 통해 성경의 교훈에 더 쉽게 접근하고 이해할 수 있도록 하며, 성경적 신앙을 세상 속에서 살아내는 데 필요한 지침을 제공하는 데 기여해야 합니다.

현대적 상황에 맞는 적용

학문은 성경의 진리를 현대인의 상황에 맞게 적용할 수 있는 방법론을 제시해야 합니다. 이는 성경이 오늘날의 문제와 질문에 대해 어떻게 답변할 수 있는지 명확히 드러내는 역할을 포함합니다. 성경은 주님 다시 오실 때까지 우리 신앙과 삶의 유일한 표준이며, 모든 문제의 해답입니다. 따라서 현대적 상황을 극복할 수 있는 답 역시 성경에 있습니다.

① 현대적 해석학

성경 본문의 원래 의도를 보존하면서도 현대적 맥락에서 그 의미를 새롭게 조명하는 작업이 필요합니다. 이는 성경이 고대 문헌으로서의 역사적 가치를 넘어, 오늘날의 삶에도 적용해야할 권위있는 말씀이기 때문입니다. 해석학은 성령께서 성경을 통해 말씀하고 계심을 보여주는 과정이라 할 수 있습니다. 성도들이 성경을 과거의 유물로 인식하지 않고 현재에도 분명한 하나님의 뜻을 전달하는 완전한 계시임을 고백할 수 있도록, 지속적인 복음의 선포를 통해 성도들이 직면한 삶의 문제를 해결해 주어야 할 것입니다.

② 사회적·윤리적 문제에 대한 대안 제시

성경은 윤리와 도덕을 가르치기 위한 책이 아닙니다. 오히려 윤리와 도덕보다 더 높은 기준의 신실함을 요구하며, 하나님의 뜻에 순종하는 하나님의 백성을 양육하기 위한 지침입니다. 그리스도인들은 하나님의 청지기로서 세상에서 일어나는 사회 문제들에 대해 더욱 민감하게 반응하고 봉사해야 합니다. 학문은 성경적 가치에 기반하여 기후 변화, 경제 불평등, 사회 복지, 인구 문제, 환경 문제, 기술 발전 문제에 대한 윤리적 대안을 제시할 수 있어야 합니다. 세상의 빛과 소금의 역할을 감당하는 그리스도인들이 많아질 때 성경이 단순한 과거의 기록이 아니라 현재와 미래를 위한 살아 있는 하나님의 말씀임을 증거하게 될 것입니다.

비판적 성찰과 이단적 왜곡 방지

학문은 성경을 오해하거나 왜곡하는 움직임에 맞서 성경의 권위를 보호하는 역할을 해야 합니다. 성경 전체가 아닌 일부만을 사용하여 왜곡된 주장을 일삼는 이단들의 출현에 맞서 교회를 지켜내기 위해서는 신학적이고 비판적인 성찰이 요구됩니다. '오직 성경'이라는 원리와 함께 성경 66권 모두가 하나님의 완전한 계시라는 '전체 성경'의 원리를 반드시 기억하고 준수해야 합니다. 자기 입맛에 맞는 성경을 택하여 그것만이 정경인 것처럼 주장했던 초대교회 이단들의 모습이 현재까지 존재하는 것을 볼 때, 사회적 분위기나 여건을 기준으로 성경을 잘못된 방식으로 해석하거나 거역하려는 시도가 일어나지 않도록 끊임없는 노력이 필요한 것입니다. 또한 성경의 진리를 파괴하고 왜곡하려는 움직임에 대해서는 단호히 대처해야 할 것입니다.

① 이단적 해석에 대한 대응

성경을 자신의 목적에 맞게 악용하거나 왜곡하려는 시도에 대해 학문적 분석을 통해 그 오류를 밝혀야 합니다. 그리고 사도들로부터 계승되어 온 건전한 전통인 신조와 신앙고백을 파괴하려는 시도에 대해서는 반드시 대응해야 합니다. 교회는 역사 속에서 단절됨 없이 그리스도의 몸으로서 확장되어 왔습니다. 이단이 존재하지 않은 적은 한 번도 없었습니다. 그럼에도 교회가 지금까지 바르게 설 수 있었던 것은 분명한 신앙의 기준인 성경과 신앙고백이 있었기 때문입니다. 건전한 성경 해석에 기초한 신앙교육이 제대로 전수될 때 교회는 더욱 든든히 설 수 있습니다.

② 비판적 검토

개혁주의신앙의 핵심은 성경대로 믿고 성경대로 사는 것입니다. 언제나 성경이 더 명확한 진리를 제시하면 자신이 믿고 따르는 원리에서 돌아서서 성경대로 믿는 것이 바로 진정한 개혁주의신학입니다. '신학은 학문이 아니다'라는 주장에 대해 성경에 근거한 반론을 분명하게 제시한다면 언제든 수정하겠다는 의지를 밝힌 것도 같은 맥락에서 한 것입니다. 학문은 신앙 공동체 내에서도 무비판적으로 수용되는 해석이나 전통이 성경의 본래 의미와 충돌하는지 검토하고 교정할 수 있는 역할을 수행해야 합니다. 이러한 성찰과 방어는 성경의 권위를 유지하고, 성경이 가진 본래의 의도를 지키는 데 이바지하기 때문입니다.

대중과의 소통 및 신앙교육 지원

학문은 성경이 대중과 교회 공동체 속에서 올바르게 이해되고 적용되도록 돕는 역할을 해야 합니다. 이를 위해 학문적 연구 결과를 대중적으로 전달할 수 있는 소통 방안을 마련해야 합니다. 인공지능 시대를 살고 있는 오늘날의 성도들이 새로운 기술들을 신앙적으로 유익하게 사용할 방안을 연구하는 것이 한 예입니다. 학문의 새로운 성과를 쉽게 해설하고 전달할 수 있는 모형을 개발하여 성경 공부는 물론 신앙에 유익한 교육을 지원하는 일은 매우 중요한 일입니다.

① 대중 친화적 자료 제작

학문적 성과를 교회와 성도들이 쉽게 이해할 수 있도록 책, 강연, 미디어 콘텐츠로 제작해야 합니다. 성경 중심으로 신앙 단계별 교육이 가능하도록 개혁주의생명신학의 핵심 원리인 '5대 솔라'와 '7대 실천운동'을 중심으로 교육 자료가 만들어져야 합니다. 지금도 이미 많은 자료들이 만들어져서 주일학교와 구역공과로 사용되고 있지만, 평신도들의 눈높이에 맞는 대중 친화적인 자료 제작을 통해 성경을 가까이할 수 있는 신앙의 기초를 더 많이 제공해야 할 것입니다.

② 신앙교육 지원

교회 내 신앙교육과 목회적 설교를 위한 자료를 제공하여 성경이 신자들에게 생동감 있게 다가가도록 도와야 합니다. 이를 통해 학문은 성경이 단지 연구의 대상이 아니라, 신앙과 삶의 중심으로 자리 잡도록 해야 합니다.

학문은 성경의 권위를 강화하고, 성경의 진리를 깊이 이해하며, 이를 현대인의 삶과 상황 속에서 구체적으로 적용하도록 돕는 중요한 도구입니다. 성경을 뒷받침하는 학문적 역할을 강화하기 위해서는 철저한 본문 연구와 신학적 체계화, 현대적 상황에 맞는 적용, 비판적 성찰, 그리고 대중과의 소통이 필요합니다. 이러한 노력을 통해 학문은 성경을 더욱 풍성하고 강력하게 이해하도록 돕는 도구로서의 의미를 확고히 할 수 있을 것입니다.

2

교회와 신학의 조화:
예수 생명의 공동체 확립

　교회를 살리지 못하는 신학은 그 자체가 죽은 신학에 불과합니다. 신학은 발전하는데 교회가 생명력을 잃고 있다면 그 역시 바른 신학을 하고 있다고 말할 수 없습니다. 신학은 교회를 섬기기 위한 학문이며, 이 본질적 목적을 잊지 않는 것이 무엇보다 중요합니다. 신학이 단순히 지적 탐구에 머물지 않고, 교회와 성도의 삶에 실제적인 유익을 끼치기 위해서는 실천과 학문 사이의 균형을 지속적으로 유지해야 합니다.

신학의 실천적 적용 가능성 강화

　신학은 성도들을 푸른 초장으로 인도하기 위한 도구가 되어야 합니다. 푸른 초장은 생명의 말씀이 살아 움직이고 역사하는 현장입니다. 교회가 예수 그리스도의 생명의 복음으로 충만할 때 성도들의 삶은 푸른 초장에 거하게 되는 것입니다. 성도들이 푸른 초장에 거하기 위해서 신학은 교회와 성도의 실제적 필요를 해결할 수 있는 도구가 되어야 합니다. 이를 위해 신학 연구는 목회 현장에서 발생하는 문제를 이해하고, 이에 대한 구체적인 해답을 제시하는 방향으로 이루어져야 합니다. 예를 들어, 현대 교회가 직면한 윤리적 도전에 대해 성경적 지침과 신학적 성찰을 제공하는 것이 필요합니다.

신학은 단순히 이론적 논의에 그치지 않고 학문적 연구 결과를 설교, 교육, 상담과 같은 실질적 사역에 어떻게 적용할 수 있을지 고민해야 합니다. 이는 신학이 교회의 필요와 목회 현장을 섬기는 실천적 도구가 되도록 돕습니다.

학문적 엄격성과 영적 실천의 조화 추구

학문과 영성을 겸비한 목회자들은 시대를 막론하고 교회의 부흥을 이끌었습니다. 그들 모두는 오직 하나님의 뜻에 순종하겠다는 일념으로, 성경을 가장 중요한 기초로 삼았습니다. 성경의 원리를 따라 교회를 개혁한 종교개혁자들, 율법과 복음을 가장 가슴 깊이 묵상했던 청교도들, 그들이 추구한 신학은 학문적 깊이를 잃지 않으면서 동시에 교회와 성도의 영적 삶에 이바지하는 것이었습니다. 지금도 한국교회를 개혁하기 위해서 필요한 사람은 바로 이런 영적 지도자들입니다. 이를 위해 신학자와 목회자들은 성경, 기독교 교리, 교회사 등의 학문적 분야에서 철저한 연구를 이어가야 하며, 동시에 개인적 경건과 성찰을 통해 그들이 탐구하는 진리를 실천적으로 경험해야 합니다. 무엇보다도 성령을 체험해야 합니다. 그리고 그 체험이 성경에 비추어 보아 참된 것인지를 구별할 수 있는 영적 분별력과 통찰력으로 이어져야 할 것입니다.

학문과 실천의 조화를 위해, 신학교육 기관은 학생들에게 학문적 연구와 목회적 실천이 상호보완적임을 강조해야 합니다. 신학적 성찰과 기도의 균형을 이루며, 신학적 지식이 성도의 경건한 삶과 교회의 사명에 기여하는 방법을 가르쳐야 합니다. 경건한 삶으로 바른 신학을 추구하는 목회자들이 많이 배출될 때 한국교회는 다시 일어설 수 있기 때문입니다.

목회자와 신학자 간의 협력 강화

한국교회 현장을 보면 매우 아쉬운 부분이 있습니다. 목회자는 신학자를, 신학자는 목회자를 무시하는 경향이 있습니다. 신학자는 목회 현장을 이해하지 못한다고, 목회자는 신학의 깊이가 부족하다고 서로를 평가절하하는 경우가 자주 있습니다. 그러나 신학자도 목회자라는 사실을 잊지 말아야 합니다. 목회자로서 신학생을 가르치는 일에 쓰임 받고 있다는 사실을 절대로 간과해서는 안 됩니다. 한국교회 초기에 목회자로서 교회 사역을 하며 또한 신학교에서 신학도 가르쳐 온 우리 신앙의 선배 목사님들은 항상 교회를 위한 신학을 하기 위해 힘썼습니다. 성도들의 영혼을 메마르게 하는 신학이 아니라 성도들의 영혼을 예수 생명으로 충만하게 하는 신학을 추구한 것입니다. 생명을 살리지 못하는 신학은 죽은 것이라는 확신이 있었기 때문입니다.

교회를 섬기는 신학의 본질을 유지하기 위해서는 목회자와 신학자 간의 협력이 필수적입니다. 목회자는 신학자들에게 교회 현장에서 발생하는 실제적 문제와 성도들의 필요를 전달하고, 신학자들은 이에 대해 학문적이며 성경적인 답변을 제시함으로써 상호보완적 관계를 구축해야 합니다.

예를 들어, 신학자들은 목회자들과 정기적인 세미나와 워크숍을 통해 교회 현장의 목소리를 듣고, 목회자들은 신학 연구의 성과를 현장에서 효과적으로 활용할 수 있도록 피드백을 제공해야 합니다. 이는 교회와 신학이 상호 발전하는 동력을 제공할 것입니다. 단지 신학자 자신의 독창성을 드러내기 위한 연구 논문 발표가 아니라 교회를 예수 생명의 공동체로 세우기 위한 방법을 함께 찾아가는 일에 이바지해야 할 것입니다. 목회자들의 갈증을 해소해 주고, 자유주의신학이 교회를 위협하지 못하도록 올바른 교회관과 성경관을 유지하는 일에 협력해야 할 것입니다.

또한 신흥종교와 이단들에 대해서도 교회가 적절하게 대처할 수 있도록 성경적 근거를 마련해서 대안으로 제시해야 할 것입니다. 이러한 상호 협력이 이루어질 때 서로가 서로를 존경하고 사랑하는 섬김이 가능해질 것입니다.

공동체 중심의 신앙적 실천 강화

교회는 예수 생명의 공동체입니다. 성도들은 모두 예수 그리스도의 몸을 이루고 있습니다. 각 지체가 하나 되어 교회를 섬길 때, 교회는 유기적인 공동체로서 진정한 교회의 모습을 갖추게 됩니다. 신학은 개인적 경건의 영역을 넘어 교회 공동체와 세상 속에서의 사랑과 섬김을 실천하도록 돕는 역할을 해야 합니다. 이를 위해 신학은 사회 정의, 화해, 평화와 같은 공동체적 주제에 대해 성경적이고 실천적인 답변을 제시해야 합니다.

예를 들면, 교회가 가난한 자와 소외된 자를 돌보기 위해 신학적 논의를 구체화하는 작업이 필요합니다. 이는 신학이 교회 안에서만 머무르지 않고, 하나님의 나라를 세상 가운데 구현하는 데 적극적으로 참여하도록 돕습니다. 세상과 이웃을 섬기는 하나님나라운동이 확산되기 위해서는 무엇보다 공동체 중심의 신학이 이루어져야 합니다.

지속적인 자기 성찰과 방향성 점검

성경보다 교회의 전통을 앞세웠던 중세교회의 부패로 인해 종교개혁이 일어났지만, 그로부터 얼마 지나지 않아 개혁자들 사이에서도 다툼과 분열이 일어났습니다. 뜨거운 열정으로 교회를 개혁했지만, 개혁된 교회는 점점 생명력을 잃어버렸습니다. 그때마다 성령께서는 대각성운동과 부흥운동을 통해 교회가 생명력을 회복하도록 역사하셨습니다. 하나님이 계셔야 할 자리에 처음부터 교황이 있던 것은 아닙니다. 교회를 지키기 위해서 행했던 일들이 결국에는 인간의 탐욕과 명예욕을 이기지 못하고 자리를 내어준 것입니다. 인간 스스로 교회를 지키려는 노력은 언제나 교만으로 이어지고 교회를 부패하게 만듭니다. 그래서 개혁된 교회는 항상 말씀으로 날마다 개혁되어야 하는 것입니다.

제가 '신학은 학문이 아니다'라고 외치게 된 것도 학교의 설립자로서, 목회자인 영적 지도자로서 자기 성찰과 방향성에 대한 점검이 있었기 때문입니다. 자신이 먼저 회개하지 않으면 어떤 개혁도 일어날 수 없다는 사실을 너무도 잘 알고 있습니다. 한국교회가 분열에 분열을 거듭하면서도 서로 화해하고 용서하지 못하는 것은 성경에 비추어보아 잘못된 것은 언제든지 회개하고 고치겠다는 자기 성찰이 부족하기 때문입니다. 그래서 제가 한국교회 회복을 위해 개혁주의생명신학 7대 실천운동 가운데 '회개용서운동'을 제시하게 된 것입니다. 회개는 생명의 시작입니다. 신학자와 목회자가 먼저 회개하지 않으면 한국교회 개혁이 어렵다고 생각한 것도 제 잘못을 먼저 회개해야 한다는 깨달음을 주셨기 때문입니다. 영혼을 살리는 치유 사역을 감당하려면 자신의 영혼을 먼저 살려야 한다는 성령의 인도하심이 있었기에 가능한 일이었습니다.

신학은 그 본질과 목적을 지속해서 점검하며, 학문적 탐구가 교회와 성도에게 실제적 유익을 제공하는지를 성찰해야 합니다. 이는 신학이 단순히 지적 유희로 흐르거나 학문적 엄격성만을 추구하지 않도록 하는 안전장치 역할을 합니다. 교회와 성도의 영적 필요를 이해하고, 이를 충족시키기 위해 신학이 어떤 역할을 하고 있는지를 정기적으로 평가하는 것이 중요합니다. 이를 위해 신학자와 목회자, 성도들이 함께 논의하며 신학의 방향성을 설정하는 작업이 필요합니다.

신학은 교회를 섬기는 학문으로, 그 본질을 잃지 않기 위해 실천적 적용과 학문적 깊이를 균형 있게 추구해야 합니다. 이를 위해 실천적 적용 가능성을 강화하고, 학문적 엄격성과 영적 실천을 조화시키며, 목회자와 신학자 간의 협력을 통해 교회를 지속해서 섬겨야 합니다. 공동체 중심의 실천을 강화하고 신학적 목적과 방향성을 계속 점검해 나갈때, 신학은 교회와 세상 속에서 하나님 나라를 세우는데 이바지할 수 있을 것입니다.

3

교회의 공공성을 회복하기 위한 신학 연구

한국교회는 분열과 세속화로 인해 사회적 신뢰조차 상실했습니다. 교회가 교회다움을 보여주지 못하기 때문에 세상이 오히려 교회를 걱정하기도 합니다. 요즘 '공공신학'이라는 말이 등장해서 많은 관심을 받고 있습니다. 하나님의 절대주권을 인정하면서도 사회적 책임을 다해야 한다는 의미로 이해하면 좋을 것 같습니다. 교회는 언제나 세상의 빛과 소금으로 드러나야 합니다. 교회는 세상을 향해 열려있어야 합니다. 교회 안에서만 서로를 사랑해서는 안 되고 교회가 세상을 변화시킬 책임이 있음을 알고 이를 실천해야 합니다. 이것은 이미 성경이 가르치는 가치입니다. 우리가 "하나님이 함께, 너와 내가 함께, 이웃과 함께"라는 백석인의 책임을 강조하게 된 것은 우리 안에서만의 만족이 아니라 하나님의 뜻을 위해 사회적 책임까지 감당해야 한다는 것을 의도적으로 보여주기 위한 것이었습니다. 지금 한국교회가 사회적 신뢰를 잃어버린 것은 결국 우리가 감당해야 할 성경적 신앙의 원리를 상실했기 때문입니다. 성경적 신앙의 원리를 회복하고 참된 교회로서 사명을 감당한다면 사회적 신뢰가 자연스럽게 회복될 것입니다.

신학은 교회의 내부적 영역을 넘어 사회적이고 공적인 영역에서도 중요한 대화와 변화를 이끌어야 하는 책임을 가지고 있습니다. 이는 신학이 단순히 교회의 울타리 안에 머무르지 않고, 하나님의 정의와 사랑, 화해와 평화를 구현하며 세상을 섬기는 역할을 하도록 요구합니다.

신학적 주제의 공적 이슈와의 연계

신학은 오늘날의 사회적 이슈와 공적 담론과 적극적으로 연계되어야 합니다. 시대적 물음에 답할 수 있어야 한다는 말입니다. 성경에 기초한 신학은 삶의 모든 영역을 아우릅니다. 기독교 세계관이나 성경적 세계관이라는 말이 개인 구원에만 집중되어 있던 시선을 사회적 책임에까지 확장시킨 것은 분명히 좋은 역할입니다. 마찬가지로 환경을 살리자는 환경신학, 생태를 살리자는 생태신학, 여성의 인권을 강조하는 여성신학과 같은 표현은 한 주제를 부각시키는 주제신학이라 할 수 있습니다. 당면한 주제에 맞는 응답을 하겠다는 의지의 표현이라 할 수 있을 것입니다. 따라서 사회 정의, 인권, 생태 환경, 평화 구축, 경제 불평등과 같은 공적인 역할을 감당해야 하는 부분이 포함되어 있다는 사실을 인식하고, 사회가 직면한 주요 문제에 대해 균형 잡힌 성경적 관점과 해결 방안을 신학적으로 제시해야 할 필요가 있습니다. 모든 사회 문제에 대한 해답 역시 성경에서 찾고, 교회의 사회적 역할과 공적 역할에 대한 근거 역시 성경에서 찾을 때 신학은 학문이 아니라 생명의 복음으로서 교회가 세상의 빛과 소금이 되도록 돕게 될 것입니다.

학제 간 대화와 협력 강화

하나님께서는 그리스도인들이 각자 분야에서 자기 역할에 충실하기를 원하십니다. 특별히 교수로서 학문 활동을 하는 그리스도인들에게는 하나님께서 맡겨주신 특별한 소명이 있습니다. 그것은 자신이 부름받은 자리에서 하나님을 영화롭게 하는 것입니다. 개혁주의생명신학의 다섯 번째 실천운동인 하나님나라운동은 "성령의 도우심으로 우리의 신앙과 삶의 모든 영역에서 예수 그리스도의 주 되심을 실현하는" 운동이라고 말하고 있습니다. 하나님나라운동을 하기 위해서는 자신이 맡은 학문 연구도 하나님의 나라와 뜻을 위한 도구가 되어야 한다는 확신을 가지고 있어야 합니다. 경제학, 법학, 행정학, 간호학, 디자인학과 같은 다양한 분야의 교수들이 자신의 신앙을 바탕으로 어떤 삶을 살아야 하는지에 대해서 신학과의 대화를 지속하여야 합니다.

자신의 연구 분야에서 신앙의 기초를 든든히 가진 교수들은 자신이 가르치는 학생들에게 전문 분야와 함께 삶의 본이 되고 신앙적인 은혜를 나누는 역할을 감당해야 합니다. 학생들을 상담할 때 그리스도의 사랑을 가지고 기도하며 그들의 미래와 진로까지도 함께 고민하며 지도해야 할 것입니다. 이와 함께 예수님의 정신으로 자기 학문 연구에 정진하면 큰 변화가 일어납니다. 모든 연구에 앞서 기도하고 협력하면 더 좋은 결과들이 나타납니다. 교수로서 섬김의 사역을 감당하면서 학문적 성과와 함께 신앙적 변화가 일어나야 합니다.

신학은 다른 학문 분야와의 학제 간 대화를 통해 공적 역할을 확대할 수 있습니다. 다양한 학문들과의 협력을 통해 신학은 좀 더 포괄적이고 현실적인 문제 해결 방안을 제시할 수 있습니다. 자신들의 학문만을 고집하는 것이 아니라 상호 협력해서 신학의 공적 신뢰성을 높이고, 현대 사회에서 신학의 유의미한 역할을 보여주는 것도 상당히 의미 있는 일이라 생각합니다.

대중과의 소통 강화

신학은 신학자들의 전유물이 아니라 성도들에게 좀 더 효과적으로 복음을 전달하기 위한 도구가 되어야 합니다. 신학이 너무 전문적인 학문적 논의에만 머무르게 되면, 대중과의 소통은 물론 사회 속에서 구체적으로 어떻게 살 것인지에 대한 메시지를 담아내는데 어려움이 있습니다. 교회에서는 교리를 가르치기 위해 조직신학을 강의하지 않습니다. 교리의 근거가 되는 성경 말씀을 통해 우리의 신앙과 삶의 방향을 설교로 가르쳐야 합니다. 그래야 성도들이 그 교훈과 책망을 통해 하나님의 백성으로 성숙해지도록 할 수 있습니다. 의사들이 사용하는 전문 용어를 이해하지 못하는 환자를 위해 지금 처한 현실과 몸의 상태에 대해서 이해하기 쉬운 말로 설명해야 하는 것처럼 신학도 대중과의 소통을 강화하여 신학적 메시지가 사회 속에서 구체적으로 실천되도록 해야 합니다. 이를 위해 신학자들은 대중적 언어와 접근 방식을 활용하여 신학적 주제를 성경에 기초하여 설명하고, 성도들이 성경적 가치를 삶 속에서 실천하도록 돕는 역할을 해야 합니다.

저는 오랫동안 학생들의 눈높이에 맞는 교육을 해줄 것을 교수님들에게 당부해 왔습니다. 신학대학원과 전문대학원의 교육 방식은 달라야 하기 때문입니다. 신학대학원에서 목회자를 양성해야 함에도 너무 전문적인 지식만을 전달하면 목회 현장에서 성도들에게 적용할 수 있는 것은 아무것도 없습니다. 반대로 박사과정 학생에게 신학대학원과 동일한 강의를 한다면 그것 또한 맞지 않는 일입니다. 이미 목회학 석사과정을 이수한 사람들이 입학한 것이기 때문에 그들이 전문성을 가지고 자신의 분야를 연구할 수 있도록 눈높이에 맞는 지도를 해야 할 것입니다. 그러면서도 과연 이것이 교회와 사회를 위해서 할 수 있는 공헌이 있는지에 대해 고민하도록 그들을 지도해야 할 것입니다.

인공지능 시대를 살고 있는 사람들은 신학적인 담론을 골칫거리로 생각하기 쉽습니다. 그래서 바른 것에 관심을 두기보다 단지 재미에 관심을 갖는 경우가 많습니다. 그렇다면 한국교회를 이끌어갈 다음 세대들과 어떻게 소통할 수 있겠습니까? 대중 매체, 소셜 미디어, 팟캐스트와 같은 현대적 플랫폼을 활용하여 올바른 신앙을 가질 수 있도록 대중과 대화를 나누고, 사회적 이슈에 대한 신학적 입장을 적극적으로 알리는 노력이 필요합니다. 이는 신학적 담론을 현대인의 일상과 연결함으로써 신학이 사회적 변화를 이끄는 동력이 될 수 있도록 합니다. 그리고 자연스럽게 성경을 통해 신학적 담론을 이해할 수 있도록 신학자들은 성경 전문가로서 성경의 가치를 삶 속에서 실현하도록 이끌어야 할 것입니다.

신학은 교회 내의 학문에 머물지 말고, 사회와 세상을 향해 하나님의 사랑과 정의를 실천해야 합니다. 이를 위해 사회적 이슈와의 연계, 학제 간 협력, 대중과의 소통, 실천 모델 제시와 같은 구체적 방안이 실현되어야 합니다. 이러한 노력을 통해 신학은 교회의 경계를 넘어 세상 속에서 하나님의 나라를 확장하는 데 기여하며, 공적 영역에서 신학의 학문적 역할을 확장할 수 있을 것입니다.

신학은 학문적 특성을 갖춘 동시에 신앙의 실천적 요구를 충족시키는 독특한 학문입니다. 성경에 기초하지 않은 신학은 하나님을 알 수도 없고, 우리가 어떻게 삶을 살아야 하는지 나아갈 방향을 제시해 줄 수도 없습니다. 신학은 하나님과 영적 교제를 통해 하나님을 아는 지식과 인간에 대한 지식을 연구하며, 인간과 세계에 대한 진리를 탐구하는 체계적이고 논리적인 학문으로서의 역할을 수행합니다. 신학이 학문이 아니라는 주장은 신학을 부정하기 위한 논리가 아니며, 오히려 신학의 본질을 강조함으로써 참된 신학을 강조하기 위한 점이라는 사실에 주목해야 합니다.

에필로그

    저는 긴 여정이었던 이 책의 마지막을 어떤 이야기로 시작할지 고민하다가 미국 교회사에서 '신학은 학문이 아니다'라는 진리를 몸소 보여준 윌리엄 테넌트(William Tennent, 1673-1746) 목사와 로그 칼리지(Log College)를 떠올렸습니다. 1727년에 설립된 로그 칼리지는 북미에서 최초로 설립된 장로교 신학교입니다. 로그 칼리지의 역사는 "신학은 학문이 아니다"라는 저의 고백과 동일한 뿌리에서 시작되었습니다.

    윌리엄 테넌트 목사님은 네 아들을 비롯한 젊은이들에게 신학을 가르치기 위해, 펜실베이니아 들판에 작은 통나무집을 세우고 로그 칼리지를 시작했습니다. 그곳에서 그의 네 아들, 길버

트, 윌리엄 주니어, 존, 찰스는 아버지의 가르침 아래 신학을 배웠고, 이후 미국 장로교회와 대각성운동의 주역이 되었습니다. 로그 칼리지는 단순히 한 목회자의 꿈에서 비롯되었지만, 복음에 대한 열정으로 헌신한 신앙의 공동체로 성장하였습니다.

당시 미국 식민지에는 하버드나 예일 같은 명문 대학이 있었지만, 이 학교들은 주로 세속적 학문과 교양을 중시했고, 목회자 안수 역시 이런 대학 출신에게만 허락되었습니다. 이에 테넌트 목사님은 정규 대학 교육을 받지 못한 젊은이들과 평신도들을 위해, 자신의 땅에 있는 6평 남짓의 소박한 통나무 건물에서 신학교육을 시작했습니다. 이 학교의 이름인 '로그 칼리지'는 원래 조롱조로 붙여진 별명이었지만, 이후 미국 교회사에서 상징적 의미를 갖게 되었습니다. 바로 지금의 프린스턴 대학(Princeton University)의 모태가 바로 이 로그 칼리지라고 할 수 있습니다. 테넌트 목사님은 "하나님의 일꾼은 세상의 학문이 아니라, 오직 말씀과 성령의 능력으로 세워진다"는 신념으로, 무인가의 작은 학교에서 복음의 불씨를 일으켰습니다. 하버드와 예일이 세상의 지식과 권위를 대표했다면, 로그 칼리지는 오직 복음과 성령, 그리고 현장 사역의 열정으로 세워진 학교였습니다.

저는 평생을 신학교를 세워 복음의 길을 걸어온 사람입니다. 무인가 신학교를 18년간 운영하며 교육부의 인가나 세상의 인정보다 오직 하나님 나라와 복음에 대한 열정으로 사역해 왔습니다.

저 역시 처음에는 "방배동에서 무슨 선한 것이 나오겠느냐," "저 학교 출신들은 인정할 수 없다"라는 조롱의 말을 수없이 들었습니다. 그러나 신학은 세상적인 인정이나 학문으로만 이루어지는 것이 아닙니다. 테넌트 목사님의 아들들이 로그 칼리지에서 배워 미국 교회를 일으켰듯이, 저 역시 무인가 신학교에서 수많은 사역자가 배출되어 한국교회와 세계 선교의 현장으로 나아가는 것을 보았습니다.

지난 세월로부터 지금까지 제가 한시도 잊지 않은 것은, 신학은 머리로만 배우는 학문이 아니라, 무릎으로 기도하고, 뜨거운 가슴으로 복음을 품고, 성령의 능력으로 살아내는 생명이라는 사실입니다. 신학은 결코 세상의 인정과 학문적 탁월성으로 완성되지 않습니다. 오직 말씀과 성령, 그리고 예수 그리스도의 생명의 복음 위에 세워질 때, 비로소 교회와 세상이 변화됩니다. 이것이 바로 로그 칼리지의 유산이며, 저의 신학교 사역의 고백입니다.

신학은 학문이 아니라 예수 그리스도의 생명의 복음입니다. 우리가 배운 지식이 예수 그리스도의 생명으로 나타나야 합니다. 자신의 자아를 죽이고 예수 그리스도의 생명으로 사는 그리스도인이 세상을 변화시킬 수 있습니다. 신학이 단순히 학문으로 제한될 수 없는 이유는 성경의 핵심 메시지가 이론적 연구가 아니라 삶의 변화에 초점이 맞춰져 있기 때문입니다. 성경은 하나님 나라와 구속의 역사를 전하고, 이를 통해 성도들이 하나님과의 관계를 회복하도록 돕습니다. 이는 인간의 이성과 학문적 도구만으로는 온전히 이룰 수 없는 것입니다.

제가 개혁주의생명신학 7대 실천운동인 '신앙운동', '신학회복운동', '회개용서운동', '영적생명운동', '하나님나라운동', '나눔운동', '기도성령운동'을 한국교회 회복의 대안으로 제시한 이유도 신학이 학문에 머물지 않고 목회 현장인 교회와 성도들의 영혼에 생명을 불어넣기 위해서였습니다. 성령의 인도하심과 말씀에 대한 순종이 없이는 생명이 살아날 수 없기 때문이었습니다.

역사적으로 한국교회가 걸어온 길을 돌아보면 교회의 부흥은 언제나 말씀의 부흥에서 시작되었고, 오직 성령의 강권적인 역사였음을 고백할 수밖에 없습니다. 말씀 앞에서 회개가 시작되고, 하나님의 용서를 경험한 사람들이 서로를 용서하며, 자기 것을 아낌없이 나눌 수 있는 십자가와 부활의 신앙이 역사한 것입니다. 자기의 힘으로 하는 것이 아니라 오직 하나님의 나라와 뜻을 먼저 생각하는 영적 분별력이 있을 때 자기 자존심까지도 버릴 수 있는 것입니다.

오늘 우리가 누리는 평안과 기쁨은 산골짝마다 나라와 민족을 위해서 기도하던 영적 지도자들의 눈물과 피땀이 이뤄낸 아름다운 열매입니다. 우리 대한민국이 아직 희망이 있는 것은 보이지 않는 곳에서 나라와 민족을 위해 기도하는 목회자와 성도들이 많이 있기 때문입니다. 이름도 없이 빛도 없이 하나님만을 바라보면서 민족 복음화와 세계 선교를 위해 헌신하는 분들이 계셨기에 오늘의 우리가 있다고 믿습니다.

생명을 살리는 신학의 다섯 가지 방향성

이제 글을 마무리하면서 신학이 단순히 이론적 체계를 넘어 실천적, 영적, 공동체적 영역으로 확장되기 위해 필요한 가장 중요한 방향성과 토대를 다섯 가지로 제시하려고 합니다. 이 원리들은 신학교를 살리고, 교회를 살리고, 민족을 살리기 위해서 끝까지 지켜야 할 기본적인 원리이며, 주님 다시 오실 때까지 지켜내야 할 방향성이라 생각합니다.

하나, 성경 중심의 신학을 확립하고 끝까지 지켜내야 합니다

신학의 모든 논의와 탐구는 반드시 성경을 중심으로 이루어져야 합니다. 성경은 유일하고 완전한 하나님의 계시이며 신학의 궁극적 권위이자 모든 교리와 실천의 기준입니다. 따라서 성경 본문의 원문 연구, 문맥적 이해, 신구약의 통일성을 중시하며,

이를 토대로 체계적인 신학을 세워야 합니다. 성경 해석의 결과가 개인적인 경건과 공동체의 영적 성숙을 가져오는지를 항상 점검함으로써 성경이 단순한 연구 자료가 아닌 삶의 원천이 되도록 해야 합니다. 그러기 위해서는 성경이 우리 인생의 모든 문제의 해답이며, 신앙과 삶의 유일한 표준이라는 사실을 확신하고 무릎 꿇고 기도하면서 하나님의 세미한 음성을 듣고, 그 말씀을 생명의 복음으로 선포해야 할 것입니다.

둘. 영적 지도자로서 학문과 영성을 겸비할 수 있는 신학을 해야 합니다

목회자는 영적 지도자입니다. 학문을 가르치는 사람이 아니라 복음을 선포하는 말씀의 대언자입니다. 결국 신학의 성패는 교회가 증명하는 것입니다. 교회를 살리는 신학이 필요한 이유입니다. 그래서 신학은 학문적 논의에 머무르지 않고, 교회와 목회 현장에서 실질적으로 유익을 제공하는 실천적 역할을 강화해야 합니다. 교회가 진정한 그리스도의 몸으로서 예수 생명의 공동체가 되기 위해서는 성도들의 영혼을 살리는 신학적 뒷받침이 필요합니다. 교회의 도전 과제인 세속화와 개인주의에 대응하기 위해, 목회자는 영적 분별력과 지도력에 기초하여 공동체적 사랑과 희생을 강조하는 실천적 지침을 말씀으로 가르치고 양육해야 합니다. 영적 지도자로서 신학적 통찰이 있어야 비로소 성도들의 영적 성장을 돕고, 교회가 세상 속에서 그리스도의 빛을 드러내도록 이끌 수 있습니다. 따라서 신학대학원에서 가르치는 신학은 목회자들이 교리적 진리를 목회와 설교, 성례전, 상담, 성도의 삶에 직접적으로 연결시킬 수 있도록 항상 교회를 위한 것임을 잊지 말아야 할 것입니다. 영적 지도자들이 학문과 영성을 겸비하는 길은 오직 성령의 도우심을 구하면서 기도하는 것입니다. 신학교에서부터 기도성령운동이 불일듯 일어나야 합니다. 특별히 목회자는 말씀에 생명을 걸어야 합니다. 말씀이 예수 그리스도의 생명의 복음으로 선포되도록 먼저 목회자들이 십자가와 부활의 신앙을 소유해야 합니다. 그리고 예수님께서 하신 섬김과 희생을 본받아 십자가의 길을 걷는 목회를 해야 합니다. 우리의 목자장이신 예수님만이 우리의 목회 모델이 되어야 할 것입니다. 무엇보다 영적 지도자는 모든 것을 품위 있고 질서 있게 해야 합니다(고전 14:40). 그러할 때 목회자는 영적 지도자로서 신분을 회복하고 성령의 사람으로서 사역을 잘 감당하게 될 것입니다.

셋. 말씀과 함께 성령의 인도를 받는 신학을 추구해야 합니다

성령께서는 지금도 성경을 통해 말씀하십니다. 성령의 음성을 듣지 못하는 신학, 성령의 인도를 받지 못하는 신학은 지식에 머물 수밖에 없습니다. 영적 생명을 살리는 역할을 감당하기 위해서 신학은 성령의 역사와 밀접하게 연결되어야 합니다. 말씀을 바르게 가르치기 위해서는 반드시 성령의 인도를 받아야 합니다. 성령께서 깨닫게 해주실 때에만 비로소 성경을 통해 하나님의 뜻이 분명히 드러나기 때문입니다. 성령의 조명은 신학적 이해와 실천에서 필수적이며, 단순한 학문적 논의를 넘어 영적 진리를 실현하는 하나님의 절대적인 능력입니다. 신학자와 목회자는 영적 지도자로서 성령의 인도하심 아래 하나님의 말씀을 연구하고, 그 뜻을 깨달아야 하며, 이를 통해 성도들의 삶을 변화시키는 능력을 가져야 합니다. 성령의 다양한 은사가 성령의 열매로 이어질 때 교회는 점점 더 영적 파급력을 갖게 되고, 생명수가 넘쳐날 것입니다. 영적 생명을 소유한 성도들이 자신의 만족에 머물지 않고 성령께서 교회를 통해 이루시는 구속 역사를 복음으로 증거할 때 교회는 점점 부흥하게 될 것입니다.

넷. 예수 생명의 공동체를 확장하기 위한 사랑의 실천을 지속해야 합니다

예수 생명의 공동체는 단지 교회만을 의미하지 않습니다. '거룩한 하나의 보편적인 교회'를 포함하는 하나님 나라의 개념이라 할 수 있습니다. 우리가 속한 모든 공동체가 예수 생명의 공동체로서 역할을 하기 위해서는 구성원들의 사랑과 섬김이 반드시 필요합니다. "하나님이 함께, 너와 내가 함께, 이웃과 함께"하는 진정한 예수 생명의 공동체를 이루기 위해서는 사랑의 실천이 요구되는 것입니다. 그러나 사랑은 우리가 마음대로 할 수 있는 것이 아닙니다. 사랑은 하나님의 신적 성품입니다. 사랑의 완성은 예수님께서 우리를 대신하여 십자가를 지심으로 이루어졌습니다. 십자가 사랑을 체험한 사람만이 오직 하나님의 뜻을 따라 사랑을 실천할 수 있습니다. 그리스도가 내 안에 내가 그리스도 안에 있을 때 사랑할 수 있는 것입니다. 신학은 예수 그리스도의 사랑과 섬김을 본받아 개인적 구원뿐 아니라 사회적 책임을 강조하는 사랑의 실천으로 이어져야 합니다. 이는 교회 안에서의 섬김, 사회적 약자를 돌보는 사역, 그리고 정의와 평화를 이루기 위한 노력에까지 확장될 수 있습니다. 정치, 경제, 사회, 문화 모든 영역에 하나님의 주권이 살아계심을 인정하는 하나님나라운동을 통해 교회가 먼저 예수 생명의 공동체로서 사랑을 실천해야 할 것입니다.

다섯. 하나님의 영광을 드러내는 거룩한 사명을 감당해야 합니다

신학은 궁극적으로 하나님의 영광을 드러내고, 인류의 구원과 회복을 위해 봉사하는 거룩한 사명을 감당해야 합니다. 이것이야말로 신학이 추구해야 할 참된 목표이며, 교회와 세상을 향한 신학의 소명인 것입니다. 교회가 사회적 책임에만 애쓴다고 해서 사회적 신뢰가 회복되는 것은 아닙니다. 오히려 참된 교회로서 사명에 충실하면 사회적 신뢰는 자연스럽게 회복됩니다.

저는 평생 백석총회와 백석학원, 그리고 한국교회만을 바라보면서 오로지 한 길을 걸어왔습니다. 힘들고 어려운 여건 속에서도 하나님께서 어떻게 한국교회를 들어 쓰셨는지 너무나 잘 알고 있습니다. 하나님의 초자연적인 은혜입니다. 모든 것은 하나님께서 하셨습니다. 지금도 우리의 유일한 희망은 소멸되지 않는 하나님의 은혜를 구하는 것입니다. 왜냐하면 한국교회가 가장 뜨겁게 복음을 외치고 부흥하던 현장에 제가 함께 있었고, 모든 상황을 목도했기 때문입니다.

제가 '신학은 학문이 아니다!'라고 외치던 2003년의 기억이 아직도 생생합니다. 이렇게 가다가는 한국교회가 영적 생명력을 잃어버리고, 유럽과 미국 교회의 전철을 밟게 될 것이라는 우려는 현실이 되어가고 있습니다. 다행스러운 것은 이제 한국교회가 스스로 개혁해야 한다는 자성의 목소리가 점점 높아지고 있다는 사실입니다. 사명자를 배출하지 못하는 신학교들이 교육의 방향을 바꿔야 한다는 공감대도 커지고 있습니다. 다시 경건의 훈련에 힘쓰는 신학교, 기도원 같은 신학교가 되겠다고 신학자들과 목회자들이 마음을 모으고 있습니다.

신학이 학문이 아니라는 말 때문에 저는 많은 오해를 받았습니다. 그러나 저는 변함없이 같은 말을 외쳐왔습니다. 신학이 학문적 연구를 통해 체계적으로 발전하면서도 그 실천적 가치와 초월적 본질을 유지하기 위해서는, 신학적 탐구의 목적과 방법론을 재정립할 필요가 있다고 느꼈기 때문입니다. 그렇게 할 때 비로소 목회자는 영적 지도자로서, 교회는 예수 생명의 공동체로서 사명을 감당할 수 있습니다. 제가 걸어 온 지난 시간은 '생명을 살리는 영적 지도자', '예수 생명의 공동체로서의 교회', '교회를 살리는 신학', '생명을 살리는 교리'라는 하나님께서 주신 비전을 이루기 위한 걸음이었습니다.

미래를 향한 비전과 소망

저는 아직도 한국교회에 희망이 있다고 확신합니다. 기도하는 민족, 기도하는 나라는 하나님이 지켜주신다는 믿음이 있습니다. 기도의 불길이 들불처럼 일어나 한국교회에 확산되기를 바랍니다. 신학이 학문에 머물지 않고 신앙과 삶을 변화시키는 운동이 되어 역동적으로 확산될 때 다시 한국교회는 부흥할 수 있고, 다음 세대를 믿음으로 길러낼 수 있다고 확신합니다. 개혁주의생명신학 실천운동의 핵심인 '기도성령운동'은 영적 생명을 살리는 원동력입니다. 목회자를 목회자답게, 교회를 교회답게 만드는 성령의 능력이기 때문입니다. 기도하지 않는 신학자와 목회자, 기도하지 않는 교회와 성도에게서 선한 것이 나올 수 없습니다. 반드시 우리의 기도는 하나님의 말씀에 기초한 것이어야 하며 하나님의 뜻을 이루기 위한 고백이어야 할 것입니다.

다시 기도하는 대한민국, 다시 무릎으로 사역하는 한국교회가 되기를 간절히 바랍니다. 그리고 우리 믿음의 후손들인 다음 세대에게 자랑스러운 신앙 유산을 물려줄 수 있기를 바랍니다. 겨자씨 같은 저의 믿음을 사용하신 하나님은 지금도 살아계십니다. 제가 지난 20년 동안 흔들림 없이 '신학은 학문이 아니다'라고 외칠 수 있던 것은 하나님께서 주신 확신이 있었기 때문입니다.

신학은 학문이 아니라, 하나님의 계시와 성령의 역사를 중심으로 교회의 영적 성장과 세상의 변화를 추구하는 예수 그리스도의 생명의 복음입니다. 하나님의 말씀이 성령의 역사하심을 통하여 예수 그리스도의 생명으로 나타날 때 교회와 세상은 본래의 모습을 회복할 수 있을 것입니다. 신학은 이러한 사명을 감당하는 일에 도구가 될 수 있도록 발전해야 합니다. 성경을 받쳐주는 도구로서 하나님의 뜻을 분명히 드러내는 일에 귀한 역할을 감당해야 합니다. 그렇게 할 때 교회는 더욱 건강하게 부흥하고 성장할 수 있으며, 세상 속에서 하나님의 나라를 구현하는데 효과적으로 이바지할 수 있을 것입니다.

궁극적으로 신학은 성경을 기준으로 하나님의 영광을 드러내고, 인류의 구원과 회복을 위해 봉사하는 거룩한 사명을 감당해야 합니다. 이것이야말로 신학이 추구해야 할 참된 목표이며, 교회와 세상을 향한 신학의 소명인 것입니다. 주님 다시 오실 그날까지, 신학교와 교회, 그리고 모든 신앙 공동체는 이 본질을 붙들고, 성경 중심, 성령 충만, 사랑의 실천, 그리고 사회적 책임을 다하는 방향으로 나아가야 할 것입니다.

기도와 순종, 겸손과 사랑, 그리고 변함없는 말씀 중심의 신학이 한국교회의 미래를 밝히는 등불이 되기를 소망합니다. 신학은 학문이 아니라 예수 그리스도 생명의 복음임을 다시 한번 깊이 새기며, 이 길을 함께 걸어가는 모든 목회자와 신학자, 그리고 예수 생명의 공동체에 하나님의 은혜와 평강이 충만하기를 소망합니다.

"살리는 것은 영이니 육은 무익하니라
내가 너희에게 이른 말은 영이요 생명이라"

(요한복음 6장 63절)

성구 찾아보기

구약	페이지
창 3:15	76
창 18장	330
출 3:13	99
출 3:14	99
출 3:6	130
출 19:5-6	157f
출 32장	330
민 23:19	114
신 4:2	226
신 6:5	119f
신 7:7-8	292
신 8:3	77
신 21:23	248
신 29:29	111
삼하 23:2	348

구약	페이지
왕상 8장	330
왕상 8:27	106
왕하 22:10-11	215
욥 11:7	332
욥 11:7, 9	103
욥 32:8	333
욥 36:26	93
시 2:1	84
시 16:8	363
시 19:7-8	78
시 89:14	114
시 90:2-4	104
시 102:26-27	101
시 103:8	113
시 104:24	113
시 119:18	341

구약	페이지	구약	페이지
시 119:71	196	사 55:11	80
시 139:1-4	109	사 59:21	331
시 147:5	103	사 61:1	191
잠 1:7	22, 54, 248	렘 1:4	349
		렘 2:13	117
잠 3:7	248	렘 2:19	349
잠 9:10	54, 248, 336	렘 23:24	106
		애 5:21	142
전 1:2	55		
		겔 3:27	74
사 1:20	349		
사 6:3	113	호 4:6	54, 329
사 35:5-6	166	호 6:3	118
사 50:4	286		
사 53장	81	암 3:7-8	74
사 53:5	242, 265		
사 53:5-6	132	욘 1:1	349
사 55:8	246	욘 4:1-2	114
사 55:8-9	93		

구약	페이지	구약	페이지
미 4:4	349	슥 4:6	237
미 6:8	119	슥 4:6-7	300
		말 3:1	119

신약	페이지	신약	페이지
마 4:4	77	마 16:24	162, 259
마 4:17	183	마 16:25	262
마 4:19	187f	마 18:15-17	232
마 5:44, 46	291	마 18:22	201
마 6:33	206	마 19장	131
마 9:22	185	마 21:9	203
마 9:35	191	마 22;14	140
마 10:28	262	마 22:24-28	130
마 11:5	166	마 22:29	130
마 11:29	202	마 22:32a	130
마 16:16	174	마 22:32b	130
마 16:16-18	212	마 22:40	281
마 16:17	46, 94, 174	마 23:3	170
		마 23:11	189
마 16:18	222	마 23:13	129
마 16:23	268	마 23:25-26	358

신약	페이지	신약	페이지
마 24:35	79	눅 6:12-13	176
마 26:26-29	230	눅 9:23	255, 321, 361
마 26:39	256f		
마 28:19	230	눅 22:14-20	230
마 28:19-20	28, 222, 228f	눅 24장	231
		눅 24:12	251
		눅 24:16	251
막 1:35	176	눅 24:49	254
막 3:13-15	91		
막 8:35	258	요 1:1-3	97
막 9:23	185, 199	요 1:1-4	350
막 9:28-29	177	요 3장	131
막 10:45	266	요 3:3	140, 216
막 10:52	185	요 3:5	127f, 141
막 12:33	299	요 3:5-6	351
막 14:22-25	230	요 3:6-7	216
막 14:36	177	요 3:16	113, 132, 163, 243, 280, 293
막 16:16	229		
막 16:17	200		
		요 4:24	97, 353
눅 1:37	199	요 5:38	334

신약	페이지	신약	페이지
요 5:39a	334	요 14:15	279
요 5:39b	335	요 14:18, 26	184
요 5:39-40	129	요 14:21	360
요 6:38	352	요 14:26	167, 179, 332
요 6:63	49f, 134, 168, 237, 35	요 15:5	221
		요 15:7	178
요 6:68	133	요 15:16	162f
요 7:17-18	352	요 16:8	137f
요 8:11	203, 295	요 16:13	331
요 10:10	214, 318	요 17장	330
요 10:28-29	147	요 17:3	91, 153, 330, 340, 344
요 11:25-26	319		
요 12:26	257		
요 13:14-15	170	요 17:24	297
요 13:15	189	요 20:2	251
요 13:34	278	요 20:31	335
요 13:34-35	294, 302	요 21장	231
요 14:6	114, 156, 172, 319	요 21:5	203
		요 21:12	203
요 14:12	198		

신약	페이지	신약	페이지
행 1:8	179, 222, 254, 320	행 16:31	134
		행 17:21	358
행 2:38	229, 229f	행 17:23	96
행 2:42	226	행 19:1-6	229
행 2:47	214	행 19:20	226
행 3:5, 6-7, 8	165f	행 20:21	142
행 4:12	156, 243	행 20:24	27, 187, 242
행 4:25	84		
행 4:32-33	219	행 20:28	181
행 5:40-41	194		
행 5:41	256	롬 1:16-17	146
행 6:4	182, 210, 318	롬 2:6	114
		롬 4:17	108
행 6:7	226	롬 5:8	292
행 9:5	220	롬 5:18	319
행 10:19-20	180	롬 6:4-5	229
행 10:40-41	231	롬 8:2	355
행 12;24	226	롬 8:5-6	353
행 16:9-10	180	롬 8:9	90, 352, 356
행 16:14	140		
행 16:30	134	롬 8:13	254

신약	페이지	신약	페이지
롬 8:14	254, 353	고전 2:2	207
롬 8:16	172	고전 2:3-5	181
롬 8:17	269	고전 2:4	247
롬 8:26	285	고전 2:5	247
롬 8:35	147	고전 2:7	29
롬 8:38-39	147	고전 2:10	294
롬 10:17	77, 127	고전 2:10-11	336
롬 11:33	336	고전 2:11	333
롬 11:33-36	111	고전 2:12	338
롬 12:2	205, 256	고전 2:12-13	337
롬 12:5	219	고전 2:13	94, 216f
롬 13:8	281	고전 2:13a	338
롬 13:10	281, 296	고전 2:13b	338f
롬 14:8	254f	고전 2:14	288
롬 16:27	113	고전 3:6-7	206
		고전 3:16-17	236
고전 1:18	240, 259	고전 3:19	247
고전 1:21	131, 249	고전 4:1	162
고전 1:22-24	241	고전 4:20	202
고전 1:23	245f	고전 5:13	233
고전 2:1-2	247, 319	고전 6:11	145

신약	페이지	신약	페이지
고전 8:1	51, 210, 237, 285	고전 15:3-4	241
		고전 15:17	244
고전 8:2	285	고전 15:31	256
고전 8:13	286		
고전 9:27	258	고후 1:21-22	269
고전 10:31	117	고후 2:6-7	233
고전 11:1	170	고후 3:6	350
고전 11:17-34	230	고후 3:18	149f, 205
고전 11:26	231	고후 5:17	151, 318
고전 12장	277		
고전 12:7	277	갈 1:11-12	83
고전 12:8-10	200	갈 2:20	163, 265, 283
고전 12:13	229		
고전 12:26	219	갈 3:13	248
고전 12:27	236	갈 5:6	252, 282f
고전 13장	277	갈 5:13	280
고전 13:1-2	290	갈 5:22-23	201
고전 13:1-3	276	갈 5:24	254
고전 14장	277	갈 5:25	201
고전 14:1	277	갈 6:14	249, 264
고전 14:40	234, 403	갈 6:8	171

신약	페이지	신약	페이지
엡 1:17	93, 174, 332	빌 3:8	54
		빌 3:8-9	256
엡 1:17-8	269	빌 3:10-12	250f
엡 2:1	126	빌 3:18	268
엡 2:2	126	빌 4:6-7	178
엡 2:3	242		
엡 2:4	113	골 1:18	220
엡 2:8-9	113, 138, 144	골 1:24	194
		골 1:28-29	192
엡 2:20-22	222f	골 2:8	135, 354
엡 3:17	223f	골 2:19	221
엡 3:17-18	284, 287	골 3:2	252
엡 4:11-12	188, 222	골 3:10	300
엡 4:13, 15	193	골 3:12-14	276
엡 6:18	178	골 4:6	285f
빌 1:6	147	살전 5:13-18	321f
빌 1:29	195	살전 5:14	219
빌 2:5	204	살전 5:15	281
빌 2:6-11	204		
빌 3:7-8	246	딤전 1:5	190

신약	페이지	신약	페이지
딤전 1:17	98	히 1:1-2	96
딤전 2:4	250	히 2:14-15	263
딤전 5:20	234	히 4:12	80, 86, 183
딤전 6:16	98		
딤전 6:20	354	히 11:1	320
		히 11:6	196
딤후 1:11-12	173	히 11:33	197
딤후 1:13	29	히 13:8	101
딤후 2:2	188		
딤후 2:9	318	약 1:17	101
딤후 2:23-24	363	약 1:22	170, 365
딤후 3:4-5	348	약 2:17	283
딤후 3:16	73f, 362	약 2:19	131
딤후 3:16-17	66	약 2:26	50, 360
딤후 3:17	79		
딤후 4:7-8	208	벧전 1:15-16	113
		벧전 2:9	158
딛 1:1	29	벧전 2:9-10	236
딛 1:9	29	벧전 2:21	197
딛 3:5	127, 229	벧전 2:24	242
딛 3:10	234	벧전 3:11	281

신약	페이지	신약	페이지
벧전 3:15	154	요일 4:8	113, 300
벧전 4:12-13	195	요일 4:19	282
벧전 4:12-14	261	요일 5:3	360
벧전 5:3	190	요일 5:11-12	128
벧후 1:20-21	75, 84	유 1:20-21	163
벧후 1:21	362		
벧후 3:18	193	계 1:8	105
		계 3:1	218
요일 3:2	150	계 3:2-3	218
요일 3:18	289	계 3:15-16	207
요일 4:1	191	계 3:20	152f
요일 4:7	282	계 14:13	263
요일 4:7-8	296	계 22:18-19	78, 226
요일 4:7-16	298